心一堂術數古籍整理叢刊・其他類

皇極經世真詮——國運與世運

李光浦 著

Śūnyatā

書名：皇極經世真詮—國運與世運
系列：心一堂術數古籍整理叢刊．其他類
作者：李光浦
責任編輯：陳劍聰

出版：心一堂有限公司
通訊地址：香港九龍旺角彌敦道610號荷李活商業中心十八樓05-06室
深港讀者服務中心：中國深圳市羅湖區立新路六號羅湖商業大厦負一層008室
電話號碼：(852) 67150840
網址：publish.sunyata.cc
電郵：sunyatabook@gmail.com
網店：http://book.sunyata.cc
淘宝店地址：https://shop210782774.taobao.com
微店地址：https://weidian.com/s/1212826297
臉書：https://www.facebook.com/sunyatabook
讀者論壇：http://bbs.sunyata.cc

版次：二零一八年二月初版

平裝

定價：港幣　二百八十八元正
　　　新台幣　一仟零九十八元正

國際書號　978-988-8317-28-8

香港發行：香港聯合書刊物流有限公司
香港新界大埔汀麗路36號中華商務印刷大廈3樓
電話號碼：(852)2150-2100　傳真號碼：(852)2407-3062
電郵：info@suplogistics.com.hk

台灣發行：秀威資訊科技股份有限公司
地址：台灣台北市內湖區瑞光路七十六巷六十五號一樓
電話號碼：+886-2-2796-3638　傳真號碼：+886-2-2796-1377
網絡書店：www.bodbooks.com.tw
台灣國家書店讀者服務中心：
地址：台灣台北市中山區二0九號1樓
電話號碼：+886-2-2518-0207
傳真號碼：+886-2-2518-0778
網址：www.govbooks.com.tw

中國大陸發行 零售：深圳心一堂文化傳播有限公司
地址：深圳市羅湖區立新路六號羅湖商業大厦負一層008室
電話號碼：(86)0755-82224934

心一堂微店二維碼

心一堂淘寶店二維碼

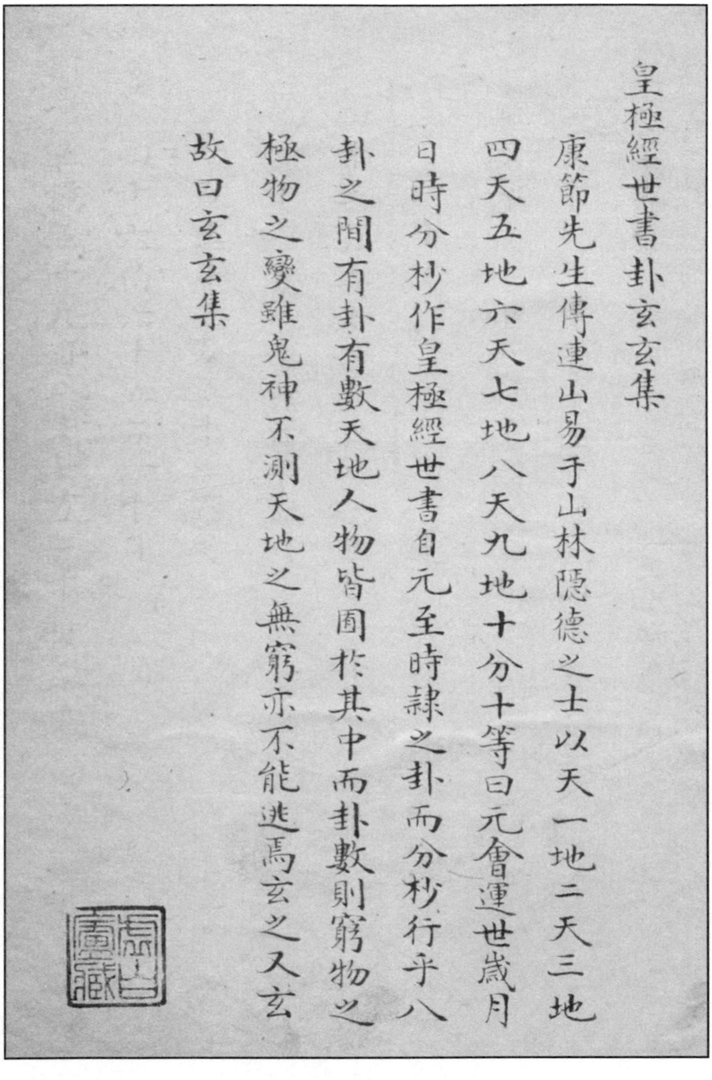

皇極經世書卦玄玄集

康節先生傳連山易于山林隱德之士以天一地二天三地四天五地六天七地八天九地十分十等曰元會運世歲月日時分杪作皇極經世書自元至時隷之卦而分杪行乎八卦之間有卦有數天地人物皆囿於其中而卦數則窮物之極物之變雖鬼神不測天地之無窮亦不能逃焉玄之又玄故曰玄玄集

虛白廬藏明鈔本《皇極經世書卦玄玄集》附《心易發明》《觀梅數》《後天軌數》《範圍生成數》《康節萬物數》等（心一堂即將出版）

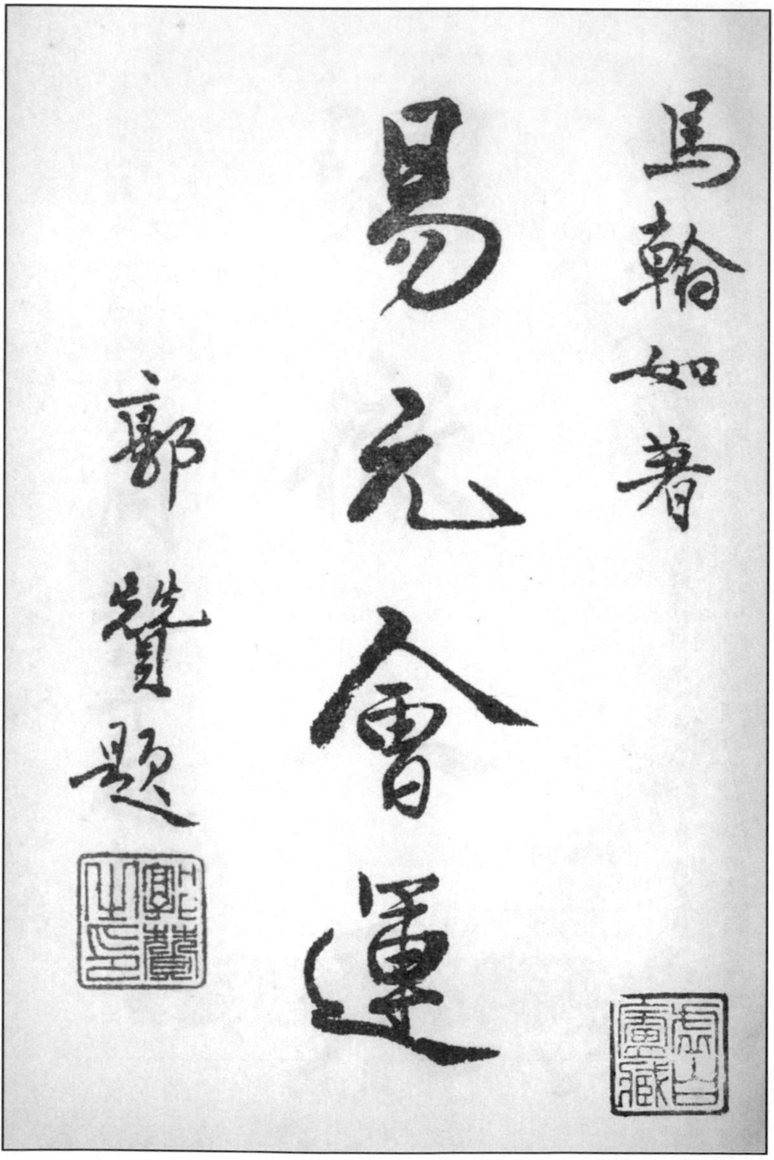
馬翰如著

易元會運

鄭贊題

虛白廬藏民國刊本《易元會運》(心一堂出版)

宋本焦氏易林（吳門黃氏士禮居十六卷本）

焦氏易林卷第一

乾之第一

乾　道陟石阪胡言連謇譯瘖且聾莫使道通請謁不行求事無功

坤　招殃來螫害我邦國病在手足不得安息

屯　陽孤亢極多所恨惑車傾蓋亡身常憂惶乃得其願雌雄相從

蒙　鵠鵴鳴鳩專一無尤君子是則長受嘉福

需　目瞤足動喜如其願舉家蒙寵

訟　罷馬上山絕無水泉喉焦唇乾舌不能言

師　倉盈庾億宜稼黍稷國家富有人民蕃息（與比之升坤之恒同）

比　中夜狗吠盜在墻外神明祐助銷散皆去

《宋本焦氏易林》(吳門黃氏士禮居十六卷本)((《宋本焦氏易林兩種》心一堂出版)

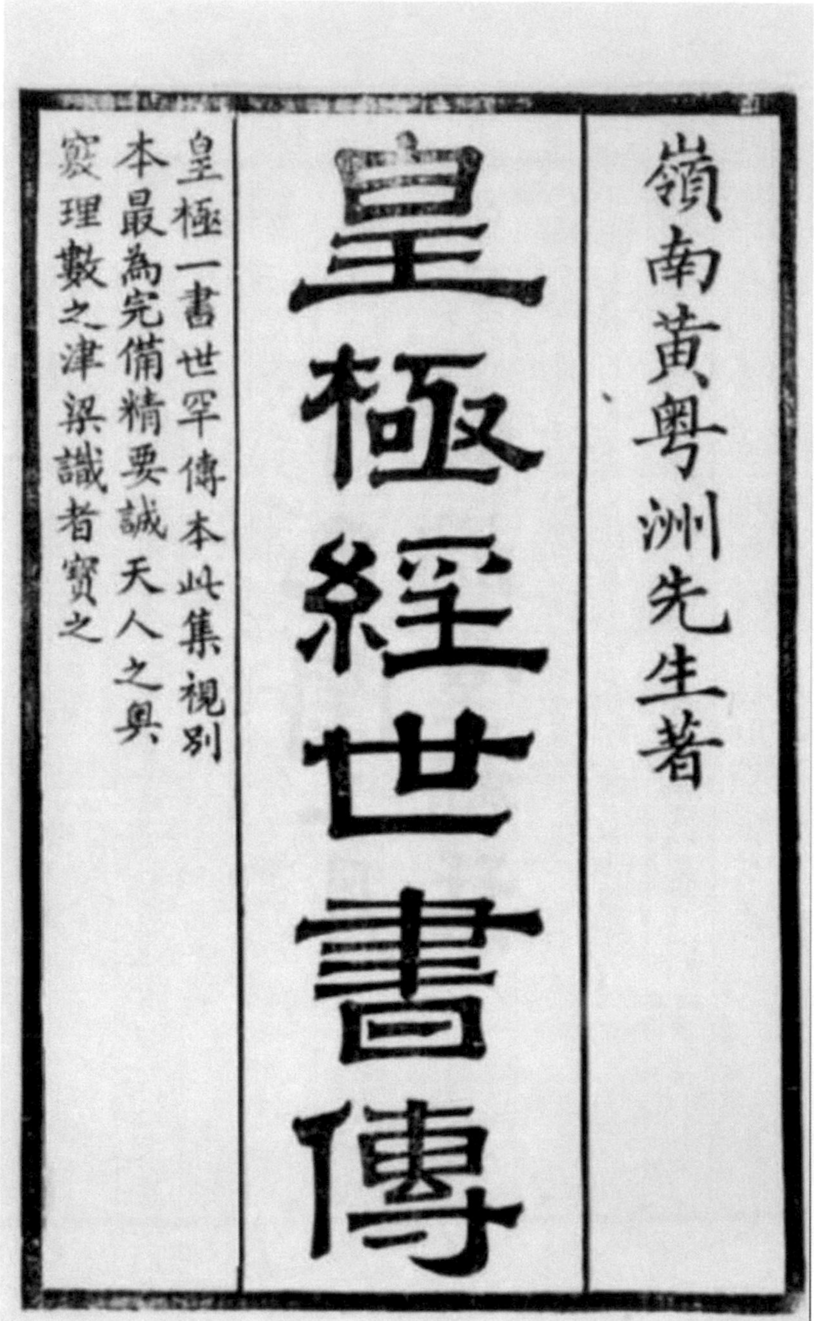

嶺南黃粵洲先生著

皇極經世書傳

皇極一書世罕傳本此集視别本最為完備精要誠天人之奥竅理數之津梁識者寶之

清刻本《皇極經世書傳》

目錄

心一堂術數古籍 珍本叢刊總序 整理

術數定義

術數，大概可謂以『推算（推演）或預測人（個人、群體、國家等）、事、物、自然現象、時間、空間方位等規律及氣數，並或通過種種「方術」，從而達致趨吉避凶或某種特定目的』之知識體系和方法。

術數類別

我國術數的內容類別，歷代不盡相同。例如《漢書・藝文志》中載，漢代術數有六類：天文、曆譜、五行、蓍龜、雜占、形法。至清代《四庫全書》，術數類則有：數學、占候、相宅相墓、占卜、命書、相書、陰陽五行、雜技術等。其他如《後漢書・方術部》、《藝文類聚・方術部》、《太平御覽・方術部》等，對於術數的分類，皆有差異。古代多把天文、曆譜、及部份數學均歸入術數類，而民間流行亦視傳統醫學作為術數的一環。此外，有些術數與宗教中的方術亦往往難以分開。現代學界則常將各種術數歸納為五大類別：命、卜、相、醫、山，通稱『五術』。

本叢刊在《四庫全書》的分類基礎上，將術數分為九大類別：占筮、星命、相術、堪輿、選擇、三式、讖諱、理數（陰陽五行）、雜術（其他）。而未收天文、曆譜、算術、宗教方術、醫學。

術數思想與發展——從術到學，乃至合道

我國術數是由上古的占星、卜筮、形法等術發展下來的。其中卜筮之術，是歷經夏商周三代而通過「龜卜、蓍筮」得出卜（筮）辭的一種預測（吉凶成敗）術，之後歸納並結集成書，此即現傳之《易經》。經過春秋戰國至秦漢之際，受到當時諸子百家的影響、儒家的推崇，遂有《易傳》等的出現，原本是卜筮術書的《易經》，被提升及解讀成有包涵「天地之道（理）」之學。因此，《易・繫辭傳》曰：「易與天地準，故能彌綸天地之道。」

漢代以後，易學中的陰陽學說，與五行、九宮、干支、氣運、災變、律曆、卦氣、讖緯、天人感應說等相結合，形成易學中的象數系統。而其他原與《易經》本來沒有關係的術數，如占星、形法、選擇，亦漸漸以易理（象數學說）為依歸。《四庫全書・易類小序》云：「術數之興，多在秦漢以後。要其旨，不出乎陰陽五行，生尅制化。實皆《易》之支派，傅以雜說耳。」至此，術數可謂已由「術」發展成「學」。

及至宋代，術數理論與理學中的河圖洛書、太極圖、邵雍先天之學及皇極經世等學說給合，通過術數以演繹理學中『天地中有一太極，萬物中各有一太極』（《朱子語類》）的思想。術數理論不單已發展至十分成熟，而且也從其學理中衍生出一些新的方法或理論，如《梅花易數》、《河洛理數》等。

在傳統上，術數功能往往不止於僅僅作為趨吉避凶的方術，及『能彌綸天地之道』的學問，亦有其『修心養性』的功能：『與道合一』（修道）的內涵。《素問・上古天真論》：『上古之人，其知道者，法於陰陽，和於術數。』數之意義，不單是外在的算數、歷數、氣數，而是與理學中同等的『道』、『理』——心性的功能。北宋理氣家邵雍對此多有發揮：『聖人之心，是亦數也』、『萬化萬事生乎心』、『心為太極』；《觀物外篇》：『先天之學，心法也。……蓋天地萬物之理，盡在其中矣，心一而不分，則能應萬物。』反過來說，宋代的術數理論，受到當時理學、佛道及宋易影響，認為心性本質上是等同天地之太極。天地萬物氣數規律，能通過內觀自心而有所感知，即是內心也已具備有術數的推演及預測、感知能力：相傳是邵雍所創之《梅花易數》，便是在這樣的背景下誕生。

《易・文言傳》已有『積善之家，必有餘慶；積不善之家，必有餘殃』之說，至漢代則流行災變說及讖緯說。我國數千年來都認為天災，異常天象（自然現象），皆與一國或一地的施政者失德有關，下至家族、個人之盛衰，也都與一族一人之德行修養有關。因此，我國術數中除了吉凶盛衰理數之外，人心的德行修養，也是趨吉避凶的一個關鍵因素。

術數與宗教、修道

在這種思想之下，我國術數不單只是附屬於巫術或宗教行為的方術，又往往是一種宗教的修煉手段-通過術數，以知陰陽，乃至合陰陽（道）。「其知道者，法於陰陽，和於術數。」例如，「奇門遁甲」術中，即分為「術奇門」與「法奇門」兩大類。「法奇門」中有大量道教中符籙、手印、存想、內煉的內容，是道教內丹外法的一種重要外法修煉體系，甚至在雷法一系的修煉上，亦大量應用了術數內容。此外，相術、堪輿術中也有修煉望氣（氣的形狀、顏色）的方法；堪輿家除了選擇陰陽宅之吉凶外，也有道教中選擇適合修道環境（法、財、侶、地中的地）的方法，以至通過堪輿術觀察天地山川陰陽之氣，亦成為領悟陰陽金丹大道的一途。

易學體系以外的術數與少數民族的術數

我國術數中，也有不用或不全用易理作為其理論依據的，如揚雄的《太玄》、司馬光的《潛虛》。也有一些占卜法、雜術不屬於《易經》系統，不過對後世影響較少而已。

外來宗教及少數民族中也有不少雖受漢文化影響（如陰陽、五行、二十八宿等學說）但仍自成系統的術數，如古代的西夏、突厥、吐魯番等占卜及星占術，藏族中有多種藏傳佛教占卜術、苯教占卜術、擇吉術、推命術、相術等；北方少數民族有薩滿教占卜術；不少少數民族如水族、白族、布朗族、佤族、彝族、苗族等，皆有占雞（卦）草卜、雞蛋卜等術，納西族的占星術、占卜術，彝族畢摩的推命術、占卜術……等等，都是屬於《易經》體系以外的術數。相對上，外國傳入的術數以及其理論，對我國術數影響更大。

曆法、推步術與外來術數的影響

我國的術數與曆法的關係非常緊密。早期的術數中，很多是利用星宿或星宿組合的位置（如某星在某州或某宮某度）付予某種吉凶意義，并據之以推演，例如歲星（木星）、月將（某月太陽所躔之宮次）等。不過，由於不同的古代曆法推步的誤差及歲差的問題，若干年後，其術數所用之星辰的位置，已與真實星辰的位置不一樣了；比如歲星（木星），早期的曆法及術數以十二年為一周期（以應地支），與木星真實周期十一點八六年，每幾十年便錯一宮。後來術家又設一『太歲』的假想星體來解決，是歲星運行的相反，週期亦剛好是十二年。而術數中的神煞，很多即是根據太歲的位置而定。又如六壬術中的『月將』，原是立春節氣後太陽躔娵訾之次而稱作『登明亥將』，至宋代，因歲差的關係，要到雨水節氣後太陽才躔娵訾之次，當時沈括提出了修正，但明清時六壬術中『月將』仍然沿用宋代沈括修正的起法沒有再修正。

由於以真實星象周期的推步術是非常繁複，而且古代星象推步術本身亦有不少誤差，大多數術數除依曆書保留了太陽（節氣）、太陰（月相）的簡單宮次計算外，漸漸形成根據干支、日月等的各自起例，以起出其他具有不同含義的眾多假想星象及神煞系統。唐宋以後，我國絕大部份術數都主要沿用這一系統，也出現了不少完全脫離真實星象的術數，如『子平術』、『紫微斗數』、『鐵版神數』等。後來就連一些利用真實星辰位置的術數，如『七政四餘術』及選擇法中的『天星選擇』，也已與假想星象及神煞混合而使用了。

隨着古代外國曆（推步）、術數的傳入，如唐代傳入的印度曆法及術數，元代傳入的回回曆等，其中我國占星術便吸收了印度占星術中羅睺星、計都星等而形成四餘星，又通過阿拉伯占星術而吸收了其中來自希臘、巴比倫占星術的黃道十二宮、四元素學說（地、水、火、風），並與我國傳統的二十八宿、五行說、神煞系統並存而形成『七政四餘術』。此外，一些術數中的北斗星名，不用我國傳統的星名：天樞、天璇、天璣、天權、玉衡、開陽、搖光，而是使用來自印度梵文所譯的：貪狼、巨門、祿存、文曲、廉貞、武曲、破軍等，此明顯是受到唐代從印度傳入的曆法及占星術所影響。如星命術的《紫微斗數》及堪輿術的《撼龍經》等文獻中，其星皆用印度譯名。及至清初《時憲曆》，置閏之法則改用西法『定氣』。清代以後的術數，又作過不少的調整。

陰陽學——術數在古代、官方管理及外國的影響

術數在古代社會中一直扮演着一個非常重要的角色，影響層面不單只是某一階層、某一職業、某一年齡的人，而是上自帝王，下至普通百姓，從出生到死亡，不論是生活上的小事如洗髮、出行等，大事如建房、入伙、出兵等，從個人、家族以至國家，從天文、氣象、地理到人事、軍事，從民俗、學術到宗教，都離不開術數的應用。我國最晚在唐代開始，已把以上術數之學，稱作陰陽（學），行術數者稱陰陽人（敦煌文書、斯四三二七唐《師師漫語話》：『以下說陰陽人謾語話』，此說法後來傳入日本，今日本人稱行術數者為『陰陽師』）。一直到了清末，欽天監中負責陰陽術數的官員中，以及民間術數之士，仍名陰陽生。

古代政府中的欽天監（司天監），除了負責天文、曆法、輿地之外，亦精通其他如星占、選擇、堪輿等術數，除在皇室人員及朝庭中應用外，也定期頒行日書、修定術數，使民間對於天文、日曆用事吉凶及使用其他術數時，有所依從。

中國古代政府對官方及民間陰陽學及陰陽官員，從其內容、人員的選拔、培訓、認證、考核、律法監管等，都有制度。至明清兩代，其制度更為完善、嚴格。

宋代官學之中，課程中已有陰陽學及其考試的內容。宋徽宗崇寧三年（一一零四年）崇寧算學令：『諸學生習……並曆算、三式。』，『諸試……三式即射覆及預占三日陰陽風雨。天文即預定一月或一季分野災祥，並以依經備草合問為通』。

金代司天臺，從民間『草澤人』（即民間習術數之士）考試選拔：『其試之制，以《宣明曆》試推步，及《婚書》、《地理新書》試合婚、安葬，並《易》筮法，六壬課、三命、五星之術。』（《金史》卷五十一・志第三十二・選舉一）

元代為進一步加強官方陰陽學對民間的影響、管理、控制及培育，除沿襲宋代、金代在司天監掌管陰陽學及中央的官學陰陽學課程之外，更在地方上增設陰陽學之課程（《元史・選舉志一》：『世祖至元二十八年夏六月始置諸路陰陽學。』）。地方上也設陰陽學教授員，培育及管轄地方陰陽人（《元史・選舉志一》：『延祐初，令陰陽人依儒醫例，於路、府、州設教授員，凡陰陽人皆管轄之，而上屬於太史焉。』）。自此，民間的陰陽術士（陰陽人），被納入官方的管轄之下。

至明清兩代，陰陽學制度更為完善。中央欽天監掌管陰陽學，明代地方縣設陰陽學正術，各州設陰陽學典術，各縣設陰陽學訓術。陰陽人從地方陰陽學肄業或被選拔出來後，再送到欽天監考試（《大明會典》卷二二三：『凡天下府州縣舉到陰陽人堪任正術等官者，俱從吏部送，考中，送回選用；不中者發回原籍為民，原保官吏治罪。』）。

清代大致沿用明制，凡陰陽術數之流，悉歸中央欽天監及地方陰陽官員管理、培訓、認證。至今尚有『紹興府陰陽印』、『東光縣陰陽學記』等明代銅印，及某某縣某某之清代陰陽執照等傳世。

清代欽天監漏刻科對官員要求甚為嚴格。《大清會典》『國子監』規定：『凡算學之教，設肄業生。滿洲十有二人，蒙古、漢軍各六人，於各旗官學內考取。漢十有二人，於舉人、貢監生童內考取。附學生二十四人，由欽天監選送。教以天文演算法諸書，五年學業有成，舉人引見以欽天監博士用，貢監生童以天文生補用。』學生在官學肄業、貢監生肄業或考得舉人後，經過了五年對天文、算法、陰陽學的學習，其中精通陰陽術數者，會送往漏刻科。而在欽天監供職的官員，《大清會典則例》『欽天監』規定：『本監官生三年考核一次，術業精通者，保題升用。不及者，停其升轉，再加學習。如能黽勉供職，即予開複。仍不及者，降職一等，再令學習三年，能習熟者，准予開複，仍不能者，黜退。』除定期考核以定其升用降職外，《大清律例》中對陰陽術士不準確的推斷（妄言禍福）是要治罪的。《大清律例・一七八・術七・妄言禍福》：『凡陰陽術士不許於大小文武官員之家妄言禍福，違者杖一百。其依經推算星命卜課，不在禁限。』大小文武官員延請的陰陽術士，自然是以欽天監漏刻科官員或地方陰陽官員為主。

官方陰陽學制度也影響鄰國如朝鮮、日本、越南等地，一直到了民國時期，鄰國仍然沿用着我國的多種術數。而我國的漢族術數，在古代甚至影響遍及西夏、突厥、吐蕃、阿拉伯、印度、東南亞諸國。

術數研究

術數在我國古代社會雖然影響深遠，『是傳統中國理念中的一門科學，從傳統的陰陽、五行、九宮、八卦、河圖、洛書等觀念作大自然的研究。……傳統中國的天文學、數學、煉丹術等，要到上世紀中葉始受世界學者肯定。可是，術數還未受到應得的注意。術數在傳統中國科技史、思想史，文化史、社會史，甚至軍事史都有一定的影響。……更進一步了解術數，我們將更能了解中國歷史的全貌。』（何丙郁《術數、天文與醫學中國科技史的新視野》，香港城市大學中國文化中心）

可是術數至今一直不受正統學界所重視，加上術家藏秘自珍，又揚言天機不可洩漏，『（術數）乃吾國科學與哲學融貫而成一種學說，數千年來傳衍嬗變，或隱或現，全賴一二有心人為之繼續維繫，賴以不絕，其中確有學術上研究之價值，非徒癡人說夢，荒誕不經之謂也。其所以至今不能在科學中成立一種地位者，實有數困。蓋古代士大夫階級目醫卜星相為九流之學，多恥道之；而發明諸大師又故為惝恍迷離之辭，以待後人探索；間有一二賢者有所發明，亦秘莫如深，既恐洩天地之秘，復恐譏為旁門左道，始終不肯公開研究，成立一有系統說明之書籍，貽之後世。故居今日而欲研究此種學術，實一極困難之事。』（民國徐樂吾《子平真詮評註》，方重審《序》）

現存的術數古籍，除極少數是唐、宋、元的版本外，絕大多數是明、清兩代的版本。其內容也主要是明、清兩代流行的術數，唐宋以前的術數及其書籍，大部份均已失傳，只能從史料記載、出土文獻、敦煌遺書中稍窺一鱗半爪。

術數版本

坊間術數古籍版本，大多是晚清書坊之翻刻本及民國書賈之重排本，其中豕亥魚魯，或而任意增刪，往往文意全非，以至不能卒讀。現今不論是術數愛好者，還是民俗、史學、社會、文化、版本等學術研究者，要想得一常見術數書籍的善本、原版，已經非常困難，更遑論稿本、鈔本、孤本。在文獻不足及缺乏善本的情況下，要想對術數的源流、理法、及其影響，作全面深入的研究，幾不可能。

有見及此，本叢刊編校小組經多年努力及多方協助，在中國、韓國、日本等地區搜羅了一九四九年以前漢文為主的術數類善本、珍本、鈔本、孤本、稿本、批校本等數百種，精選出其中最佳版本，分別輯入兩個系列：

一、心一堂術數古籍珍本叢刊

二、心一堂術數古籍整理叢刊

前者以最新數碼技術清理、修復珍本原本的版面，更正明顯的錯訛，部分善本更以原色精印，務求更勝原本，以饗讀者。後者延請、稿約有關專家、學者，以善本、珍本等作底本，參以其他版本，籍進行審定、校勘、注釋，務求打造一最善版本，及現代人閱讀、理解、研究等之用。不過，限於編校小組的水平，版本選擇及考證、文字修正、提要內容等方面，恐有疏漏及舛誤之處，懇請方家不吝指正。

心一堂術數古籍 珍本 整理 叢刊編校小組

二零一三年九月修訂

前言（一）邵雍先天之學（術數）源流與《皇極經世》配卦法小考

邵雍及《皇極經世》

邵雍（一零一一－一零七七），生於北宋真宗四年，卒於北宋神宗十年。河南洛陽人，字堯夫，自號安樂先生，人稱百源先生。謚康節。北宋五子之一。精理學、易學、天文、術數、音律。著有《皇極經世》、《伊川擊壤集》、《漁樵問對》、《邵堯夫先生詩全集》等。傳子伯溫、門人王豫（天悦）、张岷（子望）等。

《宋史 邵雍傳》：「始為學，即堅苦自勵，寒不爐，暑不扇，夜不就席者數年。」「雍探賾索隱，妙悟神契，洞徹蘊奧，汪洋浩博，多其所自得者。及其學益老，德益邵，玩心高明，以觀夫天地之運化，陰陽之消長，遠而古今世變，微而走飛草木之性情，深造曲暢，庶幾所謂不惑，而非依仿象類、億則屢中者。遂衍宓義先天之旨，著書十餘萬言行於世，然世之知其道者鮮矣。」「雍知慮絕人，遇事能前知……雍之前知，謂雍於凡物聲氣之所感觸，輒以其動而推其變焉。」宋代名儒如司馬光、程頤、程顥、張載等皆曾從遊。

邵雍之子邵伯溫《皇極系述》解「皇極經世」書名：「至大之謂皇，致中之謂極，至正之謂經，至變之謂世。」又曰：「《皇極經世》書凡十二卷。其一之二，則總元會運世之數，《易》所謂天地之數也。三之四以會經運，列世數與歲甲子，下紀帝堯至於五代歷年表，以見天下離合治亂之跡，以天時而驗人事者也。五之六以運經世，列世數與歲甲子，下紀自帝堯至於五代書傳所載興廢治亂得失邪正之跡，以人事而驗天時者也。自七至十，則以陰陽剛柔之數窮律呂聲音之數，以律呂聲音之數窮動植飛走之數，《易》所謂萬物之數也。其十一之十二，則論《皇極經世》之所以成書，窮日月星辰、飛走動植之數，以盡天地萬物之理，述皇帝王伯之事，以明大中至正之道。陰陽之消長，古今之治亂，較然可見。故書謂之「皇極經世」，篇謂之「觀物篇」。」

「先天之學」及其「前知之術」（術數）

邵雍是一代大儒，其「先天之學」，則源自道家（教）陳摶（希夷）。《宋史・儒林五・朱震傳》：「陳摶以《先天圖》傳種放，種放傳穆修，穆修傳李之才，李之才傳邵雍。」邵雍云：「聖人之心，是亦數也」、「萬化萬事生乎心」、「心為太極」。《觀物外篇》：「先天之學，心法也……蓋天地萬物之理，盡在其中矣，心一而不分，則能應萬物。」邵認為心性本質上是等同天地之太極。天地萬物氣數規律，能通過內觀自心而有所感知，即是內心也已具備有術數的推演及預測、感知能力；這當是邵雍「先天之學」及所創之「梅花易數」（先天心易）之理論基礎。「先天之學」博大精深，其中又包含術數方面，即「前知之術」（下文簡稱「先天之學」（術數））。

邵雍之子邵伯溫《邵氏溫見錄》曾記其父「先天之學」前知之事（術數）：「治平間，與客散步天津橋上，聞杜鵑聲，慘然不樂。客問其故，則曰：『洛陽舊無杜鵑，今始至，有所主。』客曰：『何也？』康節先公曰：『不三五年，上用南士爲相，多引南人，專務變更，天下自此多事矣！』客曰：『聞杜鵑何以知此』康節先公曰：『天下將治，地氣自北而南；將亂，自南而北。今南方地氣至矣，禽鳥飛類，得氣之先者也。《春秋》書『六鷁退飛』、『鸜鵒來巢』，氣使之也。自此南方草木皆可移，南方疾病瘴瘧之類，北人皆苦之矣。』至熙寧初，其言乃驗，異哉！」等多個例子。《二程外書 傳聞雜記》：「堯夫易數甚精。自來推長曆者，至久必差，惟堯夫不然。指一二近事，當面可驗……明道聞先生之數既久，甚熟，一日，因監試無事，以其說推算之，皆合。」《皇極經世緒言 卷首上》：「上蔡謝氏曰：『堯夫精易之數，事務之成敗始終，人之禍福修短，算得來無毫髮差錯，如指此屋便知起於何時至某年月日而壞，無有不准』」。可知邵雍「先天之學」（術數）之神。

「先天之學」（術數）的傳授與源流

雖然邵雍「先天之學」之「理」通過其子邵伯溫及後人整理結集的《皇極經世》、《觀物外篇》流傳後世。《皇極經世觀物外篇釋義》序：「邵子皇極之說，悉本之先天圖，精深玄微，妙及天人之際，惜其學不傳。間有能道之者，多彼此異同，不能盡合。」可知邵雍「先天之學」（術數）具體推算「前知」的方法，卻不在公開刊刻的書中，大部份門人也未有傳承下來。邵雍擇徒非常嚴格、慎重，特別是「先天之學」的傳授，「非人勿傳」。《宋元學案》：「百家謹按：先生數學……蓋兢兢乎慎重其學，必慎重其人也。」「章惇作商州令，時從先生游，欲傳數學，先生語惇須十年不仕宦乃可學，蓋故難之也。而邢恕援引古今，亦欲受業，先生曰「姑置是。此先天之學，未有許多言語。」上蔡云：『堯夫之數，邢七要學，堯夫不肯，曰：徒長奸雄；章惇不必言衍矣。』」相傳得邵雍「先天之學」真傳的，唯王豫（天悅）一人。

「王豫，字悅之，又字天悅，大名人，瑰偉博達之士也，精於《易》。聞康節之篤志，愛而欲教之，與語三日，得所未聞，始大驚服，卒捨其學而學焉。」「宗羲案：『康節之學，子文之外，所傳止天悅，此外無聞焉。蓋康節深自秘惜，非人勿傳。』」（《宋元學案 張祝諸儒學案》）可惜王天悅并無傳人便去世。明宋濂《溟涬生贊》：「邵堯夫以先天學授王豫，王豫字天悅，天悅死，無所授，同葬玉枕中。」吳曦於開禧三年（一二零七）發動「武興之亂」，盜王豫塚，得《皇極經世體要》一篇、《內外觀象數》十篇、《無名公》手澤，可大賄盜而得之。」「可大」即蜀中道士杜可大。杜氏精通邵雍之學，而以術數名。在杜可大五十歲時，他偶遇廖應淮，便以邵氏學授之。

廖應淮（一二二九～一二八〇），字學海，號溟涬生，南城（今屬江西）人。

【明】宋濂《溟涬生贊》：「抱負奇氣，好研摩運世推移及方技諸家學。年三十，遊杭，上疏言丁大全誤國狀。大全怒，中以法，配漢陽軍。生荷校行歌出都門，道傍觀者，嘖嘖壯之。抵漢江濱，遇蜀道士杜可大。揖曰：『子非廖應淮耶？』生愕然曰：

『道士何自知之？』可大曰：『宇宙，太虛一塵爾。人生其間，為塵幾何？是茫茫者尚瞭然心目間，矧吾子耶？然自邵堯夫以先天學授王豫天悅，天悅死，無所授，同葬玉枕中。未百年而吳曦叛，盜發其塚，得《皇極經世體要》一篇，《內外觀象數》十篇，余賄盜得之。今餘五十年，數當授子，吾俟子亦久矣。』乃言於上官，脫其籍，盡教以塚中書。」

《宋元學案》：「授以邵子先天易數。其算由先天起數，先生神警，一授即了。自是能洞知未知，乃坐臨安市樓賣大衍卜」。《新元史》：「應淮有神悟……復至臨安，畫賣卜，夜飲輒大醉。當醉中，自語曰：『天非宋天，地非宋地，奈何？』賈似道遣門客問之，應淮曰：『毋多言。浙西地發白時，是其祥也。』似道復召至，問之，應淮曰：『明公宜自愛不久宋鼎移矣。』似道惡其言直，應淮之徑出不顧。及宋亡，應淮又曰：『殺氣將入閩廣，吾不知死所矣。』其言無一不驗。」【明】宋濂《溟涬生贊》：「生瀕死，語女曰：『吾死後一月，中朝命山姓烏名使者，來徵吾及傅立。立當過予門，汝可出藏書示之，立當以此致大官。』後皆如其言，所謂「山姓烏名」，崔鵬飛也。」廖應淮著有《皇極經世書卦玄玄集》、《曆髓》、《星野指南》、《象喻統會》、《聲譜》、《畫前妙用》等數十萬言。」廖應淮以其學傳祝泌，并預言彭復來其家，取其藏書傳其學。

祝泌字子涇，德興人，以進士授饒州路三司提幹，得傳邵氏《皇極》之學於廖應淮。年老乞休，御書「觀物樓」扁額賜之。元世祖詔征不赴。著有《觀物篇解》、《皇極經世解起數訣》、《六壬大占》等。

傅立又得彭復（復之）、祝泌二人之傳，「入元，累官集賢院大學士。謚文懿，學者稱為初庵先生。」傅立之傳，一如廖應淮得傳及傳學之神秘，也是預言將某人得其書而傳其學：「初庵垂死，謂其徒曰：『汝曹口耳之學，徒得吾膚。淑吾書而得吾髓者，其齊氏某乎。』」傅立又傳程直方、齊琦等。

「齊琦者，字仲圭，饒之德興人也。別號易岩，時人咸稱之曰易岩先生。」《齊琦傳》：「蓋其為術，繇、聲、色、氣、味以起數，而推極乎元會運世，即其數之所見天地氣運之否泰，生人吉凶休咎之征，無不可以預定！純乎邵氏先天之學，皇極之理也。故其為人言，凡未至之事，如在目前，無一不驗者。」

以上是「先天之學」（術數）直至元代的大概傳承及源流情況。

《皇極經世》的版本與配卦

《皇極經世》在邵雍生前并未刊刻。最早的版本是邵雍之子邵伯溫集其祖及父的遺稿而成。不過此本早佚，未見傳世。《皇極經世》亦未有宋、元刊本傳世。今見《皇極經世》最早版本，乃《道藏 太玄部》所載《皇極經世》十二卷明刊本。此本內文〈元經會〉、〈會經運〉、〈運經世〉及律呂聲音等篇中，并無配卦。清乾隆年間修《四庫全書》收入善本《皇極經世》，為十四卷本，亦無配卦。

我們相信，原來邵雍子邵伯溫刊刻《皇極經世》時，書中的〈元經會〉、〈會經運〉、〈運經世〉及律呂聲音等篇，并無配卦。而未配卦的原因，很可能是因為配卦屬於「先天之學」的秘授部份，不宜公開。公開刊刻《皇極經世》主要保留了〈元經會〉、〈會經運〉、〈運經世〉的歷史年表等內容。

由宋代始，已經有多種不同的《皇極經世》元會經世配卦法出現。如【宋】牛無邪《易鈐寶局》、【宋】張行成《皇極經世索隱》、《皇極經世觀物外篇衍義》、《易通變》、【宋】王湜《易學》、【宋】廖應淮《皇極經世書卦玄玄集》、【宋】祝泌《觀物篇解》等。後又有【明】黃畿《皇極經世書傳》、【明】楊向春撰《皇極經世心易發微》、【清】王植《皇極經世書解》、【清】劉紹攽《皇極經世書發明》

及【清】劉斯組《皇極經世緒言》等。

《皇極經世》中的元會運世，是一元十二會，一會三十運，一運十二世，一世三十年，總十二萬九千六百年。元會運世的配卦法有多種說法。現今最廣為人採用的是【明】黃畿《皇極經世書傳》中的配卦法。其法以先天圓圖伏羲六十四卦，去乾坤坎离四卦不用，用六十卦共三百六十爻，卦序是：復、頤、屯、益、震、噬嗑、隨、无妄、明夷、賁、既濟、家人、豐、革、同人、臨、損、節、中孚、歸妹、睽、兌、履、泰、大畜、需、小畜、大壯、大有、夬、姤、大過、鼎、恆、巽、井、蠱、升、訟、困、未濟、解、渙、蒙、師、遁、鹹、旅、小過、漸、蹇、艮、謙、否、萃、晉、豫、觀、比、剝。一元有十二會，十二會共三百六十個變爻卦，即「運運卦」（統三百六十年）。三百六十個「運運卦」共統十二萬九千六百年，即一元之數。

「運運卦」六變得「世卦」（統六十年，每二世配一卦）。世卦變出旬卦六卦體；由初爻起至上爻六變。每旬統十年。是爲「旬卦」。（詳參本書《皇極經世真詮——世運與國運》）。

此法再經【清】王植《皇極經世書解》推崇及推廣，其後清代、民國及現代研究《皇極經世》學者大多沿用此法。如【民國】馬翰如《易元會運》、陳陽及添翼《皇極經世書中的中國大歷史觀》、李光浦《皇極經世真詮—世運與國運》（本書）等。對照宋人有關《皇極經世》配卦的著述，可知【明】黃畿《皇極經世書傳》中配卦法與【宋】牛無邪、【宋】張行成、【宋】王湜《易學》、【宋】廖應淮、【宋】祝泌等諸家都不相同。

【宋】張行成《易通變》中記載邵子〈掛一圖〉之取卦法：「置通數以元會運世之總數除之，見卦。假令元之元，置二萬八千九百八十一萬六千五百七十六，抽中一萬布在右，鋪爲十千、十百、十十、十，除卦身八千，遂除元之元數一，則餘二萬八千九百八十萬一千九百九十九，以中位左見八八屬坤，右見一一屬乾，左爲外卦，右爲內卦，則成地天泰卦也。他皆仿此。凡取卦若重，以陽進、陰退、消息、虛張、分布其數。」此與【明】黃畿《皇極經世書傳》中配卦法不同。

【宋】祝泌《觀物篇解》：「曰掛一卦以數取成二百五十六卦……元會運世，各列四序，如元，泰卦，元之元之元之元，得二萬兆數，至世之明夷，世之世之世之世，得八十一萬之數，此特第一位之分數耳。其下各有三十小位，自甲甲寅一而起，見位數若干，因而乘之方見真數，若便據二百五十六卦之分數而用之。」四庫存書提要：「祝泌氏鈐以泰爲元，六十四卦皆用四爻。」《觀物篇解 卷一》將一元十二會之三百六十運，以配掛一圖二百五十六卦，第一運所直之元之元之元之元泰卦起，至第三百六十運所直之世之世之世之世明夷而終，此是直運卦。《觀物篇解 卷二》是直世卦是「六十四卦皆用四爻」的配卦法。如第二千一百五十六世，直既濟卦五、上爻、賁卦初、二爻。直年卦：「掛一圖二百五十六卦，一千五百三十六爻，每四爻管一年。則當三百八十四年，今每運三百六十年便周者，謂三年之閏，五年之再閏也。故每十五年而虛四爻以當閏。」此亦與【明】黃畿《皇極經世書傳》中配卦法不同。

不過，【宋】張行成、【宋】祝泌兩家雖不盡相同，不過系統卻比較接近，配卦法都據「掛一圖」二百五十六卦去配。張行成、祝泌兩家配卦法都有授受，而【明】黃畿在《皇極經世書傳》書中，未有交待授受師承。黃畿《皇極經世書傳》配卦法當是黃氏隱居羅浮山多年後自悟。

邵雍「先天之學」真傳配卦法及廖應淮《皇極經世書卦玄玄集》發現

相傳得邵雍「先天之學」真傳的，唯王豫一人。因王豫塚中遺書未見傳世，而得王豫塚中遺書筆記的廖應淮，其著作《皇極經世書卦玄玄集》等在明代已經流傳極稀，至清初紀曉嵐等編纂的《四庫全書 提要》中曾提及外，到今天二百多年間未見有文獻再提及其內容，當是清初流入大內後不復見於民間。

幸運的是，虛白廬主人向心一堂術數古籍整理編校小組展示其收藏的虛白廬藏明鈔本【宋】廖應淮《皇極經世書卦玄玄集》，并同意出版公開。此鈔本珍貴之處，除了重新發現廖應淮的著述外，更在書中發現了唯一得邵雍「先天之學」真傳的王豫（天悅）的遺書筆記內容。又發現此虛白廬藏鈔本後附《心易發明》《觀梅數》《後天軌數》《範圍生成數》《康節萬物數》等諸篇，這些篇章大部份與【明】楊士奇的文淵閣書目中所載相同，疑是現今已失傳的邵雍「先天之學」術數方面的佚書。文淵閣書目是明初內閣所藏書目，是明初以元代秘書監所藏宋、金、元三朝的珍本秘籍，加上明初之典籍而成，其中大部份是鈔本，大都是現今已失佚的明初以前古本。虛白廬藏明鈔本《皇極經世書卦玄玄集》及書後《心易發明》《觀梅數》《後天軌數》《範圍生成數》《康節萬物數》等諸篇的發現及出版（《皇極經世書卦玄玄集》附《心易發明》《觀梅數》《後天軌數》《範圍生成數》《康節萬物數》等，心一堂即將出版。）可補近千年來邵雍皇極經世配卦及邵雍術數傳承之空白。

虛白廬藏明鈔本《皇極經世書卦玄玄集》中，有「乃康節親傳與王天悅之文」語。後附《心易發明》《觀梅數》《後天軌數》《範圍生成數》《康節萬物數》等諸篇，又有「熙寧壬子沙麓山樵王豫天閱書」語。熙寧壬子即宋神宗熙寧六年（一零七二年）。按邵雍卒於宋神宗熙寧十年（一零七七年）。此當是王天悅得邵雍先天之學（包括術數方面）傳授後的筆記與心得，王天悅筆錄時邵雍仍在世。邵伯温《易學辯惑》中記述了王天悅隨其父邵雍學習的情形：「每有所得，筆而書之，貯一錦囊中，出入起其居，須臾造次，必以自隨也。」

【元】宋濂《潛溪集 溟滓生贊》記載廖應淮從杜可大得到王天悅塚中遺書「《皇極經世體要》一篇、《內外觀象數》十篇、《無名公》手澤」。從虛白廬藏鈔本《皇極經世書卦玄玄集》中，有「乃康節親傳與王天悅之文」語看來，《皇極經世書卦玄玄集》可能是廖應淮從王天悅《皇極經世體要》發揮而成書，書中特意表明「乃康節親傳與王天悅之文」，以表示此書內的配卦法等內容的正統性。其附《心易發明》《觀梅數》《後天軌數》《範圍生成數》《康節萬物數》《三要靈應篇》等諸篇，有「熙寧壬子沙麓山樵王豫天閱書」語，則或是諸篇源自王天悅《內外觀象數》十篇及、《無名公》手澤，是王天悅學習邵雍「先天之學」（術數）筆記。

【明】莊昶《定山集 卷七》曾記載明代一則源自王天悅秘本的皇極經世「先天之學」（術數）的傳授：「浙友余中之，過我溪雲，以皇極經世之學授予，讀其書至王天悅：『所謂推以某甲之年月，必得某甲之時日，而後富壽，必先以某甲之年月，而後賤貧，以至水陸舟車之所産，東西南北之所居，精粗巨細之事，無不皆然。』」文中所記，與《皇極經世書卦玄玄集》書後附的《心易發明》《觀梅數》《後天軌數》《範圍生成數》《康節萬物數》等諸篇所載內容相似。

廖應淮《皇極經世書卦玄玄集》中皇極經世配卦之法，一如四庫存書提要所載，與祝泌之法基本相同：「祝泌氏鈐以泰爲元，六十四卦皆用四爻……廖應淮《元元集》從之。」（有的文獻誤以祝泌傳廖應淮，四庫全書提要沿習其誤，以祝泌氏鈐成書在先，廖應淮《玄玄集》在後，實誤。）廖應淮《皇極經世書卦玄玄集》所述配卦法比祝泌《觀物篇解》中更清楚。《皇極經世書卦玄玄集》：「三百六十運，用二百五十六卦，係以運值運數，二億八千九百八十一萬六千五百七十六之數分布而取卦，故與先天圖及易之次序不同。」「以會經用【運】世卦：每三百六十，行卦一周，凡二百五十六卦，計三十運，世卦泰起於第三會月寅之中第七十六經星之己卯運。」又說明了置閏、分野等。強調「加一陪法。」其中又有明代人的加註，如書中元代、明初元會運世的配卦等。

《皇極經世書卦玄玄集》中篇首：「康節先生傳連山易于山林隱德之士，以天一地二，天三地四，天五地六，天七地八，天九地十，分十等曰元會運世歲月日時分秒，作皇極經世書，自元至時隸之卦，而分秒行乎八卦之間，有卦有數，天地人物皆囿於其中，而卦數則窮物之[理]、極物之變，雖鬼神不測，天地之無窮，亦不逃焉。玄之又玄，故曰《玄玄集》。」此段文字又見於【宋】祝泌《觀物篇解 卷一》及【明】楊體仁《皇極經世心易發微 大定神數心法》中。

邵雍「先天之學」術數的發展—梅花易數、皇極數（邵子神數、鐵板神數）

明清兩代以降，時至今天，梅花易數、邵子神數（鐵板神數）是兩門最為人熟悉，相傳由邵雍發明的術數。現存梅花易數、邵子神數（鐵板神數）的古籍版本最早只見於明代，學界一般相信是托名邵雍，并非真的由邵雍所創。有的認為兩門術數均出自【明】楊體仁。梅花易數源自【明】楊體仁《皇極經世心易發微》，皇極數（邵子神數、鐵板神數）源自【明】楊體仁的大定神數（見《皇極經世心易發微》、《大定神數新篇》）。

據《皇極經世心易發微》序：「乃敢折衷微詞，多述舊聞，以理為經，以易為緯，輯為六卷，名曰《心易發微》。」可知《皇極經世心易發微》是楊體仁將一些「舊聞」編輯而成，書中內容并不是楊氏發明。我們再讀虛白廬藏鈔本《皇極經世書卦玄玄集》以及其附《心易發明》《觀梅數》《後天軌數》《範圍生成數》《康節萬物數》等諸篇中，比較內容，便可知《皇極經世心易發微》很多內容皆出自或整理自《皇極經世書卦玄玄集》及其附的《心易發明》《觀梅數》《後天軌數》《範圍生成數》《康節萬物數》等諸篇內容而成。

《皇極經世書卦玄玄集》後附諸篇中，有以年月日時起數（卦）法、配以先天策數、後天軌數、以易數推算天地萬物之數（康節萬物數）：萬物萬事飛走動靜無不在其內、觀梅數、易卦體例、體用秘訣玄黃克應歌、觀物洞玄歌等內容。原書鈔本似是在王豫（天悅）、廖應淮的原書外，又鈔入了宋、元、明流傳的另一些邵雍系統的術數資料，如牛無邪、高處士、劉湛然一系的《三要靈應篇》（坊本《梅花易數》亦有輯入，文字略異，【明】楊體仁《皇極經世心易發微》輯入作《三要元機》）。〈玄黃克應歌〉、〈觀物洞玄歌〉等篇也見於坊本《梅花易數》。《皇極經世書卦玄玄集》後附的《心易發明》《觀梅數》《後天軌數》《範圍生成數》《康節萬物數》等諸篇內容，也輯入了早期《梅花易數》的內容，也可能是今本《梅花易數》刻本的祖本。

而《皇極經世書卦玄玄集》後附諸篇中的另一些邵雍系統的術數如先天策數、後天軌數、《康節萬物數》、《範圍生成數》（推流年之法，有天干地支吉凶神：天祿、天官、印綬、血光等），通過【明】楊體仁的整理及發展成「大定神數」，即後來的皇極數（邵子神數、鐵板神數）。而根據清刻本《皇極經世心易發微序》，楊體仁便是【明】袁了凡所撰著名的《了凡四訓》（《訓子文》）中傳授袁了凡《皇極數》的雲南孔道人。

通過虛白廬藏明鈔本【宋】廖應淮《皇極經世書卦玄玄集》附《心易發明》《觀梅數》《後天軌數》《範圍生成數》《康節萬物數》內容，可以知世傳梅花易數（明刻本《家傳邵康節先生心易卦數》，心一堂即將出版）、皇極數（邵子神數、鐵板神數）（《皇極數》、《鐵板神數（清刻足本）——附秘鈔密碼》、《八刻分經定數》、《蠢子數纏度》、《邵夫子先天神數》，心一堂經已出版。另有鈔本：《秘鈔本鐵板神數（三才八卦本）》、《邵子先天神數》、《邵夫子蠢子神數》、《邵子神數》、《後天神數》、《演禽先天神數》等，心一堂即將出版）之源流，可以從【明】楊體仁、【宋】廖應淮、【宋】王天悅等而溯源至【宋】邵雍。

小結

《皇極經世觀物外篇釋義》序：「邵子皇極之說，悉本之先天圖，精深玄微，妙及天人之際，惜其學不傳……多彼此異同，不能盡合。」雖然元會運世的配卦法有多種說法，諸家不同。通過上文考證，【宋】廖應淮《皇極經世書卦玄玄集》當是傳世文獻中最接近邵雍原本的《皇極經世》配卦法。不過是否可以簡單總結只有這種配卦法才是唯一正確的配卦法，而其他配卦法是偽法？

在不同流派《皇極經世》配卦方便下，論及同一時間段（元會運世）的時往往又可以得出準確的結果。例如張行成、祝泌、黃畿三個系統的配卦法迥異，不過他們自身及得其真傳者能依其配卦法作出準確的演算及預測。這個情況與相傳邵雍發明的另二種術數：梅花心易（梅花易數）、皇極數（邵子數、鐵板神數）類似，不同人或門派可能起出、配出不同的卦（或象、或數），多於一種正解，得其傳者或能領悟者可作出準確的演算及預測。反之，起出、配出相同的卦（或象、或數），不同的人可能作出不同的演算及預測，包括不準確及錯誤的演算與預測。祝泌《觀物篇解》：「夫《皇極》用卦之法出於方外丹經火候之遺意。其歌曰：『用卦不用卦，須向卦中作。及其用卦時，用卦還是錯。』」「卦同而禍福無一年可同者，主運與主世之卦不同也。是則開物之後閉物之前九萬七千二百年中無一年之可同，宜皇帝王伯之跡無一事可合。」「今以數觀歷代之休戚，若據爻辭取義，猶刻舟求劍，非知皇極法者。然康節書有時摘爻辭立論，何也……是以摘爻明義，乃所得卦吉凶之所祖也。」祝泌已透露了其中玄機：邵雍先天之學的術數，無論是皇極經世，或梅花心易（梅花易數）、皇極數（邵子數、鐵板神數），是講究心、理、數、太極合一，修心之道。《皇極經世觀物外篇》：「先天之學，心也。後天之學，迹也。」「先天之學」是一種追求「聖人之心，是亦數也」、「心為太極」、「心一而不分，則能應萬物」境界的學問，而不是一種單純刻板的算法。心性本質上是等同天地之太極。天地萬物氣數規律，能通過內觀自心而有所感知，「先天之學」所謂卦象、卦數，當非刻板的某一卦象、卦辭、或一組數字，而是切入點，是活活潑潑的。只要內心的修養及與萬物的感知達到一定程度，心悟「先天之學」術數的原則和規律，當可達到邵子的境界：「事務之成敗始終，人之禍福修短，算得來無毫髮差錯」！

至於如何以《皇極經世》配卦以推演世運與國運，本書《皇極經世真詮──世運與國運》作者李光浦所採用配卦法雖未必是邵雍《皇極經世》中原來的配卦法，而以

【明】黃畿《皇極經世書傳》中配卦法取卦（同【民國】馬翰如《易元會運》，心一堂出版）、又以《焦氏易林》（可參《宋本焦氏易林》，心一堂出版）取（卦）辭、再以七政四餘術取（天）象、偶參以「河洛理數」，交織成一個立體的「卦」「辭」「象」「數」，活活潑潑，以「摘爻明義」。正如祝泌所說，《皇極》用卦之法，既要用卦，又不能執於卦，本書《皇極經世真詮—世運與國運》作者李光浦之用法，比起一些書籍中「刻舟求劍」式的卦辭附會推演，反倒更接近邵雍「先天之學」術數的心法—「體無定用，惟變是用。用無定體，惟化是體。」（《皇極經世 觀物內篇》）

本書作為邵雍《皇極經世》的整理和導讀，并非文句層面上的注疏，而是希望給予讀者開拓新的思維、視野，從《皇極經世》於「世運與國運」的推演上，作為領悟「先天之學」術數的「立體」運用的台階，以致靈活運用術數於古今，深層次的對邵雍《皇極經世》背後「先天之學」術數心法的導讀。

心一堂術數古籍整理叢刊編校小組

二零一七年十二月

前言（二）

《易》為群經之首，自漢興以後，為儒家士人必讀之作。易學博大精深，應用至廣，向來分為「象數易」與「義理易」兩大流派，前者又稱漢易，後者又稱宋易。有所謂兩派六宗之說：

故《易》之為書，推天道以明人事者也。《左傳》所記諸占，蓋猶太卜之遺法。漢儒言象數，去古未遠也，一變而為京、焦，入於禨祥，再變而為陳、邵，務窮造化，《易》遂不切於民用。王弼盡黜象數，說以老、莊，一變而胡瑗、程子，始闡明儒理，再變而李光、楊萬里，又參證史事，《易》遂日啟其論端。此兩派六宗，已互相攻駁。

《四庫全書總目．經部．易類一》

四庫館臣以象數易為「不切於民用」，實在於未得象數易之要領。合浦李光浦先生以漢焦贛《易林》與宋邵雍《皇極經世》合參，證以前史，推衍今後中國之國運與世運，遂成本書。

焦贛，字延壽，西漢梁國睢陽人，生卒年不詳。漢昭帝時出仕，著有《易林》十六卷。與孟喜、京房同為西漢象數易最重要之代表人物。

邵雍（一零一一至一零七七），理學家，北宋五子之一，字堯夫，諡康節，世稱康節先生。著有《皇極經世》等書，後世術家更以術數名著《梅花易數》、《鐵板神數》等為其所作。

近儒尚秉和（一八七零至一九五零）為當世象數易大家，著有《焦氏易林注》、《焦氏易詁》、《周易尚氏學》、《周易古筮考》等力作，憑深入鑽研《易林》，遙接西漢象數易學諸法，隔代重建西漢以前《易經》繇辭所用之易象，遂成為一代宗師，並牽起新一輪的《易林》研究。

通行本《易經》共六十四條卦辭，三百八十四條爻辭（六十四乘六），再加乾用九、坤用六兩條，合共四百五十條繇辭。

漢焦贛《易林》則按通行本卦序，以六十四「本卦」配六十四「變卦」（又稱之卦），合共四千零九十六條林辭，皆以四言韻語寫成，體例比《易經》嚴整，辭條數為《易經》九倍之多。

宋邵雍《皇極經世》以元、會、運、世紀年。一元共十二萬九千六百年，一會共一萬零八百年，一運為三百六十年，一世為三十年。每年與不同時段都配以不同易卦（本卦及變卦），以之配《易林》筮辭，若乎中節，或為西漢象數易已失傳之家法！合浦李光浦先生精研易學，又通七政四餘、子平、音律等星命術數。李君亦肇緒先哲、步武前賢，將象數易「京焦入於機祥」與「陳邵務窮造化」兩宗結合，著成《皇極經世真詮》此篇，揭露《易林》與《皇經極世》之緊密關係。

例如二零一四年至二零二三年之十年，卦值「鼎之蠱」，本卦「火風鼎」，之卦「山風蠱」，按易占即為「鼎卦」四爻變而得「蠱卦」，當以《鼎．九四》爻辭斷占：「鼎折足，覆公餗，其形渥，凶。」

䷱→䷑

若用「易林占」，則以《易林．鼎之蠱》斷占，即本書作者引用的：「商人行旅，資无所有。貪貝逐利，留連玉帛。駁轅內安，公子何咎。」

本書所言國運世運，當在此後陸續發生，讀者除可以就近印證之外，亦復能憑細讀本書，對《易林》之應用有更多會心。讀者宜以本書與《宋本焦氏易林》①及今儒

① 輯入《心一堂．易學經典文庫》，即將出版。

馬瀚如《易元會運》①合讀，互為印證。

後學南海潘國森
二零一七年歲在丁酉仲夏
序於香港心一堂

① 輯入《心一堂術數古籍珍本叢刊．其他類星命類．神數系列》，即將出版。

萬語千言，只是告訴大家一句話：『中國是有辦法的。』

蔣百里（一八八二至一九三八，中國近代著名軍事理論家）

題辭

萬里河山。目斷了。也無歸處。空惆悵。青山有淚。碧蒼無語。星漢已無舟楫路。蓬萊恐有瀟瀟雨。想風蕭易水又春寒。誰人渡。

心中事。憑誰訴。家國恨。無人語。但夕陽衰草。換得愁句。庾信江南憂怨在。李陵雙鳧空飛去。倚危樓。祇見海茫茫。斜天暮。

調寄〈滿江紅〉（此詞乃青年時代所填寫的，一九六四年五月十五日發表於中大崇基學生雙周報）

代序

吾聞富貴者送人以財，仁人者送人以言。吾不能富貴，竊仁人之說送子以言：
天下攘攘，皆為利往；天下熙熙，皆為利來。
商人行旅，資無所有；貪貝逐利，留連玉帛。馭轅內安，公子何咎？

耶元二零一六值旬卦〈鼎之蠱〉（未來必與台灣無關）
後學李光浦集《老子》及《易林》謹識

別本：留連「王市」，「轘」轅內安、「君子」何咎。

Foreword

J.P. Morgan famously said, “Millionaires don’t use astrology, billionaires do”. In an imperfect world where there are no crystal balls to tell the future, some attempt to rely on different astrological systems from antiquity to take a peep at how events might unfold. Accuracy, is what their curious, yet anxious, users expect. However, what has become of those that have failed their users’ expectation? Is this a rhetorical question?

While there are the novice astrologers who readily give up on an astrological system for inaccuracy, there are the masters who persistently and effectively apply their intellectual scalpels to dissect the seemingly esoteric and ineffable system to make sense of it. Masters do not ridicule in the face of adversities, they revisit old problems with more research and insight. They question the basis of the system instead of its outcome. This is how the long discarded Theory of Huangji Jingshi（皇極經世）came to be rediscovered in this book.

From the Peloponnesian War in ancient Greece to the ChuJu War（楚莒之戰）in ancient China, the Huangji Jingshi calculations were able to describe the political situation at that time that the super-powers were at war with each other. In more recent times, the First Sino-Japanese War and the Chinese Civil War were also accurately depicted in the calculations of Huangji Jingshi. Huangji Jingshi is a unique astrological calculation system in that its sole purpose is to describe the diplomatic relationships between powerful countries in their times. The fortune（or misfortune） of individuals is not of this book’ s concern. Although this piece of work can hardly meet the taste of an immediate public, accomplished statesmen who share the belief in the old occult axiom of “As Above, So Below” will no doubt find this book insightful.

As D.H. Lawrence wrote on his death-bed, “We need not feel ashamed of flirting with the zodiac. The zodiac is well worth flirting with” . To this, he added a wise proviso, that while one uses the zodiac to tell fortune, one must also use it to reveal his inevitable misfortune. With the rediscovery of the theory and use of Huangji Jingshi in modern times, we should take the words of D.H. Lawrence one step further, that “Statesmen need not feel ashamed of flirting with the zodiac” , as they may be able to use Huangji Jingshi to tell their countries’ fortune or the lack thereof.

Adrian Chung
Barrister-at-law

陳序

我自小喜研術數，不乏同道朋友，但如李光浦老師的博古通今者不多，李老師尤精於中外的文史哲，星卦之學問更是雲高淵深。認識老師將近十年了，還記得第一次拜會，他一身簡樸衣着，溫文的談吐，及面上那圓圓的眼鏡，散發着一股民國文人的氣息。每次造訪老師家，見那四壁到頂放滿滿的書架，茶几上堆着十數本書，滿室洋溢着讀書的氛圍。

從廿年前李老師出版了兩本關於果老星宗一派的星學著作《鄭氏星案新詮》①及《果老星宗新詮》②，相信大家耳目猶新，這方面的讀本，至今仍是鳳毛麟角，甚至是絕無僅有。而事實上李老師同時精通多門術數，可以交互運用於占卜問事、祿命，甚至推算國運之上。其法揉合了中西的星法與論斷原理，明白以後，你會發現術數本來並不應該分東方西方。

老師治學重在徵驗，不尚空談，寫在書上的各種方法，都是經過多番考據與應

① 武陵出版社，一九九八。
② 武陵出版社，一九九九。

用，行之有驗然後才寫下來，而且毫不吝嗇指導後學，寫書從不藏頭露尾，讀過李老師各著作的讀者，應該十分清楚。雖然廿多年來沒有公開設帳授徒，然而多年以來，得李老師指導甚多。對於性喜執拗的我，老師仍循循善誘，借此一隅，我要對李老師說聲感謝。

老師常說，吉凶之力由星曜所主，而事象的細節，可從各種詩卦爻辭尋找。老師憑着深厚的文字根柢，及對詩的感性認知，每能一眼看出詩中豐富的隱藏訊息。老師經常運用的術數，隨便數數的就有鬼谷子兩頭鉗、河洛理數爻辭、金鎖銀匙歌、康節前定數、郭璞數、前定數、分定經、四字斷終生，以至本書所運用的焦氏易林、皇極經世卦等，都解得出神入化。平時跟老師茶敘，與之所至時，老師把案例如數家珍般數說出來，每令我很容易掌握到重點所在。若讀者們也想領略箇中奧妙，不能錯過本書。

老師年事已高，曾多番說過不想再花時間著書，每次聞言我都大呼可惜。喜聞老師願意再次執筆，寫下這皇極經世釋本，我知道後給他交換了一些出版的建議，老師建議由我來處理出版事宜，我欣然答應了。我馬上就想到請心一堂來出版此書，心一堂出版術數古籍之用心，行內少見，只要他們肯答應出版，我就放心。沒想到與社長見面一談即合，至此我才放下心頭大石。心一堂對出版書籍內容完全自由，於此可見其胸襟，讀者之福也。

今天有幸得李老師邀序，一言與有榮焉。祝福老師身體健康，心願達成，福氣滿滿。是為序。

後學
陳一言
序於二零一七年五月

邵雍先天圖

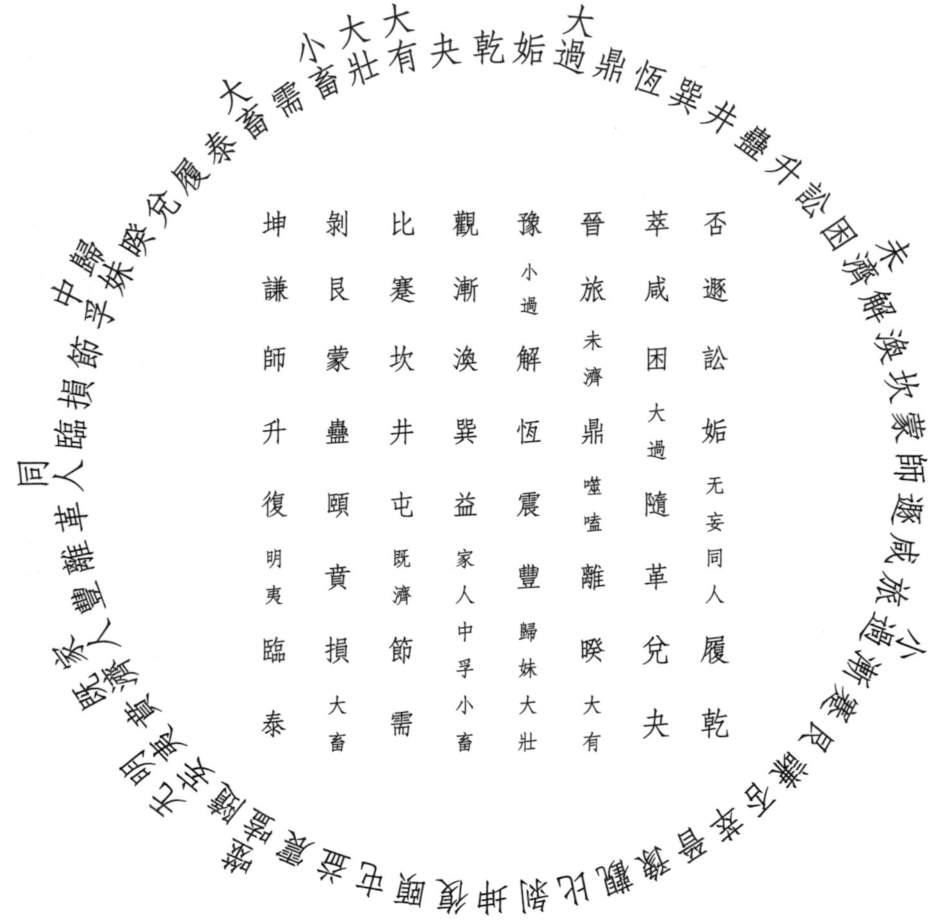

乾 姤 大過 鼎 恆 巽 井 蠱 升 訟 困 未濟 解 渙 坎 蒙 師 遯 咸 旅 小過 漸 蹇 艮 謙 否 萃 晉 豫 觀 比 剝 坤 復 頤 屯 益 震 噬嗑 隨 无妄 明夷 賁 既濟 家人 豐 離 革 同人 臨 損 節 中孚 歸妹 睽 兌 履 泰 大畜 需 小畜 大壯 大有 夬
坤 剝 比 觀 豫 晉 萃 否
謙 艮 蹇 漸 小過 旅 咸 遯
師 蒙 坎 渙 解 未濟 困 訟
升 蠱 井 巽 恆 鼎 大過 姤
復 頤 屯 益 震 噬嗑 隨 无妄
明夷 賁 既濟 家人 豐 離 革 同人
臨 損 節 中孚 歸妹 睽 兌 履
泰 大畜 需 小畜 大壯 大有 夬 乾

一元＝12會
一會＝30運
一運＝12世
一世＝30年

一元（12 x 30 x 12 x 30）
＝129,600年

Plato's Geometric Number
60^4＝1,296,0000

歲差＝26,000 年
5倍歲差＝130,000年
一元為129,600年（邵雍）

Heraclitus
10,800年乃一會
i.e. 129,600年÷12運

世卦變出旬卦六卦體；由初爻起，順序至頂爻。
每旬有10年。

找出現在那一旬，看大圓圖中找出該卦，順時針方向抄下去，見乾坤離坎不用，每旬得10卦體

∵10x6=60（年）；故見電腦版式，得60年卦，正好是一個「甲子」。至於來臨之年卦，世卦必異，又為60年，是另一個「甲子」。

若問流年如何？看「世之流年」、「流年」、「旬之流年」三課，此三課為「世之旬」所管制，「之」字之前一字為「本卦」，後一字為「變卦」。

前言：《伯羅奔尼戰爭史》的德爾菲神諭

時下好些人愛談及浮士狄底斯（Thucydides）《伯羅奔尼戰爭史》（Peloponnesian War）隱言了守成大國與新興大國開戰的不可避免。以前是斯巴達、雅典，近在眉睫的則是中美二國。我這本書是為解決此疑問而寫的。細看一下近十年以來有關這方面的書實在不少：B Hayton的《南海》，J. Bradley的《中國幻象》，R. D. Kaplan的《中國海》，戴旭的《2030肢解中國》，邵維華的《地緣政治與中美博奕》和《中國與美國終須一戰》，以至香港版通俗小書（tabloid）如《中日大戰一觸即發》、《2014大崩潰》、《2014中日大戰》之類的都不難在書店找到。

中美會開戰嗎？

不宣而戰算不算？

衛護領土，保護僑民又怎樣？

我以為祇要雙方動武，用不着看是甚麼動機，祇要兵戎相見便是戰爭了！試看一下目前的世局，韓國佈置薩德防衛系統，日本也嚷着要美國替它安裝，伊斯蘭國之興起，南海上的風雲，敘利亞內戰，俄國失去了烏克蘭，蔡英文又不肯承認「九二共識」，朝鮮接二連三核試……任何一處都可能變成火頭所在之地，更不必說地震、海嘯、天災帶來的浩劫，人類是多麼的渺小，可以跟命運抗衡嗎？

甚麼是命運？

《伯羅奔尼戰爭史》提及雅典人往德爾菲（Delphi）求神諭，得出這樣的指示：「跟多利亞人的戰爭會降臨，而死亡亦隨之而來。」①

斯巴達人則得到以下：「如果你們盡己之力去戰鬥，勝利會屬於你們的。」②

奇怪嗎？一切都應驗了！不要說甚麼希臘人何其迷信的話。伯羅奔尼戰爭發生於前四三一年，翌年鼠疫在雅典爆發，跟着是地震，真的福無重至、禍不單行；伯里克利（Pericles）遭到猛烈攻擊，進而被定罪。雖然他在前四二九年再復出，七月上任，但到年底就油盡燈枯，最後的一句話發人深省：「在世的雅典人沒有一個為我而帶孝！」

我研究命運、國運也近三十年了，在《鬼谷子真詮》③和馬瀚如之《易元會運》（收入《心一堂術數古籍珍本叢刊・其他類星命類・神數系列》，即將出版）於一六四二年滿清國運究值何卦均不同，我於是指出「到今未有定論」。《秘本》

① Penguin版，頁一五六。

② Penguin版，頁一零三

③ 李光浦，《鬼谷子真詮：唯一真正鬼谷子算命術詮釋》，香港天地圖書有限公司，二零一一。

用〈萃之泰〉而馬氏則用咸二爻（〈大過之咸〉）。不過今天我得指出：馬先生是對的，而正因如是，我不妨抄下前四三一年伯羅奔尼戰爭的於《皇極經世書》之所得：世卦是〈恆〉，旬卦是〈大過〉，而年卦則是〈歸妹〉。換言之，此年之變元（variables）有四，故所得的四課可借漢焦贛《易林》之易林辭解釋：

（一）〈恆之大過〉：「重門射卒，不知所定。質疑蓍龜，孰可避火。明神報答，告以肌如。」（此課管十年，即前四三七至四二八）

（二）〈恆之歸妹〉：「兄征東燕，弟伐遼西。大克勝還，封君河間。」

（三）〈大過之歸妹〉：「畜水待時，以備火災。柱車絆馬，郊行出旅，可以无咎。」

（四）〈歸妹〉：「堅冰黃鳥，常哀悲愁。不見白粒，但睹藜蒿。數聲鷙鳥，為我心憂。」

蓍草、龜殼代表占卜用的；去德爾菲又與今人到黃大仙求籤何異！

（一）是答覆雅典人的，徐芹庭《焦氏易林新注》① 將詩偈翻成白話文說：「是否可以重射兵卒，不知所定，請教蓍龜，怎可避大災，明神回答：『兵卒的肌肉跟你

① 北京中國書店，二零一零。

的一樣，不可以射。』

（二）是對斯巴達人而發，他們東伐普拉蒂亞（Plataea），而雅典人則往西去攻打墨伽利斯（Megara），兄弟鬩於牆也！

（三）對斯巴達人、雅典人都適用。

（四）斯巴達人揮兵入波提狄亞（Boeotia），雅典人眼巴巴的看着自己的田園被毀，葡萄藤和橄欖樹被伐了！至於（四）似對雅典人而發的為多。

如果馬瀚如先生仍然健在的話，他在《易元會運》能做到的則恐怕祇有〈恆之大過〉一課中的易象：用恆六五，大過九五，也許再加上本卦之卦的易象。無論如何，他說的不會比（一）為貼切。

用《易林》查看《皇極經世書》的值卦的人也許會有；有的話則祇看到（一），但不知（二）、（三）和（四）的用法；因此，流年國運這一回事，便不為其注意到了。談及《皇極經世書》的作品本來就少得可憐，即使馬瀚如的《易元會運》也罕為人知。去年底陳陽、添翼有《皇極經世》書中的中國大歷史觀也不見得好過《易元會運》，唯最可取之處是以圖表優化了馬氏卷八的午會「值運圖」（據陳、添所言，用到的以運經世表是參考常秉義《皇極經世導讀》①一書的格式而得）——二者均以

① 北京中央編譯，二零零九。

一九八三年告終，之後就沒有！我若非得益於馬，陳、添三先生的圖表則不能看到《皇極經世書》是一本看國運的書。《易元會運》寫序文的方乃斌和王韶生教授是我認識的前輩，可惜我已無緣見到他們——想已不在人間了。

這兒提到前四三一年的（一）至（四）並不是唯一用《易林》詮釋《皇極》的實例，我不會因為一個好例子而肯定《皇極》可看國運，我由一八九四年（甲午）到一九八三年（癸亥）作出連續九十年的國運研究之後才有此結論。不僅如此，《皇極》於中國國運也有可能看到別國的事。《皇極》以中國為世界的中心——普天之下，莫非王土。率土之濱，莫非王臣？！（一）至（四）的詩偈未必全部應驗，但至少會有其一，年卦單獨而驗者不多，但不能不留意，如：

一八九四年清日海戰〈明夷〉：「他山之儲，與璆為仇，來攻我城，傷我肌膚，邦家騷憂。」

年卦來自六十四卦，每六十年前後會再現。一八九四年後的一九五八年也是〈明夷〉，不過這次並不太嚴重。快要來臨的二零二零年〈明夷〉怎樣，不可不察也！由於《易林》不易找到，而四庫全書的藏本①於〈離〉卦內取出〈剝〉至〈解〉，並

① 中國書店，二零一四年。

且重複的置於〈泰卦〉的易林辭中是錯了。剩下的最佳選擇便宋版《焦氏易林》①。在本書最後一章，我會抄下來臨十五年《皇極》之《易林》詩偈，如上面（一）至（四）的一樣做法。此外，徐芹庭的《焦氏易林新注》也不錯；中國書店版用的是簡體字。

天降雨給義人，也降雨給不義之人。中國在公元前四三一年怎樣？西周封國莒為楚所滅；斯時為衛昭公糾元年，衛如小侯，附屬於趙。天覆地載（As Above, So Below）之下，東西何異？問題在於，有沒有可與「伯羅奔尼戰爭」比美的「楚莒之戰」？！

宇宙是一個「體」（One）抑是一個「多樣」（Many）；它是一個「存有」（Being）抑是「變」（Becoming）？

古希臘的哲學家自畢達哥拉斯至柏米尼狄斯，由柏米尼狄斯到司勞（Zeno），由司勞直至蘇格拉底，再至柏圖，這些問題一直困擾着他們。無奈的是，沒有人在當時對楚莒的戰爭作過《伯羅奔尼戰爭》式的研究。我在這兒選取公元前四三一年，原因是這一年遲於魯隱公元年，即公處前七二二年（《春秋》記事的上限），年份可以確立。古希臘有戰爭，我們的中土之地也有。

① 台灣藝文印書館版；香港心一堂版，二零一七。

「存有」在變了，在整個地球上面；東方世界和西方世界應同時有類似的事。

我並不是說《春秋》前的年分中東西方必然相似，不過，其相似與否並非我在這兒要肯定的。武王伐紂的年份就有數十家之說，邵雍定為公元前一一二二年，與劉歆相同，但伯奔羅尼戰爭，楚滅莒不會有異議。公元前四三一年在午會姤運；運運卦為〈鼎〉，世卦是〈恆〉，旬卦〈大過〉，年卦〈歸妹〉。這「點」確立後，再看一八九四年清日海戰的〈明夷〉便可見《皇極經世》在歷史解釋上是不可被懷疑的。邵雍編年史祇寫到公元九五九年己未，之後就沒有了。翌年，趙匡胤在陳橋兵變後便是宋太祖，邵雍不想寫及宋朝是可被理解的事。

元會運世就像是一座建築物的架構，有鐵枝，鋼架，外面可以看到其窗櫺、鐵閘；裡面置放甚麼東西則由人決定。也許有人在裡面唱歌，打架吧！

邵雍以《易》釋史，我借用《易林》為之寫傳，事情就是這麼簡單。

話說回來，今天的中國與美國會否因為「浮士狄底斯的陷阱」（Thucydides Trap）而開戰？我的答案是：「會的。但恐怕不是直接的正面交鋒！」中國自一九八四年以鼎卦為世卦，旬卦六則各行十年，到二零四三年完結。這正是清康熙二十三年至乾隆八年的一張值卦圖，故六十年間會有不少外族犯境的事。康雍乾是盛世，戰必勝，但亦傷元氣。《御定奇門陰遁九局》①，《御定六壬直指》②早已肯定，更不必說我寫的《中美國運和天命》③。今天我寫這本書，其一個目的，是為了解答中華民族前途問題，我得到滿意的答案了！這〈前言〉以《伯羅奔尼戰爭史》為始，多少由於我欣賞浮氏的文采——正如S. Hornblower在《The Greek World》同樣的認許——以及他的傲骨："My work is not a piece of writing design to meet the taste of an immediate public, but was done to last forever."（我的作品並不是為取悅一般讀者而寫，我是為了不朽之業，藏之名山，傳之其人。）④

中國二零二四至二零三三是〈鼎之姤〉的十年「世卦之旬卦」：「砥德礪材，果當成周。拜受大命，封為齊侯。」

講「香港人話」和反「國教」的人絕對不會明白這詩偈。

不學詩，無以言。

① 鄭同注，北京華齡出版社，二零零九，頁八。
② 李峰注解，海南出版社，二零零二，八零六。
③ 台灣武陵版，二零零零。
④ Penguin版，Book I, 22。

伯羅奔尼戰爭 Pelopnnesian War（參閱劍橋版 Heredotus〈History〉之 Timeline, pp.xivi-li）

元	甲一（67017 BC－62583 AD）共 129600 年									
會	午七（2217 BC－8583 A D）共 10800 年									
運正卦	姤　（2217 BC－58 BC）共 2160 年									
運運卦	鼎　（777 BC－418 BC）共 360 年									
世卦	恆　（427 BC－418 BC）共 60 年									
旬卦	年卦　每旬 10 年，六旬合共 60 年									
大壯 477 BC - 468 BC	甲子 恆 477 BC	乙丑 巽 476 BC	丙寅 井 475 BC	丁卯 蠱 474 BC	戊辰 升 473 BC 越滅吳	己巳 訟 472 BC	庚午 困 471 BC	辛未 未濟 470 BC	壬申 解 469 BC	癸酉 渙 468 BC
小過 467 BC - 458 BC	甲戌 蒙 467 BC	乙亥 師 466 BC	丙子 遯 465 BC	丁丑 咸 464 BC	戊寅 旅 463 BC	己卯 小過 462 BC	庚辰 漸 461 BC	辛巳 蹇 460 BC	壬午 艮 459 BC 1st Pelo War	癸未 謙 458 BC
解 457 BC - 448 BC-	甲申 否 457 BC	乙酉 萃 456 BC	丙戌 晉 455 BC	丁亥 豫 454 BC	戊子 觀 453 BC	己丑 比 452 BC	庚寅 剝 451 BC	辛卯 復 450 BC	壬辰 頤 449 BC	癸巳 屯 4 48 BC
升 447 BC - 438 BC	甲午 益 447 BC	乙未 震 446 BC 1st Pelo War ended	丙申 噬嗑 445 BC	丁酉 隨 444 BC	戊戌 无妄 443 BC	己亥 明夷 442 BC	庚子 賁 441 BC	辛丑 既濟 440 BC	壬寅 家人 439 BC	癸卯 豐 438 BC
大過 437 BC - 428 BC	甲辰 革 437 BC	乙巳 同人 436 BC	丙午 臨 435 BC	丁未 損 434 BC	戊申 節 437 BC	己酉 中孚 432 BC	庚戌 歸妹 431 BC 2nd Pelo War	辛亥 睽 430 BC	壬子 兌 429 BC Pericles died in Sept	癸丑 履 428 BC
鼎 427 BC - 418 BC	甲寅 泰 427 BC	乙卯 大畜 426 BC	丙辰 需 425 BC	丁巳 小畜 424 BC	戊午 大壯 423 BC	己未 大有 422 BC Peace of Nicias	庚申 夬 421 BC Peace of Nicias	辛酉 姤 420 BC	壬戌 大過 419 BC	癸亥 鼎 418 BC

元＝12 會　　會＝30 運　　運＝12 世　　世＝30 年

12 x 30 x 12 x 30＝129,600 年

2 元為 259200 年　　歲差（Precession of the Equinox）為 26000 年

歲差一周天為 72 運，∵72 x 360＝25920

Plato's Geometric Number:　60^4 days i.e.＝36000 年之 360days/year　（Republic Book X, 615B Babylonian Origin）

伯羅奔尼戰爭 Pelopnnesian War（續完）

元	甲一（67017 BC – 62583 AD）共 129600 年									
會	午七（2217 BC – 8583 A D）共 10800 年									
運正卦	姤　（2217 BC – 58 BC）共 2160 年									
運運卦	大過（417 BC –58 BC）共 360 年									
世卦	夬　（417 BC –358 BC）共 60 年									
旬卦	年卦　每旬 10 年，六旬合共 60 年									
大過 417 BC - 408 BC	甲子 夬 417 BC	乙丑 姤 416 BC	丙寅 大過 415 BC	丁卯 鼎 414 BC	戊辰 恆 413 BC	己巳 巽 412 BC	庚午 井 411 BC	辛未 蠱 410 BC	壬申 升 409 BC	癸酉 訟 408 BC
革 407 BC - 398 BC	甲戌 困 407 BC	乙亥 未濟 406 BC	丙子 解 405 BC 羊河戰役	丁丑 換 404 BC 雅典投降	戊寅 蒙 403 BC 命韓趙魏為諸侯	己卯 師 402 BC	庚辰 遯 401 BC	辛巳 咸 400 BC	壬午 旅 399 BC	癸未 小過 398 BC
兌 397 BC - 388 BC-	甲申 漸 397 BC	乙酉 蹇 396 BC	丙戌 艮 395 BC	丁亥 謙 394 BC	戊子 否 393 BC	己丑 萃 392 BC	庚寅 晉 391 BC	辛卯 豫 390 BC	壬辰 觀 389 BC	癸巳 比 388 BC
需 387 BC - 378 BC	甲午 剝 387 BC	乙未 復 386 BC	丙申 頤 385 BC	丁酉 屯 384 BC	戊戌 益 383 BC	己亥 震 382 BC	庚子 噬嗑 381 BC	辛丑 隨 380 BC	壬寅 无妄 379 BC	癸卯 明夷 378 BC
大壯 377 BC - 368 BC	甲辰 賁 377 BC	乙巳 既濟 376 BC	丙午 家人 375 BC	丁未 豐 374 BC	戊申 革 373 BC	己酉 同人 372 BC	庚戌 臨 371 BC	辛亥 損 370 BC	壬子 巽 369 BC	癸丑 中孚 368 BC
乾 367 BC - 358 BC	甲寅 歸妹 367. BC	乙卯 睽 366 BC	丙辰 兌 365 BC	丁巳 履 364 BC	戊午 泰 363 BC	己未 大畜 362 BC	庚申 需 361 BC	辛酉 小畜 360 BC	壬戌 大壯 359 BC	癸亥 大有 358 BC

元＝12 會　　會＝30 運　　運＝12 世　　世＝30 年

12 x 30 x 12 x 30＝129,600 年

2 元為 259200 年　　歲差（Precession of the Equinox）為 26000 年

歲差一周天為 72 運，∵ 72 x 360＝25920

Plato's Geometric Number:　60^4 days i.e.＝36000 年之 360days/year　（Republic Book X, 615B Babylonian Origin）

第一章 《皇極經世書》的邏輯架構

二零一六年三月，上海古籍出版社出版了《邵雍全集》分上中下三冊，另外加上兩本，即《邵雍資料彙編》，以及《伊川擊壤集》，合成五本。此全集印了一千套，由郭彧、于天寶點校。上中下三冊中無方圓圖，祇有資料彙編中來自《宋元學案》卷十之〈百源學案下〉才找到，連同卦氣圖（見頁五一一至五一五）。要知道的是，遠在一九三九年之時，商務印書館出版了張心澂的《偽書通考》，一九九八年得上海書店出版社影印而再版面世；數量二千而已。讓我抄下有關的文字：

> 《皇極經世書》卷十，內有偽。王湜作《易學》一卷，其末為皇極經世節要，自序有云：「康節遺書或得於家之草藁，或得於外傳聞，間有譌謬；於是抉擇是非，以成此書，示讀皇極經世者以門戶，亦可知《皇極經世》一書，不盡出於邵子。」

由此觀之，我手中所持武陵版那本《秘本》不能用來看國運又有甚麼出奇呢？

《秘本》中也有點似資料彙編，沒有馬氏所言之流年值卦，而用到的則是「日卦指掌圖」，故明太祖洪武十七年（公元一三八四年）之甲子年用損節，乙丑用家人，丙寅用家人，丁卯用需……就是清明開始之日卦。

其實，馬瀚如、陳陽、添翼三位先一的講解都不錯，所欠缺的則是流年國運而已。馬先生不是不知年卦，祇不過他沒有用《易林》吧了！不僅如此，他亦提到「流年值卦圖」，自一六二四年至二二八四年甲子旬之終結，而在整本《易元會運》中祇談我說「世卦之旬卦」的十年國運。在卷首的頁十二，他附注邵雍《左衽吟》說：

> 《皇極經世緒言》載有《左衽吟》一首以詠宋祚，邵子生於宋真宗祥符四年，卒於宋神宗熙享十年，而對於宋祚受劫，天子蒙塵之事，尚差四十餘年之久，而假於是吟詠出，是謂謂《左衽吟》，實是宋祚吟也；邵子樂天知命，謝絕仕途，而《皇極經世》一書，特以「易」「元」為義，迨已早有暗示宋祚之當易為元祚也。九百來尚來有道破此義者，特一點出，俾讀者之善悟也。

馬先生用心良苦矣！邵雍生於一零一一年，死於一零七七，徽欽二宗因京城淪陷，後被金人擄去時的靖康恥元年是公元一一二六年：

旬卦〈謙〉（一一二四年至一一三三年），看世卦之旬卦為〈蹇之謙〉：「天門開闢，牢戶寥廓，桎梏解脫，拘囚縱釋。」

「世卦之年卦」，〈蹇之鼎〉：「植根不固，華榮落去，便為枯樹。」蹇，利西南，不利東北！單就這「七」個字就知道北宋不妙了！至於年卦為鼎「積德不至，君政且溫。伊呂股肱，國富民安」四句直指西，南或西南之趙構，即翌年登位的南宋「泥馬渡康王」的高宗。

「見披髮於伊川，知百年而為戎」出自《哀江南賦》，穩示「國破家亡」也！邵雍知之，馬先生亦知之。

馬先生心中藏有值運圖表，試看「午會大過卦值運圖，起公元前五八年甲子至公元二一零三癸亥止」中，「爻卦」直落見〈蹇〉，向左手橫看見有〈既濟〉，〈井〉，〈比〉，〈咸〉，〈謙〉，〈漸〉，知為〈蹇卦〉初爻至上爻別變出來的。也許他屈指一算便得了！如此看來，六十四卦體怎樣以六條爻線變出運之卦，世卦，以至旬卦都一目瞭然。他曾提及二一六四至二二二三年六十間之離卦凶象（卷八，頁廿二），在「午會鼎卦值運圖」爻卦〈離〉，向左數至〈賁〉就是離四爻變出來的「突如其來如，焚如、死如、棄如」。他寫「午會」，如何推演已藏於其中。陳、添兩先生的「以運經世表」則易於查看；除非有軟件，不然就需用三十六頁去製一個運正卦的表，午會的運正卦順序有六，即〈姤〉，〈大過〉，〈鼎〉，〈恆〉，〈巽〉共五卦，因此，要36x5x6=1080頁才成。午會為十二會之一（地支為十二數），要編製1080x12=12960頁才能窮盡一元的圖表！太多了！不過，午會為人的歷史，之前之後的都不宜生活。《全集》「資料彙編」說得很清楚：

問：天開于子，地闢于丑。人生于寅，是如何？

曰：此是邵子《皇極經世》中說，今不可知。他只以數推得，是如此。他說寅上生物，是到寅上方有人物也。有一元十二會，三十運，十二世，十二萬九千六百年為一元，歲月日時，元會運世，皆自十二而三十，自三十而十二。至堯時會已在巳午間，今則及未，至戌上說閉物，到那裡則不復有人物矣。

這段話未點明：「年」之數目，有云一世30年，如是則一元等於十二會，一會等於三十運，一運等於十二世，一世三十年，用12x30x12x30=129600（年）。然而，我們用到的值運圖之中的年是六十，一旬有十年，六十旬則為六十年。

這豈非不對嗎？到底用三十抑是六十才對？

我認為六十是為製圖才成，如是，就要將129,600改為259,600（即12x30x12x60）。這與「歲差」26,000之值在10倍後少了八百年——但我們要知道，歲差由「統計」而得，權威中人有說25725，25800，25778.732，七十一年行一度，行一周天需25560年。我是個務實主義者，要「實事求是」，顏師古注解說：「務得實事，每求真是也！」（實事求是源於《漢書．河間獻王傳》）管他是白貓抑是黑貓，捉得到老鼠的就是好貓。

259,200是129,600的兩倍。

柏拉圖（Plato）說源於巴比倫（Babylon）有所謂幾何數字（geometric number），60^4是也①。

60^4即12,960,000，是129,000的一百倍，259,200的五倍。難道邵雍的元會運世與之

① 見《Republic》 Book VIII, 546 B-D, Book X, 615B，以及《Law》 809 C-D, 818 C-D。

無關？！

此外，希臘哲學用四大元素，地水火氣，也許是來自印度吧！《皇極經世》也用水火土石，天地間物事皆四，如日月星辰，水土火石，雨風露雷，皆是相配。張心澂說「《皇極經世》一書不盡出於邵子」很有道理。若細觀一下邵雍的《皇極經世》，他根本無甚麼旬卦，世卦……之觀念底形構，他在天干地支紀年下祇寫事，沒有說甚麼卦象，試看一個典型之例（全集中冊頁五零五）：

己亥（前二零二）漢滅楚，項羽死于東城，漢王以魯國公禮葬羽于穀城。楚之諸侯而王者並降封侯，封齊王韓信為楚王，治下邳，建成侯彭越為梁王，治定陶，九江王英布為淮南王，治廣陵……肇帝位汜水之陽，西都長安，大建宮室。燕王臧荼不恭命，攻下代郡，往平之，獲臧荼，以太尉盧綰為燕王。齊王田廣卒，叔橫立，入于海。

查元前二零二年，項羽垓下被圍，兵敗自殺，世卦為〈井〉，旬卦〈大過〉，年卦〈既濟〉。祇有〈井之大過〉與項羽相關：「羿張烏號，彀射鷲狼。鐘鼓夜鳴，將軍壯心。趙國雄勇，鬪死榮陽。」〈井之既濟〉的「望風入門，來到我鄰，餔吾養均。」描述的應為那些替劉邦打天下的人。有驗的是「世卦之旬卦」。若果說《皇極經世書》乃一歷史年譜，那倒是不可置疑的事。但硬要說是術數之推算國運或人命的話，邵康節的《皇極經世書》原則上不是一本「推測」吉凶禍福的書。不過，此書經過了張行成《皇極經世機要圖》之後，「元會運世」四個基本等量關係已被研究的人接受而用於天地萬物之間。他肯定了129,600為一元之數，「天運行之數」也。此數與巴比倫的60^4相關，不懂天文學的人總會批評「元會運世」為臆想出來的「數」，強加於曆法是錯的。細想一下，由於歲差而令木入金位，金入木位……今天之青龍會去到西地，白虎則到卯方，……古埃及人已見過兩次了①。邵雍取公元前二三五七年帝堯「命羲和，欽若昊天……敬授人時，是一個正確的關切點，該年為甲辰。如果立點錯了，則歷史重要事實底出現絕對不能用我的方法立即去印證。至少，遠至公元前四三一年的伯羅奔尼戰爭，近至一八九四年至一九八三年的國運都如此，靈準如神助，我很難相信年改良過的《皇極經世書》是一部黃宗羲說的「鶺突曆書」。

邵雍說：「學不際天人，不足謂之學。」（觀物外篇）。司馬遷也說：「究天人

① 希羅多德《歷史》，牛津大學版，Book II, [142]。

之際，通古今之變。」「夫天運，三十歲一小變，百年中變，五百載大變，三大變一紀，三紀而大備，此其大數也。為國者，必貫三五，上下各千歲，然後天人之際續備。」（《史記．天官書》）

「為國者，必貫三五」七字各家都解釋不一，唯《索隱》所言似較可取：「三五謂三十歲一小變，五百歲一大變。」

《皇極經世書》世卦變出之旬卦各旬十年，合六十年。中國自一八九四年開始差不多每三十年都一小變倒是事實。如果抄下「世卦之旬卦」連續六旬的話，你可以看到其中連續三旬與過去之「變」在何方。這就是整個邏輯架構的突出之處，是好或是壞的會清楚見到。茲抄下中國世卦為〈巽〉變出之六旬：

（一）〈小畜〉（一九二四至三三）：闇目不明，耳閼聽聰。陷入深淵，滅頂憂凶。

（二）〈漸〉（一九三四至四三）：戴頭望天，不見星辰。顧小失大，福逃牆外。

（三）〈渙〉（一九四四至五三）：畫龍頭頂，文章未成。甘言「美語」，說（別本作詭）辭無名。

（四）〈姤〉（一九五四至六三）：隨風乘龍，與利相通。田獲三倍，商旅有功。憧憧之邑，長安无他。

（五）〈蠱〉（一九六四至七三）：平國之君，夏氏作亂。烏號竊發，靈公殞命。

（六）〈井〉（一九七四至八三）：山水暴怒，壞梁折柱。稽難行旅，留連愁苦。

一九四四至五三年是變的一旬，在一九四五年年是〈晉〉，日本投降：「銷鋒鑄耟，休牛放馬。甲兵解散，夫婦相保。」看到沒有？！一九二四年之前的三十年很衰，一九二四至一九四三更衰，到入了〈渙〉才轉好。

「世卦之旬卦」是《皇極經世書》之突出處是絕對可以肯定的。

甚麼是《皇極經世書》的邏輯架構呢？我用以下的一張「值運圖」來作解說較易令人不懂邵雍書中系統的人明白。元（甲一）由67017 B.C. 至63583 A. D. 為129600年，其下是十二會（子丑寅卯辰巳午未申酉戌亥）中的午會，即2217 B.C. 至8583 A.D.，得10800年。運正卦為午會中的大過——之前是姤，之後是鼎、恆、巽，每卦佔2160年，故2160 x5 = 10,800 ①。

① 古希臘Heraclitus說的「地球更新所需年數」（J. L. E. Dreyer, A History of Astronomy From Thales to Kepler, Dover, 1953, p.22.

一九八四年至二零四三年

元	甲一（67017 BC – 62583 AD）共 129600 年									
會	午七（2217 BC - 8583 AD）共 10800 年									
運正卦	大過（57 BC –2103 AD ）共 2160 年									
運運卦	姤　（1774 AD –2103 AD）共 360 年									
世卦	鼎　（1984 AD –2043 AD）共 60 年									
旬卦	年卦　每旬 10 年，六旬合共 60 年									
大有 1984 - 1993	甲子 鼎 1984	乙丑 恆 1985	丙寅 巽 1986	丁卯 井 1987	戊辰 蠱 1988	己巳 升 1999.	庚午 訟 1990	辛未 困 1991	壬申 未濟 1992	癸酉 解 1993
旅 1994 - 2003	甲戌 師 1994	乙亥 蒙 1995	丙子 師 1996	丁丑 遯 1997	戊寅 咸 1998	己卯 旅 1999	庚辰 小過 2000	辛巳 漸 2001	壬午 蹇 2002	癸未 艮 2003
未濟 2004 - 2013	甲申 謙 2004	乙酉 否 2005	丙戌 萃 2006	丁亥 晉 2007	戊子 豫 2008	己丑 觀 2009	庚寅 比 2010.	辛卯 剝 2011	壬辰 復 2012	癸巳 頤 2013
蠱 2014 - 2023	甲午 屯 2014	乙未 益 2015	丙申 震 2016	丁酉 噬嗑 2017	戊戌 隨 2018	己亥 无妄 2019	庚子 明夷 2020	辛丑 賁 2021	壬寅 既濟 2022	癸卯 家人 2023
姤 2024 - 2033	甲辰 豐 2024	乙巳 革 2025	丙午 同人 2026	丁未 臨 2027	戊申 損 2028	己酉 節 2029	庚戌 中孚 2030	辛亥 歸妹 2031	壬子 睽 2032	癸丑 兌 2033
恆 2034 - 2043	甲寅 履 2034	乙卯 泰 2035.	丙辰 大畜 2036	丁巳 需 2037	戊午 小畜 2038	己未 大壯 2039	庚申 大有 2040	辛酉 夬 2041	壬戌 姤 2042	癸亥 大過 2043

鼎之蠱

2018	2019	2020	2021	2022
蠱之隨 隨 鼎之隨	蠱之无妄 无妄 鼎之无妄	蠱之明夷 明夷 鼎之明夷	蠱之賁 賁 鼎之賁	蠱之既濟 既濟 鼎之濟

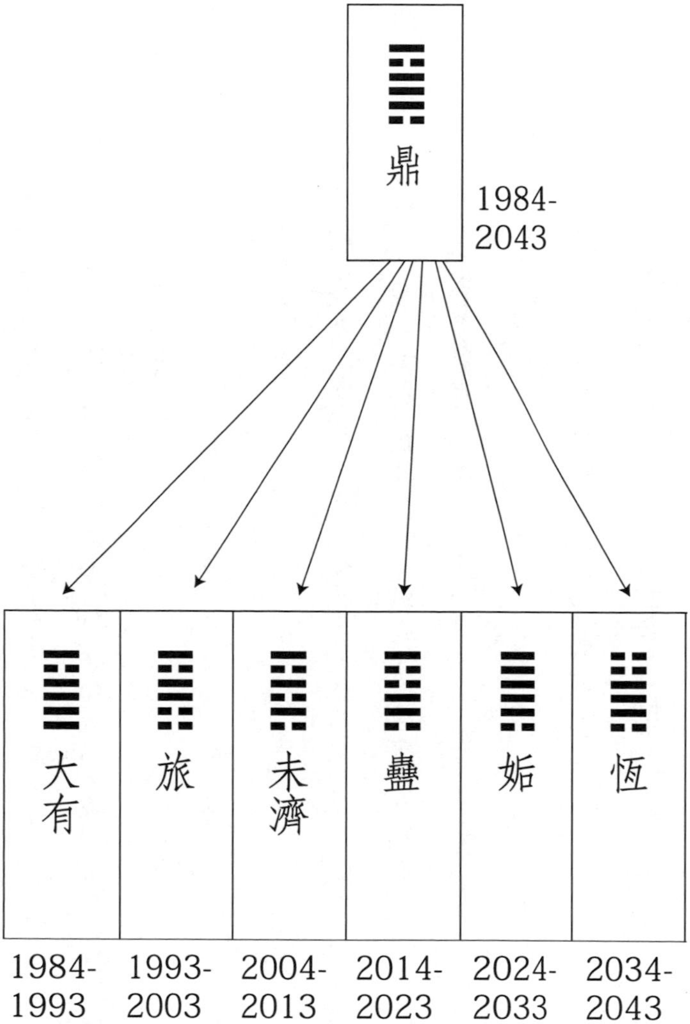
鼎
1984-
2043
大有
旅
未濟
蠱
姤
恆
1984-
1993
1993-
2003
2004-
2013
2014-
2023
2024-
2033
2034-
2043

「姤，大過，鼎，恆，巽」來自大圓圈；在〈乾〉之後。順時針的「井，蠱，升，訟，困」則為未會。至於申會是：「未濟，解，渙，蒙，師」順時針的酉戌亥子丑寅卯辰巳，亦作如是推算，見乾坤離坎四卦均不列在內。

到運正卦開始，各爻之變順序亦得六卦：「夬，咸，困，井，恆，姤」。此六卦體名運運卦。每一運運卦為六十年。

運運卦六變得世卦。

世卦又六變得六個旬卦。

世卦第一變所得之旬卦製定了六十年中的年卦；第一個旬卦的第一年（甲子）照抄世卦之名，如世卦為「乾坤離坎」，則在大圓圈分別以「姤，復，革，蒙」為甲子年的年卦。年卦中永不會有「乾坤離坎」。「乾坤，天地之本。離坎，天地之用」（觀物外篇）；此乃法則。

前人將我所言的「世卦之旬卦」以其語言表達為：

例二零一四年至二零二三：「公元二零一四甲午，至二零二三癸卯，值卦『鼎之蠱』六四」意即〈鼎〉第四爻變出〈蠱卦〉。

我為醒目，將之寫成〈鼎之蠱〉，一看就知〈蠱〉由〈鼎〉第四爻變出來。由於我用「年卦」，譬如二零一六年丙申，我以〈鼎之震〉或者〈蠱之震〉，或〈震〉來看。

像這樣的值卦圖，必始於甲子年，終於癸亥年，是完整的一個甲子六十年。

這樣做似乎適宜今人之用，即使67617 B.C. 必是甲子年，62583 A.D. 亦必為癸亥，今試證：

（一）公元前67017年的干支是甚麼？

67017+2得67019，除60不用，餘數得59，用60減之60-59=1

查干支序表，1為甲子，知此年為甲子年。

（二）公元62583年干支是甚麼？

62583 -3，得62580，除60不用，餘數為0，癸亥也！

好了，到此再看一個運正卦，柏拉圖提到60^4是12,960, 000。換言之，即129,600年「運正卦」「甲一」的一百倍。《皇極經世》怎會不跟巴比倫之Geometric Number卦鉤？！何況那10,800年正是希拉赫底斯之地球更新所需年數——邵雍所言的一會之數。

第二章 為國者，必貫三五

好了！我可以將三十歲一「小變」加以闡述。三個一「小變」就是九十年。一八九四是甲午年，到一九八三癸亥正好是九十年。上一頁有（一）至（六）的旬卦，加上以下屬於訟（世卦）六變而得的最後三值課，合計得九十年：

（甲）一八九四至一九零三：〈訟之渙〉：「機杼紛擾，女功不成。長妹許嫁，衣無襦袴。聞禍不成，凶惡消去。」

（乙）一九零四至一九一三：〈訟之未濟〉：「避患東西，反入禍門。糟糠不足，憂愁我心。」

（丙）一九一四至一九二三：〈訟之困〉：「絆跳不遠，心與言反。尼父望家，菡萏未華。」

九十年之始為一八九四年的甲午戰爭，一九八三為世卦〈訟〉之終結的一年。還未到翌年立春之時，鄧小平已南下廣東視察，此為「第一次南方視察」，住在中山溫泉賓館，之後他分別去深圳，珠海，蛇口。一月廿七日在珠海寫下「珠海經濟特區好」的題辭。

一九八四年，中國皇極經世書的國運剛好入〈鼎卦〉（世卦），到六旬卦之終便是二零四三年癸亥年。〈前言〉中我提到的康雍乾盛世正好是同一樣的值卦圖。

一九八四年是甲子年，「木子楊花真武興」：鄧小平作為軍委主席主持了首都國慶三十五周年的閱兵儀式。「楊」花者，中央軍委副主席楊尚昆；「木子」是李先念國家主席。

這年十二月十九日中英有聯合聲明：一九九七年七月一日中國對香港恢復行使主權，英政府屆時將香港交還中國。

「小平您好！」橫額大紙出現於國慶日。

一九八四年是另一個甲子（六十年）旬之始，這年也是下元甲子的第一年，——陳添一書頁三零四，竟然是一張未完成的圖表，何解？但無論如何，一九八四年之後的由我補上好了，共八張，附於本書〈附錄〉之前的第六章，到二四六三年為止；足夠未來四百多年之用。

今天看來，一九八四年連續三十年當會是「向前走，我不走回頭路」（鄧小平語〉的改革開放三十年。一九五四年至一九八三年的三十年是之前的毛澤東時代，以文化革命為高潮。一九二四年至一九五三年是國共鬥爭史，大成於毛主席之中華人民共和國之建立。一八九四年至一九二三年乃滿清沒落到「革命尚未成功，同志仍須努力」的孫中山先生革命史。

目前的二零一四年至二零四三年是習主席開始的，之後由誰接上去則到時才知，那是二零二三、二零二四的事了。雍正在位之時清朝國勢如日中天，故卦值〈鼎之姤〉的大吉是無可置疑的事。

今年〈皇極〉〈鼎之蠱〉中「馭轅內安，公子何咎」應指習主席，「貪貝逐利，留連玉帛」是中港台之股市，「商人行旅，資无所有」是缺少了「九二共識」的台商，不然的話就是中國之外匯儲備在下滑。〈鼎之震〉中「老猾犬偷，東行盜敖。困于噬敖，幾不得去」是對美日兩國而言，二者連同阿基諾三世想將南海搞成亂局，卻不知中國之「枯瓠不朽，利以濟舟」——連馬英九也赴太平島宣示主權了！「仁德與恩惠顯示着光明」是誰？是蔡英文嗎？不是了！「主君又重現他的儀容，保住他的殿堂」的文字不是用來描寫女人的話。女子與小人難養也！

明年二零一七年怎樣？康熙五十六年可作參攷。

三首詩如常一樣，未必全部應驗，如果得「麒麟鳳凰，善政德祥。陰陽和調，國無災殃。」那當然是吉祥的。至於二零一四至二零二三年〈鼎之蠱〉仍然駕馭着大局，如果〈噬嗑〉可以有助，則商人行旅或者會有起色的。不過，我卻相信〈蠱之噬嗑〉似有所指，「公孫駕驪，載遊東齊。延陵悅產，遺季紵衣。」

四句詩來自《春秋》、《左傳》兩個典故，不外說明交聘結好的事：國與國交好，人與人交好。徐芹庭的「義釋」是：延陵季子游東齊，轉到鄭國遇子產，獲贈紵衣得利福。

剩下來的則似有不妙之處：「東行西步，失其次舍。乾侯野井，昭君喪居。」（〈鼎之噬嗑〉）徐芹庭「義釋」是：

魯昭公遭遇季孫、叔孫、孟孫三家之亂，東西流亡，失去富庭，天在乾侯野井。凶。

「象徵」：《左傳》昭公二十五年九月戊戌，伐季氏，叔孫氏、孟孫氏救亡，三家反攻公。己亥公孫於齊，次於陽州。二十六年三月，公至自齊，居于鄆。三十二年薨于乾侯，齊侯唁公于野中。

如果查看翦伯贊主編的《中外歷史年表》① 當可知道兩件事。（一）策妄阿喇布

① 中華書局，二零零八。

坦兵入拉薩，殺拉藏汗。（二）蘇格蘭人約翰・拿設立通用銀行於巴黎後，這年計劃開發美洲法屬殖民地路易士安那。法、英、荷締結三國同盟共同反抗西班牙之膨脹計劃。

魯昭公為「三」桓所敗，法英荷「三」國反抗當時霸主西班牙，此乃Family Resemblance也！今我取（一）而不取（二），七月中至八月恐有戰火，外亂也！此乃星象。

第三章　皇極經世易林詮釋

元	甲一（67017 BC－62583 AD）共 129600 年									
會	午七（2217 BC－8583 AD）共 10800 年									
運正卦	大過（57 BC－2103 AD）共 2160 年									
運運卦	姤　（1774 AD－2103 AD）共 360 年									
世卦	訟　（1864 AD－1923 AD）共 60 年									
旬卦	年卦　　每旬 10 年，六旬合共 60 年									
履 1864 - 1873	甲子 訟 1864	乙丑 困 1865	丙寅 未濟 1866	丁卯 解 1867	戊辰 渙 1868	己巳 蒙 1869.	庚午 師 1870	辛未 遯 1871	壬申 咸 1872	癸酉 旅 1873
否 1874 - 1883	甲戌 小過 1874 同治 13 年	乙亥 漸 1875 光緒元年	丙子 蹇 1876	丁丑 艮 1877	戊寅 謙 1878	己卯 否 1879	庚辰 萃 1880	辛巳 晉 1881	壬午 豫 1882.	癸未 觀 1883
姤 1884 - 1893	甲申 比 1884 光緒 10 年	乙酉 剝 1885	丙戌 復 1886	丁亥 頤 1887	戊子 屯 1888	己丑 益 1889.	庚寅 震 1890.	辛卯 噬嗑 1891	壬辰 隨 1892	癸巳 无妄 1893
渙 1894 - 1903	甲午 明夷 1894 光緒 20 年	乙未 賁 1895	丙申 既濟 1896	丁酉 家人 1897	戊戌 豐 1898	己亥 革 1899	庚子 同人 1900 八國聯軍	辛丑 臨 1901	壬寅 損 1902	癸卯 節 1903
未濟 1904 - 1913	甲辰 中孚 1904 光緒 30 年.	乙巳 歸妹 1905	丙午 睽 1906	丁未 兌 1907	戊申 履 1908	己酉 泰 1909. 宣統元年	庚戌 大畜 1910	辛亥 需 1911.	壬子 小畜 1912 民國元年	癸丑 大壯 1913
困 1914 - 1923	甲寅 大有 1914 民國 3 年	乙卯 夬 1915.	丙辰 姤 1916	丁巳 大過 1917	戊午 鼎 1918	己未 恆 1919	庚申 巽 1920	辛酉 井 1921	壬戌 蠱 1922	癸亥 升 1923

1894-1923，清末民初

1924-1953，國共於中原逐鹿

1954-1983，中共當政及鄧小平上台

元＝12 會　　會＝30 運　　運＝12 世　　世＝30 年

12 x 30 x 12 x 30＝129,600 年

2 元為 259200 年　　歲差（Precession of the Equinox）為 26000 年

歲差一周天為 72 運，∵ 72 x 360＝25920

Plato's Geometric Number:　60^4 days i.e.＝36000 年之 360days/year　（Republic Book X, 615B Babylonian Origin）

元	甲一（67017 BC – 62583 AD）共 129600 年									
會	午七（2217 BC – 8583 AD）共 10800 年									
運正卦	大過（57 BC –2103 AD ）共 2160 年									
運運卦	姤 （1774 AD –2103 AD）共 360 年									
世卦	巽 （1924 AD – 1983 AD）共 60 年									
旬卦	年卦 每旬 10 年，六旬合共 60 年									
小畜 1924 - 1933	甲子 巽 1924	乙丑 井 1925	丙寅 蠱 1926	丁卯 升 1927	戊辰 訟 1928	己巳 困 1929.	庚午 未濟 1930	辛未 解 1931	壬申 渙 1932	癸酉 蒙 1933
漸 1934 - 1943	甲戌 師 1934	乙亥 遯 1935	丙子 咸 1936	丁丑 旅 1937	戊寅 小過 1938	己卯 漸 1939	庚辰 蹇 1940	辛巳 艮 1941	壬午 謙 1942.	癸未 否 1943
渙 1944 - 1953	甲申 萃 1944	乙酉 晉 1945	丙戌 豫 1946	丁亥 觀 1947	戊子 比 1948	己丑 剝 1949 中共立國	庚寅 復 1950.	辛卯 頤 1951	壬辰 屯 1952	癸巳 益 1953
姤 1954 - 1963	甲午 震 1954	乙未 噬嗑 1955	丙申 隨 1956	丁酉 无妄 1957	戊戌 明夷 1958	己亥 賁 1959	庚子 既濟 1960	辛丑 家人 1961	壬寅 豐 1962	癸卯 革 1963
蠱 1964 - 1973	甲辰 同人 1964	乙巳 臨 1965	丙午 損 1966	丁未 節 1967	戊申 中孚 1968	己酉 歸妹 1969	庚戌 睽 1970	辛亥 兌 1971	壬子 履 1972	癸丑 泰 1973
井 1974 - 1983	甲寅 大畜 1974	乙卯 需 1975.	丙辰 小畜 1976	丁巳 大壯 1977	戊午 大有 1978	己未 夬 1979	庚申 姤 1980	辛酉 大過 1981	壬戌 鼎 1982	癸亥 恆 1983

1894-1923，清末民初

1924-1953，國共於中原逐鹿

1954-1983，中共當政及鄧小平上台

元＝12 會　　會＝30 運　　運＝12 世　　世＝30 年

12 x 30 x 12 x 30＝129,600 年

2 元為 259200 年　　歲差（Precession of the Equinox）為 26000 年

歲差一周天為 72 運，∵ 72 x 360＝25920

Plato's Geometric Number: 60^4 days i.e.＝36000 年之 360days/year（Republic Book X, 615B Babylonian Origin）

以下為三〈小變〉，共九十年。

〈訟之渙〉（一八九四至一九零三）

「機杼紛擾，女功不成。長女許嫁，衣無襦袴。聞禍不成，凶惡消去。」

這分明直指慈禧太后而發了；織機的梭子亂動，卻不能織成，衣無襦袴，聽到禍事後凶惡也消去。

〈明夷〉（一八九四）

一八九四是清日海戰，〈明夷〉說得好：「他山之儲，與謬為仇，來改吾城，傷我肌膚，邦家騷憂。」

〈賁〉（一八九五）

一八九五的年卦是〈賁〉，不吉。賁非正色，質有餘不受飾也。此乃孔子之言；「山作大池，陸地為海。各得其所。」一戰敗了，夫復何言！馬關條約是喪權辱國的事。堂堂大國竟敗於維新二十七年的小日本；失去了朝鮮、台灣、澎湖，甚至還予日本在沙市、重慶、蘇州、杭州從事工業製造，並豁免其稅課。即使今天台灣又怎樣？日本在戰後有遵守它接受了的波茲坦宣言嗎？日本已經亡國，成為美國殖民地，任由宗主國擺佈了。

〈渙之既濟〉（一八九六）

一八九六這年的年卦是〈渙之既濟〉：「鹿求其子，虎廬之里。唐伯季耳，貪（貧）不我許。」四句易林辭是說及孫中山先生年命屬虎，清廷怎肯如成王之封弟呢？！中山先生要革命，兩年前他於檀香山成立興中會，誓言要「驅逐韃虜，恢復中華，創立合眾政府」。他要逐鹿中原，一八九五年首次起義於廣州，失敗後往檀香山、舊金山、紐約集資再計劃革命，「求其子」也！離開紐約的唐人街（當年台山人所指的「嘜」Mott街）後乘輪赴英國利物浦；他被清廷之駐英領事館誘捕，「倫敦蒙難」了。

馬瀚如的《易元會運》以渙卦六四爻中「渙有丘」釋之：「渙有丘之丘字，即含中山之義。」

〈渙之家人〉（一八九七）

一八九七〈渙之家人〉說：「翕翕軥軥，稍崩墜顛，滅其令名」——車子亂跑，顛一下掉進山澗，美好的名聲完了！德國派艦侵佔膠州灣，沙俄也來了，而中國國土就像是一片秋海棠葉的被蠶蝕。那些洋鬼子發起瓜分的狂潮。十年之後慈禧和光緒相繼隔夕殂，現在先失其令名，「公車上書」已出現多時。

〈訟之豐〉（一八九八）

一八九八這年是「戊戌維新」，印證了〈訟之豐〉的易林辭：「低頭竊視，有所畏避。行者不利（至），酒酸魚敗，眾莫貪食。」袁世凱「低頭竊視，有所畏避」，他那敢動手去誅殺榮祿和捕殺慈禧呢？戊戌六君子謀事不成而被處決，參與新法的不是下獄就被遣戍新疆或革職，光緒被慈禧囚禁於瀛台，康有為亡命天涯。

〈渙之革〉（一八九九）

一八九九「雌鷟生雛，神異興起。乘雲龍騰，民戴為父」（〈渙之革〉），神異的事多矣！連慈禧也相信刀槍不入的事；她受到煽惑了，不僅有直隸總督裕祿之保薦，且又有朝臣之讚許，更何況「扶清滅洋」的旗號是鮮明的。

〈渙之同人〉（一九零零）

一九零零《瓦德西庚子回憶錄》（ISBN 978-7-5334-6042-6）一書有詳細的記述。八國聯軍入京帶來的酷劫是中國人自討的嗎？我認為祇有神明之書《易林》才有答案，這年的〈渙之同人〉說：「齎金觀市，欲置騶子。猾偷竊發，盜我黃寶。」（徐芹庭釋之曰：持金觀市欲買騶，狡偷偷盜我金錢）我認為「黃寶」在此是指「黃帝的國寶」。

〈臨〉（一九零一）

一九零一年，李鴻章因為辛丑條約而元氣盡耗，鬱鬱而終。雖然條約不涉及領土被瓜分，但賠款總數四億五千萬白銀，相當於今天三億多萬美元。八國聯軍直搗北京城是由於去年清政府以光緒的名義宣戰，於六月廿一日，導火線是由於德國駐華公使去要求總理衙門求保護而途中被清兵伏擊。條約沒有說及誰是戰犯禍首。慈禧與光緒逃命，裕祿自殺身亡，珍妃被慈禧賜死，活生生被丟掉進井內。老佛爺氣數未盡，因國運於《皇極經世》年卦是〈臨〉：「弱水之上，有西王母。生不知老，與天相保。行者危怠，利居善喜。」「訟之臨」，〈渙之臨〉都不凶。如不取〈臨卦〉而用〈渙之臨〉也許不會不對：「追亡逐北，呼還幼叔。至上而得，復師其室。」

〈渙之損〉（一九零二）

一九零二年，經過上面一年多風雨，慈禧在西安頒布「預約變法」——國防，法制，人才，經濟以至政治上的。〈渙之損〉說：「有莘外野，不逢堯主。復居窮處，心勞志苦。」一九零二年五月十三日，慈禧下諭派沈家本，伍廷芳「將一切現行律例，按照交涉情形，參酌各國法律，悉心參訂」。

〈訟之節〉（一九零三）

一九零三年，李鴻章死後一年，劉坤一亦病亡。今年榮祿也撒手塵寰，他是慈禧知己，忠心，不時對慈禧伸出援助之手，使他安渡最後風雨的日子。另一方面，廣州起義（一八九五），惠州起義（一九零零）沒有對清廷帶來大不了的事，雖然革命在不時蘊釀之中。〈訟之節〉是一九零三年的：「金人鐵距，火燒左右。雖懼不恐，獨得全處。」自榮祿去世，袁世凱開始為清廷積極編練新軍了。

〈訟之未濟〉（一九零四至一九一三）

避患東西，反入禍門。糟糠不足，憂愁我心。

〈訟之中孚〉（一九零四）

一九零四年「訟之中孚」說：「謝恩拜德，東歸吾國。舞蹈欣躍，歡樂受福。」也許是指那些留日學生有不少學成後返國，〈未濟之中孚〉則言及「春秋禱祀，解禍除憂，君无災咎。」若取〈中孚〉則有凶象：「鳥鳴喜嘻，天火將下。燔我屋室，災及妃后。」一個「將」字顯然暗示將來吧！然而不可不知的事是日俄之戰，誰勝誰負都會影響其在中國之勢力範圍的。

〈訟之歸妹〉（一九零五）

一九零五年世卦是〈訟卦〉，旬卦為〈未濟〉，變的衹是年卦，今年是〈歸妹〉。〈訟之未濟〉隱而不現，要到過了一九二四年立春前才完結。〈訟之歸妹〉說「孤翁寡婦，獨宿悲苦，目張耳鳴，無與笑語」。有人譬喻說晚清是一個寡婦，不少人對之垂涎。更何況，這個寡婦地大物博。易林中〈歸妹〉是：「堅冰黃裳，鳥哀悲愁。不見白粒，但覩藜蒿。數驚鷙鳥，為我心憂。」

〈訟之睽〉（一九零六）

一九零六這年發生了一件大事，那就是同盟會員舉事於江西萍鄉，湖南的瀏陽、醴陵。清廷為之震動，命張之洞、端方、岑春煊出動四省軍隊鎮壓，時為十二月。「秋冬探巢，不得鵲鶵。御指圈去，媿我少姬」（〈訟之睽〉），如果不夠，戰鬥之象於〈未濟之睽〉更明顯了。「獫狁匪度，治兵焦獲。伐鎬及方，與周爭疆。元戎其駕，衰及夷王。」夷王衰落臨頭了！

〈未濟之兌〉（一九零七）

一九零七年跟着而來的是潮州黃崗起義；七女湖，防城，鎮南關起都都是這年出現的。

〈未濟之兌〉說：「望幸不到，文章未就。王子逐兔，犬踦不得。」（姜本、毛本作革，故第三句為「羊子逐兔」）一九零七年是丁未羊年，「狗不能去追，因為它崴了腳」！

〈未濟之履〉（一九零八）

一九零八這年的六月三十日早上七時十七分，西伯利亞的Tonguska出現大爆炸，威力有若五十兆噸（megaton）核子彈，也許是一彗星吧——今仍未有答案——因為這是在大氣中爆炸，地面上見不到凹陷之窪洞。千萬平方哩之樹木被炸毀。〈未濟之履〉說得很對：「天火卒起，燒我旁里。延及吾家，空盡己財。」十一月十四日光緒駕崩於酉時，十幾個小時後慈禧於翌日未時相繼而去。看來這是對一九零四年卦〈中孚〉相呼應吧！

一九零八年西伯利亞大爆炸

壬丙戊戊
辰辰午申

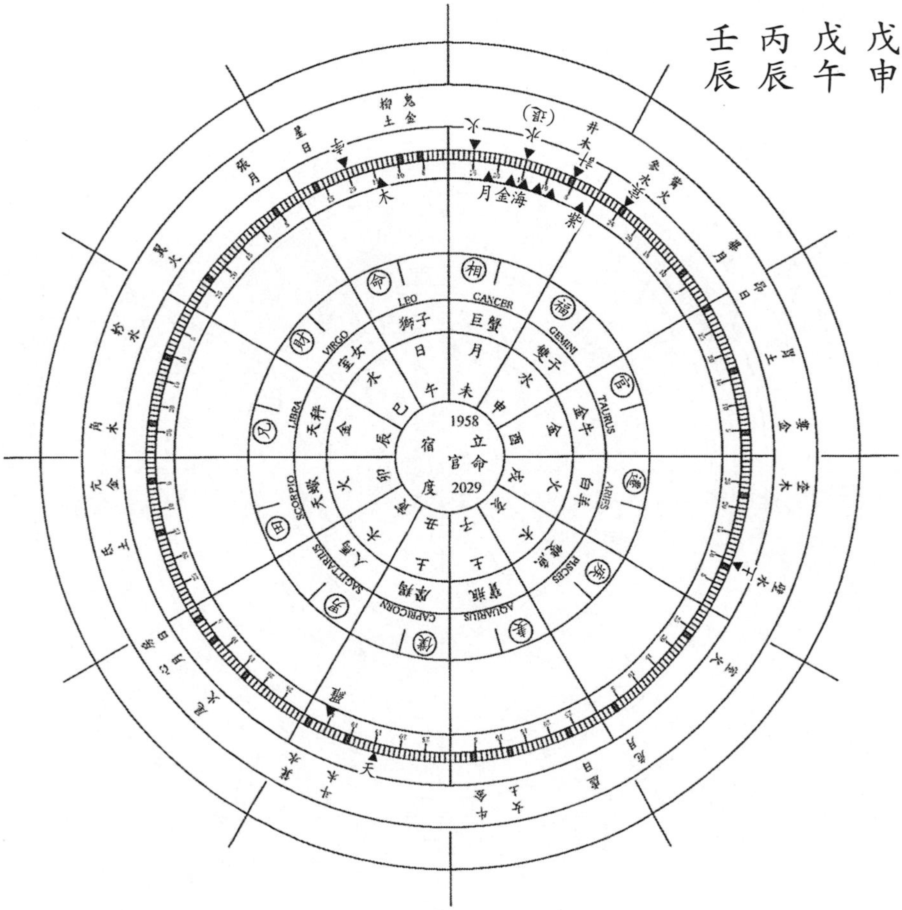

西伯利亞之Tonguska（該地日出於寅）大爆炸星象（一九零八年六月三十日上午七時十七分）。紫掩日、月無光、計刑日，日月俱傷，冥孛勉強成為手指，不宜作算。

洋人不懂四餘星（紫羅計孛），如果拿走圖中的四餘，根本就見不到日月俱傷之象。《果老》說：「尊莫尊乎日月」，這句話是洋人不懂的。日為命、為父、為君，月為身、為母、為妻；洋人也不明白。說到以太陽回歸日看吉凶，傳統的七政四餘星學未見有人懂得運用，更不必說所有研究西洋占星的人了！

光緒帝駕崩

庚 辛 庚 戊
寅 丑 申 申

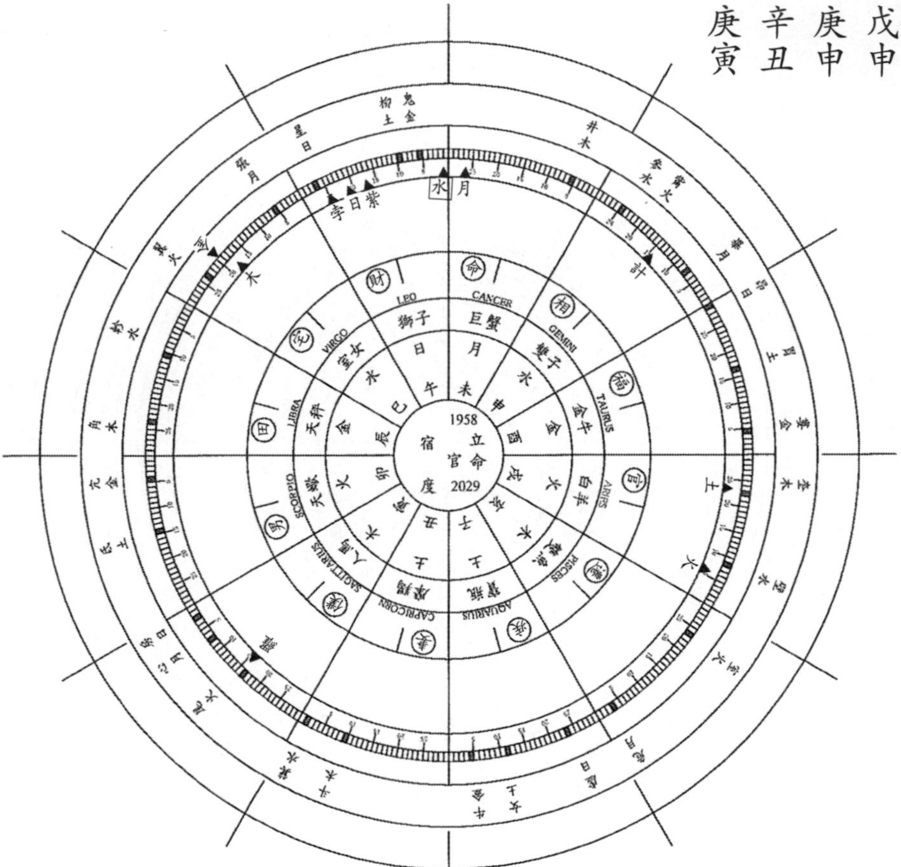

光緒生於一八七一年八月十四日寅時，看看一九零八年八月十四日太陽回歸日後十二個月之歲運，他死於這年十一月。

歲：萬物原於天

密雲渾不雨

紫孛分別在日左右與日會合，如此之刑傷，安得不死？！金木會合，同纏於張月，春有利名必折。

慈禧太后駕崩

丁未　辛亥　壬午　癸卯

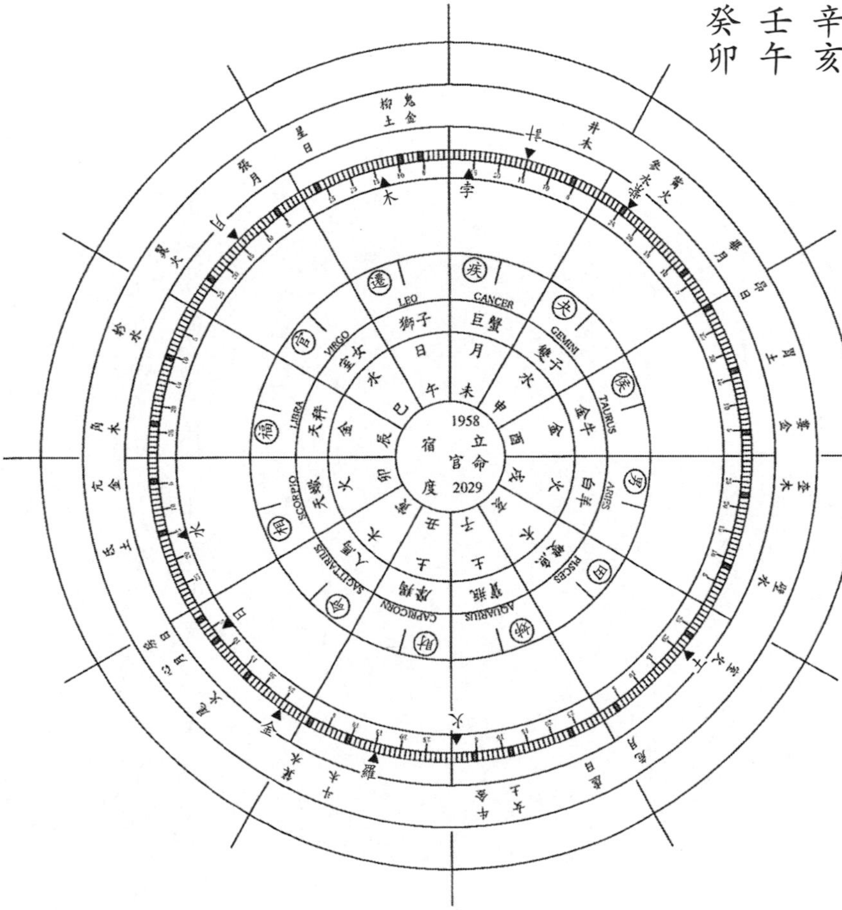

慈禧太后生於一八三五年十一月二十九日卯時，死於一九零八年（光緒死後二十四小時內）。一九零七年太陽回歸會否有星象與其死於一九零八年相關？

命：日月願長明

　　天地先來禱

紫斜射日，日為命，半傷；但土射月，日月俱傷，不祿。土為流年年命之殺星。火孛對沖，金紫亦對沖，金水怒也，水亦然。

〈泰〉（一九零九）

一九零九年，慈禧早就安排好宣統登基的事，今年宜以年卦〈泰〉釋之：「求玉陳國，留連東城。須我王孫，四月來復。主君有德，蒙恩受福。」

〈未濟之大畜〉（一九一零）

一九一零年八月，日韓簽署《日韓合併條約》，日本吞併韓國：「朝鮮之地，箕伯所保。宜人宜家，業處子孫，求事大喜。」年卦是〈大畜〉，日本在《皇極經世》終於出現了。不過，這年對清廷而言是〈未濟之大畜〉：「火雖熾，在吾後。寇雖近，在吾右。身安吉，不危殆。」欽廉上思起義及河口起義都不成功，汪精衛、黃復生、喻培倫謀炸攝政王載灃亦未遂。

〈未濟之需〉（一九一一）

一九一一年，〈未濟之需〉說：「山水暴怒，壞折梁柱。稽難行旅，留連愁苦。」我們所認識的辛亥革命就是這年出現的，時為十月十日，即今之雙十節。之前，在四月廿七日是第十次革命，起事於廣州，黃興、趙聲等攻總督署失敗，黃花崗七十二烈士殉焉。到了十月十日便有武昌起義，各省次第響應。清廷於是令袁世凱調遣各路軍隊與革命軍對抗。此間的武昌、漢口、漢陽一戰竟持續了四十一天，先好有多個行省先後獨立，關內十八省中只剩下甘肅、河南、直隸、山東四省效忠清朝。最後袁世凱透過英駐漢口領事而和湖北革命軍政府進行停戰的談判。袁世凱向革命黨開出條件，而另一方面則向清廷逼宮。

〈未濟之小畜〉（一九一二）

一九一二年，辛亥年十一月十三日，即公元一九一二年一月一日，先三日十七省代表舉孫中山為臨時大總統，以一九一二年一月一日元旦，文告稱黃帝紀元四千六百零九年，中山先生即於是日就職。值得一提的是《皇極經世》以公元前二六九七年為黃帝元年甲子，故2697+1912=4609（年）。一九一二年卦為〈小畜〉，〈未濟之小畜〉有言：「騎龍乘風，上見神公。彭祖受刺，王喬贊通。巫咸就位，拜福無窮。」然而不可忽視的是〈訟之小畜〉說的則有點不吉：「獐鹿逐牧，安飽其居。反還次舍，無有疾故。」

最後一句亦作「無乃疾故」，莫非有病而終了？

〈未濟之大壯〉（一九一三）

一九一三年這年大凶了！袁世凱派人暗殺宋教仁，最後引出革命，孫中山在二次革命失敗，黃興經香港逃亡到日本，中山先生則經台灣而亡命日本。不妨一看：

（一）〈未濟之大壯〉：「蒙惑憧憧，不知東西。魁罡指南，告我室中。利以宜止，去國憂患。」

（二）〈訟之大壯〉：「處高不傷，雖危不亡。握珠懷玉，還歸其鄉。」

（三）〈大壯〉：「左有噬熊，右有嚙虎。前觸鐵矛，後躓強弩，無可抵者。」

〈訟之困〉（一九一四至一九二三）

「絆跳不遠，心與言反。尼父望家，萏菡未華。」（絆跳不遠，心與言反，孔子望家荷花尚未開——徐芹庭譯文）

〈大有〉（一九一四）

一九一四年，若果以〈訟之大有〉或〈大有〉年卦來看這一年，〈訟之困〉的處境當然離不開整個斯時之與權勢有關之人物。尼父除了指孫中山先生外，恐怕沒有別人可以當任。由於歐洲已孕育了第一次世界大戰，英國於夏天對德宣戰，這促成了日本為履行協約國之成員義務而迫中國承認二十一條款。日本八月向德國發出最後通牒，佔領青島，並且派出軍艦到沿海口岸，袁的「拖」字訣不可下去了！西方列強又豈容日本此舉去侵犯他們的利益？！故年卦〈大有〉說：「白虎張牙，征伐東來。朱雀前驅，讚道說辭。敵人請服。御璧前趨。」孫黃等人得日本支持祇不過是日本之棋子而已！至於英日同盟之簽於一九零二年，到今日本收益不少了！

〈訟之夬〉（一九一五）

一九一五年，袁世凱終於簽訂了滅亡中國的《二十一條》在五月九日。楊度的「籌安會」，那些官僚政客組成的變更國體請願聯合會，甚至國民大會……不外是一場空戲，加上外國人之推波助瀾，如美國之F. J. Goodnow的《共和與君主論》，這都是袁世凱為自己皇帝之催生把戲。雙十二的那天，他正式接受，並以明年為洪憲元年：

〈訟之夬〉：「被髮傾走，寇逐我後。亡失刀兵，身全不傷。」

〈困之夬〉：「作凶作患。北橄困貧。東與禍連，傷我老根。」

〈訟之姤〉（一九一六）

一九一六年，前一年一九一五袁世凱「身全不傷」，但「老根」則傷矣矣！他在六月六日西歸去矣！今坊間有好些袁世凱傳，裡面寫及他看命、占卜、祖墳風水的事，江湖術士無不奉迎他說及其皇帝命。我不知那是捏造出來的抑是確有其事。一九一二年的〈訟之小畜〉有「無乃疾故」說總統這個位坐不得，孫中山讓位給袁世凱，天命也！

一九一六年卦是〈姤〉：「河伯大呼，津不可渡。往復爾故，乃無大悔。」徐芹庭釋文說：「河伯大叫說：『碼頭渡口不可渡，回到你原址，才沒大悔。』」為甚麼不用下兩則易林辭呢：

「訟之姤」：「麟鳳回遊，安樂無憂。君子撫民，世代千秋。」

「困之姤」：「東西其戶，風雨不處。曬晲仁人，父子相保。」

我以前在《鬼谷子真詮》①寫過袁世凱之「己丁未」，茲不再贅；一個「平生必被名利迷」的人怎可以是君子或「曬晲仁人」呢？！

① 李光浦，《鬼谷子真詮：唯一真正鬼谷子算命術詮釋》，香港天地圖書有限公司，二零一一。

〈訟之大過〉（一九一七）

一九一七這年年卦是〈大過〉。〈訟之大過〉說：「啞啞笑言，與善飲食。長樂行觴，千秋起舞，拜受大福。」那是黎元洪繼任大總統（於袁氏死後），以及中山先生於國會非常會議，被選為中華民國政府海陸軍大元帥。至於〈困之大過〉隱示溥儀二度宣布退位，張勳逃至荷蘭使館、天津租界。〈困〉、〈訟〉、〈大過〉三卦體牽在一起都非吉象！在一個亂局之中，即使有甚麼似是好的也變成「不可久長」也！

〈訟之鼎〉（一九一八）

一九一八年，自袁世凱死後，南北對峙之局開始浮現，對德宣戰更惹來解散國會，張勳復辟，段祺瑞馬廠誓師。孫中山先生為護法要求恢復《臨時約法》和國會。南北遂因此而起戰端。

〈訟之鼎〉：「虎聚摩牙，以待豚豬。往必傷亡，宜利止居。」

〈困之鼎〉：「踝踵足傷，右指病瘍。失旅後時，利走不來。」

這年程璧光被刺，同盟會會員王昌憤湯化龍在美舉內戰債，刺死湯於域多利地方，即以身殉。中國見亂，歐戰也見「亂」——幸好十一月十一日西線停火生效而結束。

〈困之恆〉（一九一九）

一九一九這年比較上不是風波鼎沸的。雖然五四運動由拒絕「和約」爆發了。我國代表拒絕了《凡爾賽和約》，因為得不到戰勝國彼此間的平等待遇。我國提出的多種提案均未得置議，在南方的孫中山先生並不得意，軍政大元帥沒有兵力，並受制於桂系軍閥，於是電國會辭職，並申討之。到了年底，他分電湘、鄂、川、粵討桂。

〈困之恆〉說：「先穀彘季，反謀桓子。不從元帥，遂行挑戰，為荊所敗。」

〈巽〉（一九二零）

一九二零年北洋政府本來就有暗鬥，馮國璋與段祺瑞同床異夢。第一次直皖戰爭於夏天出現了。段祺瑞辭職。在南方，陳炯明誓師討桂，攻克廣州。中山先生於是抵廣州恢復軍政府與非常國會，此為第二次護法運動。

年卦是〈巽〉：「溫山松柏，常茂不落。鸞鳳以庇，所其歡樂。」話雖如此，但亦脫不了「尼父望家，萏菡未華」所指的事。

〈井〉（一九二一）

一九二一年年卦〈井〉說：「躓跛未起，失利後市，不得鹿子。」今天來看當年的大事，正是七月廿三日中國共產黨第一次全國代表大會在上海召開，共產黨宣告成立，但在當時則是孫中山先生就任中華民國大總統，正式政府成立後命各軍分路進討廣西軍閥陸榮廷，到九月全省底定，〈井卦〉所指是陸榮廷「不得鹿子」。之後孫中山見兩粵平定便向國會提出北伐案。

〈困之蠱〉（一九二二）

一九二二年，很多重要事都在這年出現。年卦〈蠱〉可以見到：「魴生江淮，一轉為百。周流天下，無有難惡。」

共產國際代表馬林早於去年年底抵桂，一九二二壬戌年冬孫中山與蘇俄代表發表《孫文越飛宣言》。巳月北伐軍入江西，印證了〈困之蠱〉提到「駕之北邑，與善相扶」。午月，陳炯明叛變；他的政見不以為北伐是對的，而北方則有直奉之戰，徐世昌辭大總統之職而由黎元洪繼任。陳之反叛令到中山先生遷到永豐艦，蔣介石自浙抵粵「護駕」。

〈升〉（一九二三）

一九二三年在《皇極經世》中的〈升卦〉十分重要：「禹鑿龍門，通利水泉。東注滄海，民得安全。」

水災！

這不一定是指水，民亦為水，可載舟亦可覆舟。中華人民共和國的河洛理數先天卦也是〈升〉，《易經》說「攸往利東南，青天日正長」。東南之意是說「東」、「南」或「東南」，蘊含了西北不吉。

這年北京政變，黎元洪被逐。陳炯明得北洋軍閥接濟，但到底於冬天被擊潰。「禹鑿龍門」蘊含了有水災！孫中山先生引出了蔣介石為他「治水」，年底決定設立「國民軍軍官學校」，翌年正式招生的黃埔軍校。

今年除年卦〈升〉之外，陳炯明則見於「訟之升」：「憒憒不悅，憂從中出。喪我金罍，無妄失位。」失敗後他計劃逃往香港作寓公，十年後病逝。有點有趣的是他的八字是「丁丑，癸丑，辛卯，癸巳」（生於一八七八年一月十三日），河洛理數是〈剝〉變〈明夷〉。他於一九二二年六月十六日凌晨圍攻總統府——爻運〈明夷〉初，流年〈坎〉五——午月月卦〈益〉二，六月十六日流日卦是〈无妄〉第四爻：

一九二三年益變无妄

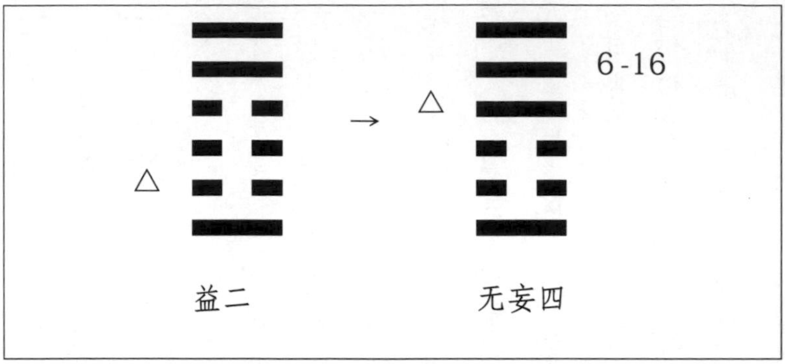

〈无妄〉四為元堂：「親君臣道盡，靜守方無虞。」

五爻：「疾過無用藥。」

陳炯明年命丁丑是澗下「水」同上面述及「無妄失位」；可惜他不盡臣道，妄動而生災！

〈巽之小畜〉（一九二四至一九三三）

「闇目不明，耳閼聽聰，陷入深淵，滅頂憂凶。」

〈小畜〉（一九二四）

一九二四今年年卦是〈巽〉，旬卦是〈小畜〉。〈小畜〉是這樣的：「燕雀御茅，以生孚乳。兄弟六人，姣好為悌。各得其願，和悅相樂。」然而，連續十年均受制於〈巽之小畜〉，可知不妙了！

黃埔軍校於三月一日舉行第一期招生考試，考生達一千二百人。六月十六日孫中山夫婦出席黃埔軍校開學典禮，蔣介石是校長，總共錄取了三百五十名正取生，一百二十名備取生，以及二十多名保送生。著名的第一期學員有徐向前，陳賡，左權，胡宗南，宋希濂，李仙洲，鄭洞國，杜聿明等。

這年秋有直奉戰爭，直系統治被推翻，廣州又有陳伯廉商團之亂，蔣介石以黃埔軍校之兵力鎮壓之。出乎孫中山的意料，蔣介石之成功令孫中山放棄離開廣州之念。年底之時，中山先生應馮玉祥等之邀北上共商和平統一大計。十二月二十八日去北京醫院就醫，其實他已病入膏肓了！

〈巽之井〉（一九二五）

一九二五年孫中山先生於三月十二日北京逝世：

「山水暴怒，壞梁折柱。稽難行旅，留連愁苦。」（〈巽之井〉）

他再不能回到廣州了！章太炎未被掛出來之挽聯頗有深意：

孫郎使天下三分，當魏德初萌，江表豈曾忘襲許。

南國是吾家舊物，怨靈修浩蕩，武關無故入盟秦。

〈小畜之蠱〉（一九二六）

一九二六年，〈蠱〉是年卦：「魴生江淮，一轉為百。周流天下，無有難惡。」一再加上〈小畜之蠱〉：「寄生無根，如遇浮雲。本立不固，斯須落去，更為枯樹」，在今天可以看到在蔣介石帶領國民革命軍北伐，這年是蔣介石意氣風發的時候——枯樹就是軍閥，吳佩孚，孫傳芳節節敗退。年初之時兩廣已實現了統一，十月十日武漢三鎮又被北伐軍收復。到了十一月中江西境內的殘敵亦全被消滅。

這年是丙寅年，一九二七年一月一日國民政府遷都武漢。

〈巽之升〉（一九二七）

一九二七年，毛主席這年於《皇極經世》出場了，見於〈巽之升〉：「雖窮復通，履危不凶，保甚明公。」明公就是這年的毛主席。事之開始是九月初的秋收起義，毛澤東與潘心源、易子義喬裝打扮去到瀏陽和銅鼓邊界的張家坊。在客店住了一夜，第二天被幾個國民黨團丁作為「嫌疑犯」押往縣團防局審問。走到一個村口時，毛澤東趁機跳過水溝逃脫。後來他對斯諾（E. Snow）述及此事，而香港一本《蔣毛鬥爭五十年》則為樊崧甫的另一個版本。蔣介石在這年追捕共產黨員被害者並不算少。毛主席於〈小畜之升〉注定是化險為夷的：「白鶴啣珠，夜食為明。懷安德音，身受光榮。」

〈訟〉（一九二八）

一九二八年，毫無疑問的是今年三件大事都被《皇極經世》說出來了。〈訟〉：「文巧俗弊，將反大質。僵死如麻，流血濡櫓。皆知其母，不識其父，干戈乃止。」張作霖的專車開到皇姑屯以東之時被日本人炸死。日本內閣田中義一的《田中奏摺》亦為〈訟〉卦隱示的。這年的五月三日，日軍的裝甲隊公然挑釁攻陷濟南——濟南慘案。

〈小畜之訟〉：「委蛇循流，東求大魚。預且舉網，庖人歌謳。」張學良於十二月二十九日率領東北軍舉行易幟儀式，正式加人國民政府。蔣介石在東北「尋捕大魚，備好罝啊舉起網，廚子們歎快歌唱」（錢世明譯文）。

〈小畜之困〉（一九二九）

一九二九年〈小畜之困〉：「行役未已，新事復起。姬姜勞苦，不得休息。」一言以蔽之曰：「蔣介石對決桂系」、「蔣介石對決馮玉祥」、「蔣介石對決閻錫山」。

〈小畜之未濟〉（一九三零）

一九三零年〈小畜之未濟〉：「三足孤烏，靈鳴督卸。思過罰惡，自賊其家。」「孤烏」亦作「狐鳴」。「卸」亦作「郵」。徐芹庭釋之曰：「太陽有黑子像三足烏，督郵鳴叫，伺人惡誤，討伐罪過，反傷其家。」錢世明則語釋為：「三條腿的狐在叫，是神靈呼叫督郵。思過就去懲惡吧，殺死家的賊徒。」再看「巽之未濟」：「五嶽四瀆，含潤為德。行不失理，民賴恩福。」至於〈未濟〉為年卦則是：「志慢未習，單酒糗脯，數至神前，欲斗所顧，反得大患。」三足孤烏之「三足」為蔣、馮、閻！

這年的大混戰名為「中原大戰」，到十二月九日蔣介石更動用大軍圍攻蘇區中央革命軍根據地。「自賊其家」的是誰？呼之欲出矣！「行不失理」又是誰？衹有行不失理之時，人民才得到恩福的。《詩經》〈棠棣〉有言：「兄弟鬩於牆，外禦其侮。」

一九二四至一九三三是上面的〈巽之小畜〉：「昏暗沒亮光，耳聾聽不清。掉入深淵裡，淹沒把命傾！」

一九三零：中原大戰

二月十日，閻錫山發出通電，以「禮讓為國」之名，請蔣介石下野。閻錫山通電反蔣后，各方反蔣派別紛紛派出代表來到太原，形成空前的倒蔣統一戰線。

三月十四，晉軍將領和第二、第三、第四集團軍的將領包閻、馮以及鹿鍾麟、商震、張發奎、李宗仁等五十七人聯名發出討蔣通電，並推舉閻錫山為中華民國陸海空軍總司，馮玉祥、張學良、李宗仁為副總司令。要蔣介石下野，還政於民。

四月，發起了輿論攻勢，他以國民黨中央宣傳部的名義，編寫了《討伐叛黨禍國殃民的閻錫山馮玉祥書》，並公布《國民政府拿辦閻逆錫山令》、《討逆閻錫山宣傳大綱》、《討伐馮逆宣傳大綱》等。

五月十一日，蔣馮閻中原混戰正式打響。

五月三十一日，馮玉祥部鄭大章率一千多騎兵奇襲朱集車站，差點俘虜了當時只有二百多名護衛的蔣介石。
六月三日，蔣介石派李石曾到瀋陽為張學良三十歲壽，蔣介石還派自己的親信張群、李石曾、吳鐵城等對張學良採取車論戰術進行勸說，以平、津兩市和整個河北省為條件換取張學良出兵。
八月，晉軍告急，馮玉祥組織了大規模的八月攻勢，蔣軍大敗。因為連日大雨而獲救。
八月七日，反蔣方決定組織與南京對抗的國民政府，並推舉閻錫山、汪精衛、馮玉祥、李宗仁、張學良、唐紹儀、謝持七人為國府委員，以閻錫山為主席，汪精衛、張學良、謝持為副主席。
八月十五日，晉軍放棄濟南，向黃河以北撤退。搶渡黃河時，被水淹死和在黃河鐵橋上被蔣介石的飛機炸死的不計其數。
八月，在全國各地設立了鎮壓革命的機構。
九月九日，閻錫山在北平懷仁堂舉行了國民政府主席就職典禮。
九月十八日，張學良發表通電擁蔣，率東北軍大舉入關，加入蔣軍集團，反對擴大會議。

九月十九日，「國民政府」垮台。晉軍和西北軍將領掀起了投靠蔣介石和張學良的浪潮，其他雜牌軍更是趨之若騖。

十月十五日，閻錫山、馮玉祥不得不通電下野。後來閻錫山不得不離開太原，由天津逃到日本佔領的大連。馮玉祥則秘密躲到部下宋哲元的防地藏起來，馮玉祥歷時二十多建立起的西北軍至此全部瓦解。

十月二十三日，從中原大戰前線趕到漢口，自主持湘鄂贛三省「會剿」會議。

十二月九日，在南昌策劃第一次「圍剿計劃」，計劃投入四萬四千兵力，圍攻蘇區中央革根據地。

十二月十六日，蔣軍開始發兵進犯革命根據地。

（摘自《蔣介石全紀錄》上卷，中國文史出版社，北京，二零一四年版，頁二零七。）

〈小畜之解〉（一九三一）

一九三一年《皇極經世》算出來的年卦是〈解〉，今以〈小畜之解〉看看怎樣：

「霜降閉戶，蟄虫隱處。不見日月，與死為伍。」這是不是指中第二和第三次被「圍剿」的處境？如果不是，「與死為伍」當然與「九一八」事變及一九三二年一月廿八日（仍在辛未年）的「一．二八」事變有關。「攘外必先安內」可行乎？「一．二八」事變中國傷亡一萬三千名士兵，二萬名百姓，日本以十萬人左右的兵力也有五千人傷亡。困局何時解？「巽之解」說：「褰衣涉河，水深漬罷。賴幸舟子，濟脫無他。」

日軍沒料到也受到重創，無法像「九一八」一樣大規模佔領上海地區。於是在英、美、法的斡旋下在翌年四月簽署淞滬停戰協定。誰得到「濟脫」？我認為是日本而非蔣軍。原因何在？日皇裕仁八字是「辛丑，壬辰，丁丑，辛亥」，《諸家星命大全》的「辛辛，亥」說他「合到中年福自虧」——日本注定失敗，他拖到一九四五年才吃原子彈是「報應」。

〈巽之渙〉（一九三二）

一九三二年三月一日，日本扶植的「滿洲國」成立，以長春為首都，由溥儀出任「執政」。〈巽之渙〉評之曰：「畫龍頭頸，文章未成。甘言美語，說辭无名。」如果不清楚，再看年卦〈渙〉：「望幸不到，文章未就。王子逐兔，犬踦不得。」

〈蒙〉（一九三三）

一九三三年年卦為〈蒙〉：「何草不黃，至未盡玄。室家分離，悲愁於心。」再看〈巽之蒙〉：「他中之儲，與璆為仇。來攻吾城，傷我肌膚，邦家搔憂。」

二月二十一日，日軍大舉攻熱河，十餘日失陷。三月日軍向長城口大舉進攻，中國軍隊奮起進行長城抗戰。

至於〈小畜之蒙〉則驗於閩變事件。蔣介石仍要攘外必先安內，李濟琛、陳樞銘等以十九路軍為主力在福建舉兵抗日，〈小畜之蒙〉還他們一個公道了：「機關不便，不能出言。精誠不通，為人所冤。」

〈巽之漸〉（一九三四至一九四三）

「戴盆望天，不見星辰。顧小失大，福逃牆外。」

〈巽之師〉（一九三四）

一九三四年日本將滿洲國改稱為滿洲帝國，溥儀由「執政」改稱「皇帝」，年號改為「康德」。對於溥儀來說，那正好是「鑿井求玉，非卞氏寶。身困名辱，勞無所得。」

在另一方面，瑞金外圍防線被蔣介石攻克，第五次「圍剿」導致紅軍的偉大「二萬五千里長征」：「薄行搔尾，逐雲除水。污泥為陸，下田宜稷。」（巽之師）急行拖著在尾的軍隊，驅走雲、除去水，污泥成了路……。

〈巽之遯〉（一九三五）

一九三五年四渡赤水遵義會議是長征的主象：「三雞啄粟，十雛從食。飢鳶卒擊，亡其兩叔。」（巽之遯）細細體味這四句所含的詩意。六月中旬中央紅軍從蘇區退出的四方軍在四川懋功會師，到十月十九日毛澤東與中央率領部分紅軍到達陝北吳起鎮，先期結束了長征——到翌年長征才算結束。

〈巽之咸〉（一九三六）

一九三六年十二月十二日，張學良、楊虎城在西安實行兵諫，迫蔣介石停止內戰，聯共抗日，史稱「西安事變」。〈巽之咸〉：「无足斷跟，居處不安，凶惡為患。」

請看蔣先生自己的話：「倉促不得鑰，乃越牆而出。此牆離地僅丈許，不難跨越。但牆外下臨深溝，昏暗中不覺失足，着地後疼痛不能行……及至山腹，失足陷入一岩穴中……」（《蔣介石日記》中一九三六年十二月十二日）

再有〈咸〉的年卦：「雌單獨尾，歸其本巢。毛羽憔悴，志如死灰。」宋美齡也在《皇極經世》之中了。

「戴盆望天……福逃牆外」不僅是蔣介石、宋美齡、張學良、楊虎坡……誰人倖免？！歷史進程是迴環式的，西洋史觀的所謂spiral螺旋形，即史賓格勒《西方的沒落》所說的。《皇極經世》中「午會」以來，以〈巽卦〉為世卦於一九二四年至一九八三年是第二次（首次是一三二四年至一三八三年，六十年內相對的世卦、旬卦、年卦都相同）。元代順帝之後二年，朝政紊亂，天災人禍降臨，亂世已成定局，今之一九三四至一九四三正與當時一三三四至一三四三相呼應。宋亡後群雄割據，清末之後軍閥併起，中原逐鹿，問鼎者多矣！若論大局，非到〈渙〉為旬卦之完結不成。明太祖登基之年正是中共一九六八年文革之終結。

〈旅〉（一九三七）

一九三七年年卦是〈旅〉：「羅網四張，鳥無所翔。征伐困極，飢窮不食。」七七蘆溝橋事變，蔣介石正式宣布對日作戰。〈漸之旅〉說得不錯：「甲乙戊庚，隨時轉行。不失常節，萌芽律屈。咸達生出，各順其類。」（錢世明譯為「天干十個字，隨時運轉不停，永不失常守規律，芽兒始萌屈着，都會伸展長出，依它們本類之性。）好者自好，壞者自壞，本性也。

「南山有鳥，北山張羅」為古詩《紫玉歌》和《烏鵲歌》首兩句，易林辭蘊含之意：立志守節者，奸邪其奈之何哉？《推背圖》第三十九象中言「十二月中氣不和，南山有雀北山羅」——今人釋之為羅斯福觀落日，圖中有鳥立於山峰，低處為西墮之日。日者，日本也！

〈巽之小過〉（一九三八）

一九三八年年卦〈小過〉承接着說：「日月之塗，所行必到，无有患故。」今人所謂「加油，加油」。所以，〈巽之小過〉：「德之流行，利之四鄉。雨師灑道，風伯逐殃。巡狩封禪，以告成功。」徐州會戰，台兒莊戰役，打破了日軍「速戰速決」之策略。武漢保衛戰斃傷日軍三萬以上。年底汪精衛露出了投機、叛國之心，終於冬月被國民黨永遠開除黨籍，並要面對通緝令。

〈漸〉（一九三九）

一九三九年旬卦，年卦都是〈漸〉，其力必大：「別離分散，長子從軍。稚叔就賊，寡老獨居，莫為種瓜。」再加上〈巽之漸〉重重出現，汪氏在七月公開聲明與日本合作，以及八月在上海非法召開國民黨第六次全國代表大會，漢奸面目可見矣！「稚叔就賊」是《皇極》對他的指控。秦破，東陵侯（即召平者）貧，種瓜於長城東。此喻汪氏將一無所有，富貴盡失矣！汪氏之快要這樣就是他的靠山（日本）也要破落。

〈蹇〉（一九四零）

一九四零年年卦是〈蹇〉：「同載共輿，中道別去。喪我元夫，獨與孤居。」汪精衛在南京成立「中華民國南京國民政府」，他一錯再錯，左右不討好，變成了一個孤獨的人了。

〈艮〉（一九四一）

一九四一年年卦是〈艮〉：「君孤獨處，單弱無輔，名曰困苦。」〈巽之艮〉也說：「宮門愁鳴，臣圍其君，不得東西。」連續兩次被《皇極經世》指控了。

在遠離南京的長沙，前後三年內都有會戰（一九三九年三月，一九四一年九月、十二月），日軍難以得逞！十二月七日，日本作垂死掙扎，偷襲美國珍珠港，引發出太平洋戰爭。此事不會見於《皇極經世》，不似一九零八年的Tonguska天火那樣驚天地、泣鬼神。

〈謙〉（一九四二）

一九四二年年卦是〈謙〉：「王喬無病，狗頭不痛。亡跛失履，乏我逆從。」（王子喬，沒有病。狗腦袋，也不痛。丟了鞋，並沒瘸。省得我，做隨從。——錢世明譯文）此言史迪威來華指手畫腳，他開辟了聯結中國戰區和太平洋戰區的滇緬戰場，而蔣介石那裡肯順從他，將軍權交給他！這位史迪威將軍自討沒趣了，正如〈巽之謙〉所言無異：「龜厭江海，陸行不止。自令枯槁，失其都市，憂悔為咎。」（龜不願再往江海中，到陸地上行啊行，是自找乾枯，離棄了自己的故鄉，憂悔為咎了。）

〈否〉（一九四三）

一九四三年年卦是〈否〉：「秦為虎狼，與晉爭強。併吞其國，號曰始皇。」〈巽之否〉：「爭雞失羊，利得不長。陳楚之患，賴楚以安。」要了解上述兩卦，要知道的是（甲）一月十一日《四三年廢約》中國同美英分別簽訂了廢除過去不平等條約的條約，恢復和實現完整獨立的國家主權——名之曰《中美新約》和《中英新約》。（乙）十月三十日中英美蘇在莫斯科簽署關於普遍安全的宣言，即《莫斯科宣言》，宣言四國將採取聯合行動對抗軸心國，中國作為盟國四大國之地位遂被確立。（丙）十一月廿六日美英中三國首腦簽署《開羅宣言》，宣告日本竊取的中國領土歸還中國。（一九四五年七月廿六日還有《波茲坦宣言》）

「爭雞失羊」在今天是說明了雞年之得勝（乙酉，一九四五年日本投降，一九四三年這年是羊年，即所簽之宣言有「失」之處）。故因小失大，大利不長。孔子在陳蔡受難，暗示中國這個聖人全仗楚國轉危為安——楚國為當時之西方國家也。

秦為虎狼者，美國也，它會吞併晉國的。晉國隱喻中國。為何「利不得長」呢？跟著來的十年〈巽之渙〉有答案了。

〈巽之渙〉（一九四四至一九五三）

「畫龍頭頸，文章未成。甘言美語，說辭無名。」美語，美國人的話也！

〈萃〉（一九四四）

一九四四年年卦〈萃〉：「蒙慶受福，有所獲得。不利出城，病人困棘。」

〈巽之萃〉：「魚擾水濁，寇圍吾邑。城危不安，驚恐狂惑。」

〈渙之萃〉：「敝笱在梁，魴逸不禁。漁父勞苦，筐筥乾口，察虛无有。」

歐洲戰火未熄，意大利於去年政變，墨索里尼下台。諾曼第有「最長的一天」！但是日本中國派遣軍總司令畑俊六擬定「一號作戰」。四月發起由北向南的大規模攻略計劃，由岡村寧次指揮下，共有十四萬大運向平漢鐵路，鄭州與洛陽等地展開攻勢。五月則以二十萬大軍由橫山勇指揮向湘桂鐵路，長沙、衡陽等地猛攻。到了八月岡利寧次與橫山勇向廣西桂林、柳州前進，直迫中越邊境。

在「一號作戰」中，日軍投入五十一萬兵力，成功佔領京廣鐵路全線，掃除美空軍基地，中國東南部完全受制，國軍全面潰敗，六十萬的軍隊遭到擊潰！

上面三首詩偈完全正確！我須再加上一句：「日本之迴光反照也！」

〈晉〉（一九四五）

一九四五年年卦為〈晉〉：「銷鋒鑄耜，休牛放馬。甲兵解散，夫妻相保。」一九月九日，中國在南京接受日本投降，中國抗日戰爭取的最後勝利。是民間夫妻相保，抑是蔣介石、宋美齡相保也無大關係了！再分別抄下〈渙之晉〉和〈臨之晉〉：

「天子所予，福祿常在，不憂危殆。」

「百足俱行，相輔為強。三聖翼事，王室寵光。」

〈巽之豫〉（一九四六）

一九四六年，去年底美特使早就來華「調停」國共內戰，因此雙方面有《關於停止國內衝突的命令和聲明》。〈巽之豫〉說出了黃鳥采集儲備，已嫁不再答禮，想及父和兄，希望回到自己園裡。按《詩．小雅．黃鳥》：「黃鳥黃鳥，無集于穀，無啄我粟。此邦之人，不我肯穀。言旋言歸，復我邦族。……言旋言歸，復我諸兄。」毛親蘇，蔣親美。中國人是黃鳥，要回到自己的本位，不想受到壓迫和欺凌了！〈渙之豫〉云：「兄弟向南行，去買大母羊。大哥腳疼痛，請弟背行囊。有柳下惠的貞操，可以明辨黑和黃。」

然而，蔣毛兩人都不是柳下惠，兩人之明辨法均不相同。外禦其侮之後再關上家門，然後鬥下去。六月二十日，國民黨軍二十二萬人大舉進攻中原解放區，全面內戰由此爆發。美國人想毛蔣南北分治，自己卻忘記為何會有南北戰爭。「一山不能藏二虎」是顯淺的道理，我們連小孩子都明白的道理，竟然美國所謂中國通一點也不曉得！天無二日，民無二王也！

〈巽之觀〉（一九四七）

一九四七年，馬歇爾前年十二月來華，結果「調停」失敗。今年七月二十二日美總統派另一人到來，是特使魏德邁，目的是對中國現在及未來的情況重估，八月二十四日他走了。而在另一方面，經過長期抗戰後已是元氣大傷，金元券、銀元券都救不了經濟，蔣介石失去了民心。〈巽之觀〉：「讒言亂國，覆是為非。伯奇流離，恭子憂哀。」罪魁禍首是美人驪姬，美國也！〈渙之觀〉指出了魏德邁不成了：「鳥飛無翼，兔走折足。雖欲會同，未得其功。」「甘言美語」「說辭無名」！

〈渙之比〉（一九四八）

一九四八年年卦是〈比〉，而〈渙之比〉則說：「行觸天罡，馬死車傷。身无聊賴，困窮乞糧。」美國人怎會像以往那樣給蔣外援呢？沒有伸援之手了！

〈巽之比〉說：「天門九重，深內難通。明坐至暮，不見神公。」神公於此是指財神爺。宋美齡年底到華府請求美國提供三十億美元的援助。她枯坐了九天等杜魯門才能被邀到白宮茶敘。羅斯福之後，真是此一時也彼一時也！

國共打起來了，九月遼西會戰，十一月是徐蚌會戰，最後是平津會戰。還未來到己丑年立春的一星期，太平輪沉沒：「鹿得美草，鳴呼其友。九族和睦，不憂飢乏。長子入獄，霜降族哭。」

千辛萬苦得人幫助，購得船票逃往台灣的人，大概近千，他們帶了不少錢，財物都葬身海底。太平輪被撞沉，時正值寒冬，他們不凍死也溺斃了！

〈剝〉（一九四九）

一九四九年年卦是〈剝〉：「行觸大忌，與司命忤。執囚束縛，拘制於吏，幽人有喜。」（「忌」別本作「諱」，「幽」則作「憂」）徐芹庭釋之曰：「忤逆司命觸大忌，束縛拘制囚牢獄，突遇赦免幽人喜。」

「同胞們，中華人民共和國中央人民政府於今日成立了！中國人民從此站起來！」中國在清末民初以來真像是觸犯死罪的囚人，被列強拘制，任其鞭韃，叫你做 Chinaman（支那人），東亞病夫，何喜之有？其實，「幽人之喜」是判辭：即斷諱被囚者（憂人）當有喜了。何解？

〈渙之剝〉：「為虎所嚙，泰山之陽。眾多從者，莫敢救藏。」以前的暴政猛於虎，眾多的隨從卻不敢去救他）毛主席站起來了，他要說的話是：「我來了，我們都站起來了。」這一天，國民黨還在「臨時遷移」中，蔣介石要到十二月最後一刻才去作為他的救生艇的寶島。對於他來說，大陸就是「三虫為蠱，剢迹无與。勝母盜泉，君子弗處。」（〈巽之剝〉）的地方了！「三虫」乃一九四五的「三聖」，我認為其中二人是周恩來和朱德，另一人是陳毅吧。

〈巽之復〉（一九五零）

一九五零年全年大事莫過於志願軍的「氣壯壯，志昂昂，衝過鴨綠江」的抗美援朝，年卦是〈復〉，〈巽之復〉有這樣的詩句：「車馳人趨，卷甲相求。齊魯寇戎，敗於大丘。」重重圍困釜山的一幕在其中矣！

〈渙之復〉則寫及：「逶迤四牡，思歸念母。王事靡盬，不得安排。」邊戍之兵為保家護國，王事靡盬（無休止），擾我父母！

〈復卦〉為中國打氣加油：「周師伐紂，剋於牧野。甲子平旦，天下喜悅。」順乎天而應乎人。若將毛主席一九五零年太陽回歸（乙未日）「四字斷終生」看看，那「張弓射猴」直指美國和杜魯門，因為前者立國於丙申（一七七六年），杜則生於甲申（一八八四年）。

〈巽之頤〉（一九五一）

一九五一年九月九日解放軍先頭部隊進入拉薩；今天紀念碑仍然是屹立着的地標。除了蔣介石的台灣及沿海的一些島嶼外，中國實現了各民族的大統一。年卦〈頤卦〉的「家給人足，頌聲並作。四夷賓服，平戈卷閣。」應指山河一色的和平氣氛。

韓戰的高潮過去了，三八線上成拉鋸狀態，那是〈巽之頤〉所言的事：「歲暮花落，陽入陰室。萬物伏藏，匿不可得。」另一方面，十二月開始了三反運動：「大尾細腰，重不可搖。陰權制國，平子逐昭。」（〈渙之頤〉）《關於實行精兵簡政，增產節約，反對貪污，反對浪費和反對官僚主義的決定》！

〈巽之屯〉（一九五二）

一九五二年繼三反後便是五反，反行賄，反偷稅漏稅，反盜騙國家財產，反偷工減料，反盜竊國家經濟情報。

年中開始了長江第一個現代化大型水利工程，在荊江；秋天則在黃河下游建「人民勝利渠」——「仁政之德，恭恭日息。成都就邑，日受厥福。」（〈巽之屯〉）

韓戰膠着，但上甘嶺戰役卻在十月十四日發生，竟為年卦〈屯〉說盡了：「兵征大宛，北出玉關。與胡寇戰，平城道西。七日絕糧，身幾不全。」

〈巽之益〉（一九五三）

一九五三年七月二十七日，在板門店談判雙方簽訂《關於朝鮮軍事停戰的協定》，由金日成、彭德懷發布停戰命令。看看〈巽之益〉的裁決：「兄征東夷，弟伐遼西。大克勝遠，封君河間。」這解答了兩年前六月美方的要求（舉行停戰談判）。〈渙之益〉也說：「胸長景行，來觀桑柘。上伯日喜，都叔允藏。」是「太陽照在桑乾河上」嗎？

寫到這裡，我們不妨再看一下一九四四至一九五三的「畫龍頭頸，文章未成。甘言『美』語，說辭無名」的深義。美國完全背離了《開羅宣言》和《波茲坦宣言》，不僅「背離」，甚至將之「撕毀」了！

〈巽之姤〉（一九五四至一九六三）

「隨風乘龍，與利相逢。田獲三倍，商旅有功。憧憧之邑，長安无他。」

若問中國過去百年國運怎樣，衹要一讀連讀十旬的詩偈的話，即使不看年卦，相信也不難知道是好抑是壞了！「無敵國外患者國恆亡」這句話並非阿Q之言也！一九五四至一九六三這十年怎能不算是「好」的呢？

〈震〉（一九五四）

一九五四年這年的夏天，毛主席填了一首詞，題為《浪淘沙・北戴河》：

大雨落幽燕，白浪滔天，秦皇島外打魚船，一片汪洋都不見，知向誰邊？
往事越千年，魏武揮鞭，東臨碣石有遺篇。蕭瑟秋風今又是，換了人間。

今年年卦為〈震〉：「枯瓠不朽，利以濟舟。渡踰河海，无有溺憂。」中國出席了日內瓦會議，周恩來表現出中國通過談判解決國際爭端的決心：互相尊重領土主權，互不侵犯，互不干涉內政，平等互利，和平共處。

回到國內，這年十月因《文學遺產》對俞平伯以前的紅學研究而引發出對胡適的批判。〈巽之震〉說：「日月運行，一寒一暑。榮寵赫赫，不可得保。顛隕墜墮，更為士伍。」胡適是個名滿天下的所謂「學者」，學而優則仕，曾任駐美大使，為蔣介石在英美致力國民外交。他最拿手的好戲是對外國學術界賣假貨。「學不際天人，不足謂之學」這句邵雍的話，足可為他蓋棺論定了！

這年他的「太陽回歸」是孛衝月，到一九六二年，則紫炁衝日而亡。非《果老》法不能證明「死生有命」矣！

〈噬嗑〉（一九五五）

一九五五年年卦〈噬嗑〉是好的：「麒麟鳳凰，善政德祥。陰陽和調，國無災殃。」蘭州新疆鐵路黃河大橋建成通車了，北京官廳水電站也建成發電。不過，批判的風氣卻十分熾熱，胡風「反革命」被捕入獄，他到一九八八年才得到平反，在他死後三年。〈巽之噬嗑〉描述的直指當年的不妥：「鬱映不明，為陰所傷。眾霧集聚，共奪日光。」胡風反黨集團被清查，觸及二千人有多！

〈隨〉（一九五六）

一九五六年年卦是〈隨〉，旬卦是〈姤〉，世卦仍是〈巽〉（一九二四至一九八三）。幾十年以前可以每天有兩頓飯吃，得到溫飽並不是一件易事。一九五六年的中國被稱為黃金時代，合作化運動得到了成果，至少費孝通和榮毅仁都見到發生的事實。新中國在進步，在外國人的眼中，尤其是那些富有的人，怎會明白呢？能夠參與國家的建設，將自己雙手拿出來幹，為國為民，那種喜悅之心流露於周恩來答一次印度加爾各答記者會上的話：「如果台灣回歸中國，那麼蔣介石就對國家有了貢獻。」當然這是不可能的，因為「隨卦」說得很清楚：「烏鳴東西，迎其群侶。不得自專，空返獨處。」

也許蔣介石會答道：「實沉參虛，以義斷割。次陸服薪，成我霸功。」（〈姤之隨〉）——錢世明語譯為「實沉主參是受罰，由於他斷割手足之義，依陸岸而臥薪，成我霸功。」蔣介石要完成反攻大陸的偉業，他仍在台灣「臥薪嚐膽」。他的決心是不容置疑的事，但卻受到美國制止：「田鼠野雞，意常欲逃。拘制籠檻，不得動搖。」（〈巽之隨〉）

〈无妄〉（一九五七）

一九五七年國內是「反右派鬥爭」，指向國外的是與蘇聯互爭馬到正統的——至少這是報章和雜誌中文章之反映。二者都是為了「整風」而生。年卦〈无妄〉說：「夏臺羑里，湯文厄處。皋陶聽理，岐人悅喜。西望華夏，東歸無咎。」馬列正統在華夏，不在莫斯科。去年蘇軍坦克開進布達佩斯是不對的，鐵幕中的不少小國以《巴黎手稿》的觀點批判政治的馬克斯主義。毛澤東意氣風發了——數風流人物，還看今朝；赫魯曉夫衹懂得開坦克而已！

〈明夷〉（一九五八）

一九五八年年卦是〈明夷〉：「他山之儲，與璆為仇。來攻吾城，傷我肌膚，邦家騷憂。」

七月一日英國出兵科威特，準備入侵伊拉克，於是美英軍隊在中東登陸，據云此乃台海兩岸開火之導火線。到了八月二十三日，人民解放軍炮轟金門、馬祖。九月七日美艦到台海為金門的船隻護航，中美在華沙恢復大使級會談。十月六日起暫停對金門炮轟，但以沒有美國人護航為條件。十月二十五日，我國防部宣布每逢雙日不打炮，逢單日為炮轟日。十二月十日，美被迫宣布從台灣地區撤出部分海空軍。

以《皇極經世》來看，美國是「來攻吾城」的敵人，象徵性的「炮戰」到一九七九年元旦中美建交才結束。〈姤之明夷〉提到「西戎為疾」直指美國；而〈巽之明夷〉更說明了「典策法書……獨不逢災」，毛蔣關上門作兄弟打架是家事，幹嗎要你老美來插手。

〈賁〉（一九五九）

一九五九年年卦〈賁〉：「政不暴虐，鳳凰來舍。四時順節，民安其居。」這年的〈賁卦〉對我來說有點「奇遇」性，令到我不能不執起筆來寫下自己的心得。以前所讀到的《皇極經世》從未見有人談及「旬卦之年卦」及「年卦」獨立來看的事，直到我發覺馬瀚如在其《易元會運》的〈自序〉最後一行所寫的：「公元一九五九年值卦『巽之賁』後學馬瀚如謹識」。

他的《易元會運》祇談及「世卦之旬卦」，每課僅十年，其中每一年到底怎樣？他從未寫過。但奇怪的是，該書最後一頁卻有「流年值卦圖（起公元二零一四年甲子至公元二三四三年癸亥止）」。於是我在《易林》中查看詩偈，連同他所寫及的易課，我發現《易林》除占卜外的另一種可以應用之處，那就是我現在所寫的東西。《易林》的普及本很少見，如果馬瀚如知道的話，說不定他也可以像我一樣的去運用它了！

〈巽之賁〉是一九五九年的「世卦之年卦」：「望城抱子，見邑不殆。公孫上堂，大君歡喜。」（錢譯：抱着孩子望着城邑，看到城邑心不傷悲，公孫走上堂，皇帝大歡喜。徐譯：城邑不殆登上堂，三代同堂群歡暢，吉。）錢世明將「公孫」作「大君」之孫看，即望城之人所抱之「子」，言大君之孫初流於邑外，後而得之的故事；徐則以「三代同堂」作注釋。

「望城」令我眼前判湧出《登樓賦》和《詩經．陟岵》，以至于右任《望大陸》中「望我大陸，大陸不可見兮……」之句。我想找為《易元會運》作〈序〉的兩位老前輩一談：王韶生教授和方乃斌老先生，可惜三人早已作古了，奈何！前者曾授我《詩經》和《庚子山文》，後者是詩人。

一九五九年的中國相當不錯，大慶油田開始出油，容國團是新中國的世國乒乓冠軍，他是由香港投回祖國懷抱的球手。毛澤東卻興緻勃勃的《登廬山》：

一山飛峙大江邊，躍上蔥蘢四百旋。
冷眼向洋看世界，熱風吹雨灑江天。
雲橫九派浮黃鶴，浪下三吳起白煙。
陶令不知何處去，桃花源裡可耕田。

稍遲，朱德用原韻唱和，也是首七律詩。

「政不暴虐，鳳凰來舍」，九月十七日國家主席劉少奇發布特赦令，十二月四日首批特赦的戰爭罪犯有三十三人，其中有末代皇帝溥儀。

〈既濟〉（一九六零）

一九六零年年卦〈既濟〉：「玄兔指掌，與足相恃。謹訊詰問，誣情自直。冤死誰告，口為身禍。」（徐譯文：黑兔的指掌與足相恃，謹慎詰問則誣者自有矛盾，而被誣者自直，冤曲而死者誰能告知，皆口舌所起之禍，凶。）

口舌起禍，中蘇馬列正統促成蘇政府在七月撤回全部在華專家一千三百九十名，撕毀合同三百四十三個，廢除科技合作項目二百五十七項！習近平說「打鐵還須自身硬」，以前蔣百里也說過：「萬語千言，只是告訴大家一句話：中國是有辦法的！」即使在前十年中國得到以色列樂售預警機，未幾美國制止以色列。到底我國一樣自行研發出來的，在功能上而言，卻遠超過當年以色列可提供的。

一九六零年失收是由於去年大旱。大躍進的數字造假，那有甚麼出奇，西方何嘗不會？！敗類總會存在！吃一點苦就說「來生不作中國人」的人總不算少，做美國人吧，去到Baltimore或Missouri，你們未必在來生於美國中央公園附近的大道作美籍猶太人！

就在這西方宣傳機器說到所謂「最暗淡和貧困的」一年，中國第一枚近程導彈發射成止了！「禹將為君，裝入崑崙。稍進陽光，登見溫湯，功德昭明」！這是一九六零年的〈巽之既濟〉。

〈家人〉（一九六一）

一九六一年年卦〈家人〉：「天命赤烏，與君徼期。征伐无道，誅其君傲，居止何憂。」國家要「整風整社」之風吹來了。二月在北京公演了《海瑞罷官》：「有一日身居官，我還要重整紀綱！」這是文革的序曲！〈姤之家人〉說：「秋風生哀，華落生悲。公室多難，羊舌氏衰！」

〈巽之豐〉（一九六二）

一九六二年這年開始糧食短缺問題已成燃眉之急，大量逃亡的人湧到香港。年初的「七千人大會」內情如可不是局外可以知道的。〈巽之豐〉說：「天陰霖雨，塗行泥潦。商人止，市无所有。」一年卦的〈豐〉卻說：「諸孺行賈，經涉大阻。與伎為市，不憂危殆，利得十倍。」天機隱洩了——「孺」，小孩子也！小孩子去經商是拿着「毛語錄」大叫大嚷；這是文化革命了！不怕危險，竟得十倍利益！

十月二十日，印度軍隊自邊界東西兩段武裝入侵中國，他們馬上吃了敗仗，到最後中國退兵，送還了全部戰俘及繳獲的軍車、槍枝。〈姤之豐〉說：「天官列宿，五神舍室。宮闕完堅，君安其居。」這場勝仗是必然的。

〈姤之革〉（一九六三）

一九六三年「蘇氏發言，韓魏无患。張子馳說，燕齊以安」，此乃〈姤之革〉。此課中中蘇互爭馬列正統，何必呢？你們兩人都有自己的支持者，爭論是多餘的了。此課中「蘇」指「蘇聯」，「張」乃中國，合縱連橫也！重要的是〈革卦〉：「馬駕行時，尊高長股又莊嚴，可以大發利市；蒙受上天護佑，遇到買主偶合其心意，獲利五倍，吉。」徐芹庭的釋文點出了「買主」的重要性。我認為，〈革卦〉原文中「善市」不可忽視，「善」是「行善」：「馬服長股，宜行善市。蒙佑諧偶，獲金五倍。」

〈巽之蠱〉（一九六四至一九七三）：「平國不君，夏氏作亂。烏號竊發，靈公殞命。」

〈同人〉（一九六四）

一九六四年旬卦是〈蠱〉，年卦為〈同人〉，世卦依舊是〈巽〉。

周武王銷鑄刀刃藏山顛，表示不用天下喜，利貞（〈同人〉：「密櫜山顛，銷鋒鑄刃。示不復用，天下大歡。」）——釋文是徐芹庭的。這應指中共成功的爆核，並且鄭重聲明在任何時候和情況下都不會首先使用核武器。事前十個月毛主席會見E. Snow時說：「中國這個地方，美國軍隊來可以，不來也可以。」而事實上，美國已測到中國可能要爆炸原子彈，進而擬定對中國發動核戰爭。中國政府亦警告美國會支持越南人民。在早已硝煙彌漫中越戰不斷升級之時，美國「怕得要死」，暗示無意與中國對抗。在一九五零年的一節中，我提過武王伐紂的一課——〈復卦〉。今次復見「周武王」三個字，並非偶然的事。不過，為保持做學問的客觀性，〈同人〉一課未必沒有蔣介石的影子，因為我曾提及過他不忘反攻大陸，其決心是不可疑懷的事。十一月十五日，一架美國高空偵察機在中南地區被擊落；還未到明年立春的一月二日，又是另一架再被擊毀；十日則是一架美製L1-2機於華北被擊落。我絕對相信蔣介石不會不設法反攻大陸，祇不過當年美國不容許他這樣做。普通人但知錢學森、錢三強，卻不知俞大維、曾昭掄於第二次大戰結束前後為蔣介石去謀求造原彈行了第一步。一九六四年台灣的「新竹計劃」出台，美國CIA衝進中科院，此計劃盡毀矣（一九七七年）。

〈巽之臨〉（一九六五）

一九六五年三月十八日在東南沿海地區上，一架蔣軍RF-101飛機被擊落；之後「八六海戰」，蔣介石差不多全軍覆沒：「巨蛇大鰌，戰於國郊。上下閉塞，君道走逃。」（〈巽之臨〉）毛主席生於癸巳年，屬蛇；蔣屬豬，今以大鰌喻之。至於〈蠱之臨〉說：「則天順時，周流其墟。與樂並居，无有咎憂。」這該指毛澤東不僅滿意於「黨內那些走資本主義道路當權派」被整理，而且也為擁有核武器而雀躍。於是在五月十四日，中國在西北地區上空又再爆炸了一顆原子彈。師夷之長技以制夷也。

今年年卦是〈臨〉：「弱水之上，有西王母。生不知老，與天相保。行者危怠，利居善喜。」西王母是人嗎？《爾雅．釋地》：「孤竹、北戶、西王母、日下，謂之四荒。」《史記．大宛列傳》：「安息長老傳聞條枝有弱水，西王母，而未嘗見。」《穆天子傳》：「天子觴西王母瑤池上。」《山海經．大荒西經》：「昆侖之丘……有人戴勝，虎齒，豹尾，穴處，名曰西王母。」

誰是西王母？這人是女抑是男？

七月，李宗仁回歸祖國。

〈損〉（一九六六）

一九六六年年卦是〈損〉：「路多枳棘，步刺我足。不利孤客，為心作毒。」《海瑞罷官》點燃了文革的導火線之後，姚文元評三家村，戚本禹說鄧拓是一個叛徒。就在林彪發表《五．一八講話》的那天凌晨，鄧拓在寓所服藥自盡，四海翻騰，風波鼎沸！彭德懷被江青、戚本禹指使的紅衛兵綁架，由四川回到北京接受批鬥。

〈蠱之損〉說：「弩施弓藏，良犬不行。內無怨女，征夫在室。」江青年命是犬，生於一九一零年庚戌。〈巽之蠱〉述及的「夏氏作亂」由他而來。四人幫上台了！十一月九日，王洪文於上海奪權。十二月三十日是康平路事件，這是全國大規模武鬥的開端。

〈巽之節〉（一九六七）

一九六七年，《皇極》〈巽之節〉直批紅衛兵說：「嬰兒孩子，未有所識。彼童而角，亂我政事。」這是回應去年國慶日毛澤東接見一千一百多萬學校師生和紅衛兵吧！不過，林彪則為清華大學落成的毛澤東像題詞：「偉大的導師，偉大的領袖，偉大的統帥，偉大的舵手毛主席！」

〈巽之中孚〉（一九六八）

一九六八年，劉少奇被鬥倒了！林彪江青還要開除鄧小平的黨籍，但由於毛澤東的反對而未得逞。年卦是〈中孚〉，〈巽之中孚〉：「陰作大奸，欲君勿言。鴻鵠利口，發患禍端。荊季懷憂，張伯被患。」錢世明譯文是：「小人暗行大奸，希望君子不言，陳涉那番大話，致使發起禍亂，項羽、劉邦發愁，張良也遭了難。」

〈巽之歸妹〉（一九六九）

一九六九年文革結束了，劉少奇在十一月十二日含冤逝世。今年初三月二日蘇軍入侵珍寶島，中國還擊，經過一小時多激戰蘇軍覆滅。十五日及十七日，蘇軍再次發動進攻，結果以失敗告終。〈巽之歸妹〉云：「天之所明，禍不遇家。反目相逐，終得和美。」柯西金於九月由越南回國時途經北京，與周恩來會談解決了衝突的問題。這年的年卦是〈歸妹〉。〈巽之歸妹〉云：「天之所育，禍不遇家。反自相逐，終得和鳴。」

〈睽〉（一九七零）

一九七零年年卦是〈睽〉，旬卦是〈蠱〉，世仍然是〈巽〉。

〈睽〉：「倉盈庾益，宜稼宜稷，年歲有息。」

〈蠱之睽〉：「大倉充盈，庶民蕃盛，年歲熟榮。」

〈巽之睽〉：「春陽生草，夏長條肄。萬物蕃滋，充實益有。」

四月二十四日，中國成功地發射了第一顆人造衛星。時為21：35，是甲戌日酉將亥時的六壬課；四課三傳，無一不是陽，宜於公用（常人為己則不宜，猶如庚午日第九課），又得青龍發動，發射成功是毛主席致力於國防，故無私心可言。我以此還毛主席一個公道。說甚麼「衹愛核子，不要褲子」的洋奴們，看清楚自己那副吮癰吮痔的醜態吧！多可憐，任你怎樣搖尾乞憐，人家還不會給你甚麼居英權的。

〈兌〉（一九七一）

一九七一年年卦是〈兌〉，旬卦是〈蠱〉，世卦仍然是〈巽〉。

〈兌〉：「班馬還師，以息勞疲。役夫嘉喜，入戶見妻。」

〈蠱之兌〉：「南山高崗，麟鳳室堂。含和履中，國無災殃。」

〈巽之兌〉：「南山之陽，華葉將將。嘉樂君子，為國寵光。」

正如上一年一樣，三課易林俱為吉課。中國乒乓球隊奪取了第三十一屆乒乓球錦標後，不到個半月，乒乓外交出現了。七月九日基辛格與周恩來會談了十七小時，十六日雙發表公告，宣布美總統尼克松將會訪問中國。其實，這是意料中事，蓋於其女嫁給艾森豪威爾的兒子時，他接受訪問的電視台中說及建議新婚夫婦去看看中國這個文明之地。尼克松知道他非與中國交往不可，因為民主黨中人會着着爭先，眉目傳情之後便是秋波頻送。乒乓球隊為國爭光更是乒乓外交的適逢其會。「班馬還師」的是球隊而非指向林彪作反不成。

十月二十五日，聯合國大會第2758號決議，結果內容為恢復中華人民共和國在聯合國組織中的一切合法權利。南山乃隱士之地，中國做了多年隱士了，那也是麟鳳之室堂，依循中和之道行事，國內又怎會有任何災難呢！

〈履〉（一九七二）

一九七二年春節剛過，二月二十一日尼克松來朝見毛爺爺。

履者，禮也。〈履〉是今年的年卦：「十鳥俱飛，羿射九雌。雄得獨全，雖驚不危。」

〈蠱之履〉：「童妾獨宿，長女求室，利無所得。」

〈巽之履〉：「霧露早霜，日暗不明。陰陽孽疾，年穀大傷。」

尼克松來中國成為整年的大新聞，他也是歷史上第一個美國在職總統訪問中國，二月二十八日雙方在上海發表中美《聯合公報》，即《上海公報》。

吳越王錢鏐命軍士以弓射退江潮，秦始皇射海神，據云除去惡神之後好的神靈才到來。羿射九日，留其一日；草木不會為一日而焦枯。尼克松得獨全了！

一九七二年的中國仍因以前大罕而糧食周轉出現困境，布有布票，米有米票，我於一九七九年去大陸之時仍然見到。毛澤東可以和尼克松舉杯飲茅台，至於平民，頂多是米酒吧！所以，上面〈蠱之履〉、〈巽之履〉並非不是實況。那個年頭，吃得飽不是件理所當然的事。即使鄧小平於八十年代之時也希望人民可以在經濟開放，改革而得飽暖。

〈泰〉（一九七三）

一九七三年年卦是〈泰〉，旬卦是〈蠱〉的最後一年，世卦仍然是〈巽〉。〈蠱之泰〉：「玄黃四塞，陰雌伏謀。呼我牆屋，為巫所識。」江青是中四人幫之首與張春橋，姚文元，王洪文結成四人幫——反革命集團的勢力由此強大起來。江青是「陰雌」，其他三人是「烏號竊發」的人，猶如征叔伏弩廄門，射殺靈公無異。陳靈公名平國，為國君而不行為君之道，典故來自《陳杞世家》。〈蠱之泰〉的陳靈公是誰？呼之欲出矣！毛於一九七六年辭世，四人幫亦於同年被粉碎——此乃後話。

至於〈巽之泰〉所說的「三階土廊，德義明堂。交讓往來，享燕相承，箕伯朝王」，周武王在會客的禮堂迎接到訪的箕子，賜他以玉玄黃。三月二十五日至四月二日，喀麥隆總統河希喬到訪，充滿德義的明堂就是宴會之地。自尼克松到中國後，北京已準備好地方接待到訪的外國貴賓。這年，和中國建交的國家添上了西班牙，上沃爾特。

〈巽之井〉（一九七四至一九八三）

「山水暴怒，壞梁折柱。稽難行旅，留連愁苦。」

〈大畜〉（一九七四）

一九七四年年卦〈大畜〉：「朝鮮之地，箕伯所保。宜人宜家，業處子孫，求事大喜。」

〈井之大畜〉：「千門萬戶，大福所處。黃屋左纛，龍得獨有。」

〈巽之大畜〉：「爭雞失羊，亡其金囊。利得不長，陳蔡之患，賴楚以安。」

四人幫提出「批林批孔」的箭頭指向周恩來。毛澤東柏金遜病早就見於尼克松到訪之時，美國電視台的螢光幕不少人都看得清楚。江青垂簾聽政，甚至十一月二十八日《人民日報》的社論也為江青撐腰。不過，這年大事是中越西沙海戰。牽涉到的不僅是中越兩國，而美國的柯許（G. Kosh）也在其中——他被中國的解放軍擒拿了，時在橡皮筏中。基辛格不能不出面與中國交涉，被關了一個星期之後。海戰始於立春前的一月十九日，被送到菲律賓，再轉到美國費城醫院住了一個月，然後返回越南崗位，這時已是立春後的甲寅年。

柯許為美陸軍的「特別研究小組」撰寫有關共軍進攻作戰的評估報告，隔了二十年才解密。但無論如何，西沙海戰中南海艦隊有十八名官兵壯烈犧牲——雖然是大獲全勝。這就是〈井之大畜〉中要指出的「黃屋左纛」是龍獨有的（黃屋是天子的車，纛是插上的旗）。

西沙群島海戰贏了面子，但南越卻在後來佔領南沙五個小島，所以國防部長耿飆於一九八一年答鄧小平之問題時說：「搶回來也守不住。」〈巽之大畜〉早就指出「利得不長」、「爭雞失羊」。至於年卦提及「朝鮮」，其實是以之喻西沙，後者是子孫的漁業之地。

當年耿飆是現今習主席的上司。一九七四年距今四十二年了，習主席為南海幹得好——中國之河洛理數說明〈升卦〉了：「元亨，用見大人，勿恤。南征吉。」「攸往利東南，青天日正長。命榮災自去，名利得成雙。」東南二字，今天是東海、南海也！

〈需〉（一九七五）

一九七五年年卦是〈需〉：「久旱三年，草木不生。粢盛空乏，無以供靈。」

〈井之需〉：「大夫行父，无地不涉。為吾相土，莫如韓樂。可以居止，長安富有。」

〈巽之需〉：「賚貝贖狸，不聽我辭。繫於虎鬚，牽不得來。」

好幾年的旱災並不易過，糧證上常印有指示節約，到今仍然一樣。自一九七二年以來糧食周轉出現困難，甚至影響到「靈粢」也變得空乏。當然，對北越的援助也不無原因，但在文革的動亂中，經濟建設也受到衝擊。未到十屆二中全會召開之時，毛澤東已拒絕江青的要求，叫江青不要組閣；他再三告誡王洪文「不要搞四人幫」，奈何「繫於虎鬚，牽不得來」了！帶着錢去贖狸，不成了！到底毛主席頭腦還清醒，他讓鄧小平擔任第一副總理、軍委副主席、總參謀長；以後便為中共中央副主席、政治局常委。

這年，美總統Gerald Ford訪華，「為吾相土」也！

〈井之小畜〉（一九七六）

一九七六年，周恩來早己病了，他於今年一月八日辭世；蔣介石比他早死九個月，乙卯年中去世的還有董必武、李富春。一月十九日《時代周刊》的封面首次以鄧小平為封面人物，標題為：「中國：朋友還是敵人？」而在左下角則是：「周恩來的繼承人。」但是，四人幫那肯罷手，張春橋的黨羽急不及待貼出要求張春橋為總理的標語。毛澤東看透四人幫的野心和缺乏威望，提議華國鋒代理總理以求保持國家的穩定和平衡。

〈井之小畜〉主角人物就是來自湖南的華國鋒：「東行述職，征討不服。侵齊伐陳，御璧為臣，大得意還。」毛澤東又是不是〈巽之小畜〉的主角？他有理智的推華國鋒上台，可能是迴光反照吧，要不，那就是人之將死，其言也善了，因為他的柏金遜病早就令到他變得：「闇日不明，耳閼聽聰。陷入深淵，滅頂為凶。」（宋本仕禮居藏本取「聽聰」，亦有「不聽」之版本，若取「不聽」的話，則此易林辭便是唐山大地震的圖象了！）

朱德於七月六日辭世；七月二十八日出現唐山大地震，而毛主席則在九月九日去世了。

十月六日，中共中央政治局毅然粉碎了四人幫，結束了文化大革命這場災難。二十一日至二十七日，全國各地舉行遊行集會，印證了〈小畜〉年卦：「白鳥御餌，鳴呼其子。旋枝張翅，來從其母。伯仲季叔，元賀舉手。」十二月十七日，發射第二顆返回式衛星！

〈井之人壯〉（一九七七）

一九七七年。鄧小平於一九三三年、一九六六年、一九七六年三次被停職（七六年「天安門廣場反革命事件」令他停職，時他剛從江西下放回京）。不過，今年他再東山復出了。〈井之大壯〉寫的是他：「公孫之政，惠而不煩。喬子相國，終身无患。」易林辭以公孫喬和他看齊，喬子，當作僑子，即子產，鄭國相。他不會三落三起之後再有第四落的憂患。

今天八月十二至十八日中共十一大在北京舉行，八月十九日選舉了中央領導成員。主席：華國鋒，副主席：葉劍英、鄧小平、李先念、汪東興。中央政治局常務委員會委員：華國鋒、葉劍英、鄧小平、李先念、汪東興。

這有點似《春秋・僖公・九年》之「九月戊辰，諸侯盟于葵丘」，以及二十八年「五月癸丑，公會晉侯、齊侯、宋公、蔡侯、鄭伯、衛子、莒子，盟于踐土。」

〈巽之大壯〉說：「乘車七百，以明文德。踐土葵丘，齊晉受福。」

年卦〈大壯〉，河洛理數有詩云：「堂上持權輕酌重，因人借力事方成。虎前龍後宜求望，頭角崢嶸自此亨。」一九七七年為丁巳年，龍年之後的一年也！這年的國民經濟恢復較快，而儘管有自然災害，但損失程度也減少了。鄧小平可以出位並非偶然，七四年之時毛主席早就說過：「江青有野心，她是想叫王洪文做委員長，她自己做黨主席。」後來，毛主席再次強調：「鄧小平政治思想強，人才難得。」

一九七年六年，鄧小平之「太陽回歸」見有「身入福宮」，太陽本命已是歸垣，豈能不會「頭角崢嶸自此亨」？！

〈大有〉（一九七八）

一九七八年年卦〈大有〉：「白虎張牙，征伐東來。朱雀前驅，讚道說辭。敵人請服，御璧前趨。」

〈巽之大有〉：「陶朱白圭，善賈息貲。公子王孫，富利不貧。」

〈升之大有〉：「大輿多塵，小人傷賢。皇甫司徒，使君失家。」

普通人皆認定這年是改革開放的開始；而無可否認的，表象確實如此。有生意幹實在太好了，其實，表面是福往往是「禍之所伏」。鄧小平有次答美電視台主持者時指出：「大門一開，甚麼風都吹進來。」善經營的人成大富，公子王孫也，富利不貧要多翻幾次「財」才到平民之手。「大車多灰塵，小人常害賢能，皇甫司徒陷害你，使你失去國家，凶。」——十二月十六日中美發表中美建交公報。鄧小平差不多失去國家，在一九八九年的天安門事件！幸好在軍委中他於去年已任副主席，與葉劍英、劉伯承、徐向前、聶榮臻平起平坐，華國鋒任主席是有名無實的。誰不知「槍桿子出政權」？！

年卦〈大有〉的「白虎東來」是指美國，遠於一八零五年美國商船已開始了對華的鴉片貿易，資本主義本質就借貿易之名而侵略別國。「御璧前趨」為的是回應其朱雀的「讚道說辭」。若非如此，何需到時機熟才與你建交，在尼克松來華之後的第六年？！知道嗎？——現任奧巴馬的國務卿Forbers Kerry的外曾祖父霍布斯Francis B. Forbes就是在中國經營鴉片致富的商人。小羅斯福之兄，以及妻家之祖父也是霍布斯那些人的一員。蔣家王朝得到財富有多少？歷史報應是件真事，羅斯福不還債也不成。

「白虎東來」會否也指蘇聯在生事呢？我不知道。別忘記一九六四年十月至一九六九年三月，蘇方在邊境「挑起事件達四一八九件：毆打中國軍民，搶奪財物，而在八月十三日還出動直升飛機，坦克裝甲車侵入新疆」，並且「通過美國新聞媒介，揚言要對中國實施外科手術式的核武器『打擊』」。

鄧小平有句名言：「少說話，多做事！」即使今天中國到底有多少核彈，美國人祇可以猜。兩彈一星厲害到甚麼程度，中國就是不說：「國之利器不可以示人」，「故上兵伐謀，其次伐交，其次伐兵，下政攻城」。其實，中國本命的六壬課中有「閉口」格，對付言論自由之以假亂真是格食格，知者不言，言者不知也！

〈夬〉（一九七九）

一九七九年越南犯境，二月十七日「中國軍隊邊境保衛戰，這場為了和平的戰爭不到一個月，便全線收兵」。當年我適逢其會，帶父親由柳州返合浦，在途中見到赴戰場的解放軍，甚至在「飯店」相遇時交談，故能明白甚麼是「不怕死」的心態。

年卦〈夬〉云：「戴堯扶禹，松喬彭祖。西過王母，道里夷易，无敢難者。」

〈巽之夬〉：「初雖驚惶，後乃无傷，受其福慶。」

〈井之夬〉：「脫卵免乳，長大成就。君子萬年，動有利得。」

單看「无敢難者」，「動有利得」，「受其福慶」就可下斷：「必勝！」

這年鄧小平被邀到美訪問，到華盛頓之時正好是大年初一。之前，中國也宣布停止自一九五八年開始的炮擊大小金門，大二膽島的行動。

〈姤〉（一九八零）

一九八零年年卦〈姤〉：「河伯大呼，津不可渡。往復爾故，乃无大悔。」〈巽之姤〉：「隨風乘龍，與利相逢。田獲三倍，商旅有功。憧憧之邑，長安无他。」

〈井之姤〉：「五心乖離，各引是非。莫適為主，道路塞壅。」上面最後的〈井之姤〉與十一月最文人民法院門庭公審林彪、江青反革命集團案相關嗎？似乎是的，因為江青不信任當時的兩位律師。美國電視也以之為新聞，並且播出片斷。我不以為然，雖然「五心乖離，各引是非」十分貼切。

自鴉片戰爭之後，西方列強總想咬中國一口，想中國內亂從中取利，然後出來調解，分一杯羹。中國西北資源豐富，這年二月中旬在柴達木盆地附近發現儲量豐富的新油田，蘇聯垂涎萬分。「路邊社」曾有這樣的新聞說：一九八零年蘇聯有特種部隊偷偷的入侵新疆，全軍覆沒。因為鄧小平下令用小型核武器殲滅之。之後中國宣布在試核，生人勿近。蘇俄變成啞子吃黃蓮。「河伯大呼，津不可渡」，去而復回，就沒有可悔，可惜的是那些特種部隊不能復回。有些北京人說知道這回事！《永樂大典》

中的《諸家星家大全》直指「戎貝相侵馬趕猿，丙丁一闋，浮雲滿洞」，絕對不會錯的。這年五月十八日，中國成功地向太平洋預定海域發射了一枚運載火箭。

中國六壬課是：發用青龍有大勝之兆，見兩軍有和解之意（《大六壬集應鈐》）；也許是一九八零的事吧，鄧小平邀請傅冠亞去中國看風水（其父是曾子南的老師），據云他在哥大教中文，不知是賣真貨抑是假貨。

〈大過〉（一九八一）

一九八一年年卦〈大過〉：「典州法書，藏閣蘭臺。雖遭亂潰，獨不遇災。」〈井之大過〉：「羿張烏號，彀射驚狼。鐘鼓夜鳴，將軍壯心。趙國雄勇，鬥死滎陽。」

〈巽之大過〉：「晨風文翰，大舉就溫，過我成邑，羿无所得。」

這年中國無亂，無外敵入侵，不似有嚴重而又意想不到之凶事。羿，乃傳說中之神射；烏號，良弓名，是黃帝之弓。狼，天狼星，不是射天狼了！羿射十日，也是個射月者。呂錡是晉國大將，他夢見射月。錢世明說此典故被借用，呂錡射中楚共王的眼睛，故戰死與鬥死合。徐芹庭則釋之曰：「后羿張開烏號的弓，射殺驚狼，陳勝吳廣起義抗秦的軍隊，鐘鼓齊鳴發動夜間攻擊，房君將軍大柱國的神勇壯志，戰死於滎陽。」尚秉和曰：「然趙國或為人名，戰死滎陽，未必為訛字。」

我認為〈井之大過〉隱喻金庸的小說，因為年主角是金庸：他為避國共兵患而最後去到香港，獨不遇災，其小說可以媲美蘭臺之典朋法書了！這年鄧小平在人民大會堂接見他。

至於〈巽之大過〉就說及黃植誠投誠，回歸祖國大陸，同行的還有許秋麟；二人為晨風文翰，鳥名。

〈鼎〉（一九八二）

一九八二年年卦是〈鼎〉：「積德之至，君政且溫。伊呂股肱，國富民安。」

〈井之鼎〉：「訾娵開門，鶴鳴彈冠。文章進用，舞韶和鸞。三仁翼政，國无災殃。」

〈巽之鼎〉：「矢石所射，襄公痢劇。吳子巢門，傷害不治。」

中英兩國終於要談判了，因為鄧伯伯要收回香港，一定要在一九九七年七月一日收回香港，主權問題是不能討論的。

戴卓爾夫人摔在北京，在走下人民大會堂北大門的台階時。鄧伯伯身經百戰，那裡會將甚麼鐵娘子、銀娘子放在眼內！細節不必多說了，《皇極經世》絕不可能不寫及中英談判！！！〈巽之鼎〉的語譯是：「齊襄公荒淫無道殺彭生，彭生鬼魂變成大豬，襄公射之加速亡，吳王諸樊攻巢門，射中暗箭命喪亡，凶。」

誰是彭生？徐芹庭的譯文隻字不提。原來是為後來作末代港督的彭定康留下伏筆。彭生殺死文姜之夫魯桓公，齊襄公一怒之下就殺彭生。一九九七年中國年卦是〈遯〉，旬卦是〈旅〉，而〈旅之遯〉卻有再提及彭生：「彭生為妖，暴龍作災。

盜堯衣裳，聚跖荷兵。青禽照夜，三旦夷亡。」彭生在乙亥年變成大豬，「盜堯衣裳」，丁丑年亡命天涯了。

「彭生為妖，暴龍作災。」當中「暴龍作災」亦作「白虎行菑」（〈比之蒙〉）。《南京條約》（亦稱《江寧條約》）簽於道光廿二年，歲次壬寅，寅虎也。真的是白虎行凶傷人！當年英國「盜堯衣裳，聚跖荷兵」，英國人是盜賊，取了帝堯的「衣裳」來統治香港。一九八二年英相戴卓爾夫人來華，中英談判三年，英國人在香港的殖民統治於《中英聯合聲明》有了答案，就是一九九七年七月一日起，英政府交還香港，中國對香港恢復行使主權！

「青禽」乃「陳倉寶雞」典故，得之者為王。這是《易林》之判辭。現試看英一九九六年太陽回歸之真八字：「丙子，庚子，壬寅，辛亥」，得〈鼎之家人〉，以〈家人・九五〉為後天元堂。《河洛理數・家人・九五》有云：「上走東西地，抬頭見太陽。」太陽直指回歸時接受收回香港是我國國家主席江澤民。

英國稱王於香港久矣，回歸之一刻作為港督得夷王亡矣！

這年英國太陽回歸日得兩首詩偈：

女命：對鏡看青鸞，光陰不再來。

歲運：折梅逢驛使，寄與隴頭人。

英國稱王於亞洲，香港回歸乃風水輪流轉，第二次世界大戰後，美國取而代之。英女皇如果照照鏡子，當可明白韶華不再了。

英國（The United Kingdom）誕生於一八零一年一月一日子夜（當地地方時），見於Marjore Orr之The Astrological History of The World，Vera版，2002。由於斯時的一天日出於辰，故於《河洛理數》之真八字即「庚申，戊子，甲午，乙亥」。

彭定康是「千古罪人」，魯平先生沒有說錯！《詩經》有〈南山〉、〈載驅〉和〈甫田〉三詩都有他的影子，信哉！漢朝有五經博士，今之洋博士在外國攻讀中國文史哲者，根本就是賣假貨，我未見有人能入五經之門！

言歸正傳，這一九八二年的〈鼎卦〉和〈井之鼎〉都不錯，九月九日發射第四顆返回式衛星，十月七日至十六日中國向預定海域用潛艇在水下發射運載火箭獲得成功，《孫子兵法》有云：「善守者，藏于九地之下；善攻者，動于九天之上。」也！

這才是真正的奇門遁甲！

〈恆〉（一九八三）

一九八三年年卦〈恆〉：「黃帝所生，伏羲之宗（宇）。兵刀（刃）不至，利以居止。」

〈巽之恆〉：「破筐敝筥，棄捐於道，不復為寶。」

〈井之恆〉：「方啄宣口，聖者仁厚。釋解倒懸，家國大安。」

我動筆寫《皇極經世》之易林詮釋時，計劃祇寫由甲午戰爭到一九八三年為止；連續九十年，每旬十年。本來無連續性的年份也有不少，甚不成系統，祇好作自己玩味吧！到此，《皇極經世》似乎給我謎語，以下幾行是想我猜猜是誰吧！

方喙廣口	方嘴巴兒大嘴盆兒
仁智聖厚	仁智聖厚好模樣兒
釋解倒懸	解救倒懸的百姓苦
唐國大安	唐國建成一片樂土（錢世明譯文）

按：「倒懸」來自《孟子．公孫丑上》，把人從頭朝下吊着的情況下解放，為解倒懸，解除困苦的意思。此處是頌揚堯的話。徐芹庭譯文則為：「仁厚聖智的賢君，以方正宣揚政令，解除人民倒懸危難，使國泰民安天下平。吉。」

〈巽之恆〉說：「破筐敝筥，棄捐於道，不復為寶。」（「破筐」，破筥，扔在道上，不再是寶，本來二者不過是用以盛物的，何以『寶』為！錢說「此寶」，愛惜之意也。

子曰：「朽木不可雕也，糞土之牆不可杇也，於予與何誅（誅，責也）。」

丙申年未月丁卯日酉時

1924-1983

元	甲一（67017 BC－62583 AD）共 129600 年									
會	午七（2217 BC－8583 AD）共 10800 年									
運正卦	大過（57 BC－2103 AD ）共 2160 年									
運運卦	姤　（1774 AD－2103 AD）共 360 年									
世卦	巽　（1924 AD－1983 AD）共 60 年									
旬卦	年卦　　每旬 10 年，六旬合共 60 年									
小畜 1924－ 1933	甲子 巽 1924	乙丑 井 1925	丙寅 蠱 1926	丁卯 升 1927	戊辰 訟 1928 東北易幟	己巳 困 1929.	庚午 未濟 1930 中共第一次反「圍剿」 中原大戰	辛未 解 1931 中共第二次和第三次反「圍剿」 九．一八事變	壬申 渙 1932 中共第四次反「圍剿」 偽滿洲國成立	癸酉 蒙 1933 中共第一次反「圍剿」 日軍侵佔山海關
漸 1934－ 1943	甲戌 師 1934 紅軍長征	乙亥 遯 1935	丙子 咸 1936 西安事變	丁丑 旅 1937 七七蘆溝橋事變 蔣介石宣布對日作戰	戊寅 小過 1938 徐州會戰和武漢會戰抗日戰爭進入相持階段	己卯 漸 1939 侵華日軍開展「大掃蕩」	庚辰 蹇 1940 汪精衛在南京就任偽國民政府主席	辛巳 艮 1941 日軍襲擊珍珠港，太平洋戰爭爆發	壬午 謙 1942 中共開展大生產運動，中國遠征軍入緬作戰	癸未 否 1943 法西斯軸心國意大利投降
渙 1944－ 1953	甲申 萃 1944	乙酉 晉 1945 日本戰敗投降	丙戌 豫 1946 解放戰爭	丁亥 觀 1947	戊子 比 1948	己丑 剝 1949 中華人民共和國成立	庚寅 復 1950.	辛卯 頤 1951	壬辰 屯 1952	癸巳 益 1953
姤 1954－ 1963	甲午 震 1954	乙未 噬嗑 1955	丙申 隨 1956	丁酉 无妄 1957	戊戌 明夷 1958	己亥 賁 1959	庚子 既濟 1960	辛丑 家人 1961	壬寅 豐 1962	癸卯 革 1963
蠱 1964－ 1973	甲辰 同人 1964	乙巳 臨 1965	丙午 損 1966 「文化大革命」	丁未 節 1967	戊申 中孚 1968	己酉 歸妹 1969	庚戌 睽 1970	辛亥 兌 1971	壬子 履 1972	癸丑 泰 1973
井 1974－ 1983	甲寅 大畜 1974	乙卯 需 1975.	丙辰 小畜 1976	丁巳 大壯 1977	戊午 大有 1978 改革開放	己未 夬 1979	庚申 姤 1980	辛酉 大過 1981	壬戌 鼎 1982	癸亥 恒 1983

第四章 《易林》的啟示

公元一八零四年甲子至一八一三年癸酉，即嘉慶九年至十八年值卦〈遯之同人〉九爻。辭曰：「同人于門，无咎。」象曰：「出門，同人，又誰咎也。」〈遯〉本卦之初六爻，辭曰：「遯尾厲，勿用，有攸往。」象曰：「遯尾之厲，不往，何災也。」

上面乃馬瀚如《易元會運》①的一則「世卦之旬卦」（䷠之䷌）他以（一）李長庚之追緝海盜以至殉國，（二）英國船艦登陸澳門，（三）以天理等教門之作亂，三件事來解釋。一如他好些「世卦之旬卦」無異，重點是爻辭，輔以卦體；而此例尤為精彩之處乃西華門，隆宗門，神武門的「門」字。一般人也許未能體味其精彩不下於吳三桂困於一片石（山海關旁地名），不見其妻（陳圓圓），洪承疇印證〈大過之咸〉的「老夫得其女妻」②。

《易林》〈遯之同人〉說：「入市求鹿，不見頭（頓）足。終日至夜，竟無所得。」

① 心一堂版，頁二四一。
② 心一堂版，頁九一至一一二。

此詩偈指海盜，英艦至澳門，天理教犯境，一無所得。巧合乎？！同是〈遯之同人〉，亦見於《河洛精蘊》中之實例①：「朱子當慶元時，草奏藁，極陳權奸蔽主之害，激於忠憤之氣也。門人恐賈禍，更迭以諫，請以著決，乃筮遇遯之同人，其辭曰：『遯尾厲，勿用有攸往。』朱子默然，乃焚奏章。」

我為好奇，查看鄧球柏《帛書周易校釋》②的注釋——取爻辭「掾尾，厲，勿用有攸往」——「去幫助別人，往返都不要走水路。」

清俞樾《湖樓筆談》指出〈遯〉讀為異。「掾」，北斗別名，說見聞一多《天問釋義》，〈遯〉乃豚之假借。豚，豕（天豬），亦星名。我查得朱熹年命是戌，慶元是宋寧宗年號（一一九五至一二零零）並無豬（亥）年。）

徐芹庭譯〈遯之同人〉為：「入市求鹿失頭足，終日至夜竟無得，吝。」因此，還是《易林》的啟示為貼示了！馬瀚如熟讀清史，其《易元會運》成於一九五九年，自然找到實事印證。一九六四年至一九七三年，一九七四年至一九八三年兩值課他已無例可證，難怪他有以下的感歎：「……即自公元一九八四起至二一零三年，其所值

① 武陵版，一九九二，頁一零四。
② 湖北出版社，二零零二，頁八四。

爻辭，正與有清初葉時相同，而其治亂變化情形，乃可鑑往察來，互作參考了。至其涵義與解釋，當以配合事實而另有新的故事，此則非待事實之誌敘不可矣。」（心一堂版，頁三八六）

他話是這樣說，但他心中豈不想去預測將來呢？！一言可以興邦，一言亦可喪邦。我在本書中提到他早知北宋之終局：見披髮於伊川，知百年而為戎。不說出來，主要原因是不想擾亂人心，不動聽的話會被視為妖言惑眾，危害公安！邵康節也知宋朝在〈蹇之謙〉這「世卦之旬卦」（由宣和六年至紹興三年的十年中）國有大難。一首《左衽吟》聊以自抒己見好了！馬瀚如知之，所以他特地於邵子《左衽吟》的「附注」着「讀者善悟」。馬先生點示讀者知道的是：天機藏於管馭十年的「世卦之旬卦」之中。知道嗎？

上面的〈遯之同人〉是課悔咎的占課，不足為害，無凶，也無災。試看一下我在本書列舉過一八九四至一九八三的值課，尤其是由一九零四至一九四三年，中國不改朝換代才奇怪！紀昀說：「至國計民生之利害，則不可言命。天地之生才，朝廷之設官，所以補救氣數也。身握事權，束手而委命，天地何必生此才，朝廷何必設此官乎？晨門曰：『是知其不可而為之。』諸葛武侯曰：『鞠躬盡瘁，死而後已。成敗利鈍，非所逆睹。』此聖賢立命之學……』

到了今天，一九零三至一九四三年已成過去，當我所言「改朝換代」是「馬後課」好了。以古為鑑，可知興替；以銅為鑑，可正衣冠；有一天中國會行〈大過〉的世卦，在二零四四至二一零三年；《皇極經世書》所示的一二零四至一二六三，以及一六二四至一六八三與之相同，為政者當可參考，在今天我不能預測。這不似當今以〈鼎〉為世卦的一九八四至二零四三年，與一六八四至一七四三年之康雍乾四世比較一下，「衰」極有限了！現今的〈鼎之蠱〉（二零一四至二零二三年）怎樣說？

「商人行旅，資无所有。貪貝逐利，留連玉帛。駁轅內安，公子何咎。」

中國外匯儲蓄下降，貪「官」逐利，人民留連「股市」，習主席內安，何咎之有？日本、越南、菲律賓蛙鳴一下，最多帶來的麻煩也不外是當年的準噶爾；它們衹是牆頭草，隨美風而擺動吧了！到美國失勢之時，不歸附中國才奇怪！到二零二四至二零三三年的「砥德礪材，果當成周。拜守大命，封為齊侯」降臨，不妨抹乾淨眼鏡看清楚，怎麼詮釋這詩偈？因人而異了，我一言以蔽之曰：「大吉！」徐芹庭比我少用一個「大」字。

陳、添兩位先生不談馬先生的東西，他們着重「因果報應」，不過卻添上了一點

「六十四卦立體與三百八十四爻解析」，取材於陳摶著、邵康節述的《河洛理數》。其實，如果再添加原本〈卷之三〉總訣及詩偈則更美矣。老實說，我話到七旬了，由出世之後河洛理數無不靈準。一般人不知道「密碼」之運用，配合《果老》便成。

不信因果報應的人實在太多了！有一位名為孫崎享的日本人寫了一本《日美同盟真相》——他來頭很大，曾任日本外務省國際情報局局長，在好些國家作過大使，東京大學畢業，在防衛大學執教過。此書日文版一年內再版九次，銷達二十二萬冊！其中述及：「日本設置了為佔領軍服務的『特殊慰安設施』，並着手徵集『慰安婦』。這可是在終戰後的第三天啊！」

不妨查閱郭一娜譯本，① 作者看來怨氣不少，引《岸信介的回想》說與艾森豪威爾有「裸體之交」——「政治這東西，如果動機良好，但結果不好不行。有些情況下，即使動機不好，但能帶來好的結果的話就可以。」② 為甚麼會這樣？日本國運的六壬課指出「子孫不孝」，四課中之孝杖為巳——日人阿部泰山如是說——返吟是反覆不移動之課。「螣蛇剋宅，須防火災。」

① 孫崎享著，郭一娜譯，《戰後の日美同盟真相》，新華出版社，二零一四，頁十七。
② 《岸信介證錄》——詳見《日美同盟真相》頁一三零至一三三。

我提及這件事，最重要是指出其實的內容不是旁觀者可以掌握得到的。「世卦之旬卦」衹見一爻「獨」發，但如果是多條動爻則更難。徐芹庭《焦氏易林新注》有兩例子，是關於二零零四年台灣的「大選」：（甲）呂秀蓮，陳水扁是「訟之井」（乙）連戰，宋楚瑜是〈大有之漸〉。兩課的本卦有三條爻動：

（甲）「大壯肥腯，惠我諸舅」是姻親眷屬貪得大利之象。

（乙）「昧昧墨墨，不知白黑。景雲亂憂，光明隱伏。犬戎來攻，幽失國。」

徐芹庭占問之時不知是否知道陳水扁之「貪」？抑是阿扁在被揭發才知呢？！我在《占卜，星命與人生》① 中有「易林的啟示」和「陰府和陽間的通路」已寫及好些多於一爻動的占課，茲不再贅。到此再舉一例，出自《三國志．吳書．虞翻傳》：「關羽既敗，權使翻筮之，得（兌下坎上）『節』，五爻變之『臨』。翻曰：『不出二日，必當斷頭。』果如翻言。」（按「節之臨」是䷻之䷒）虞翻在生之時，焦贛《易林》早已書成，虞翻講易象，清惠棟《易漢學》有匯集，而虞翻《易注》早佚，被輯錄的「乾為王，為神，為人……坤為妣，為民，為姓……」的文字就如今之《周易》〈說卦

① 武陵出版社，二零零五。

傳〉第七章至十一章無異。「節之臨」在《易林》是這樣的：「奢淫愛嗇，神所不福。靈祇憑怒，鬼障其室。」

此課極凶，「不出二日，必當斷頭」的斷語可能是由於禱文中問及生死吧！《虞翻傳》中未載有禱文，故我以「極凶」二字釋之，為保持客觀態度而這樣下斷語是對的。徐芹庭《焦氏易林新注》有一則白話語譯，是〈師之謙〉（「穿胸狗邦，僵離旁美。天地易紀，日月更始。」）——「天地易紀在中華，日月更始肇中興，凡胡人異邦，萬不來朝。」

「美」字似為手民之誤，但此不是我想說的重點。也許徐先生曾在占問某一件事而得此課，而此課會與中華民國和外邦有相關的。我也曾筮得〈師之謙〉，我當時之背景應不似徐先生的，「中興」、「來朝」二辭並不湧現於內覺之眼前。原文如下：相信禱文與徐先生的絕對不同了（迻譯之原意見於《占卜，星命與人生》①：

① 武陵出版社，二零零五，頁一三五。

9 August, 1990

11：30A.M.

Ngai is not back from Canada yet. Today is the end of the first week after I quited my job. For there days, I have been translating Lectures On the I Ching; and, every now and then, I turn on the TV so as to keep an eye on the recent development of the Gulf crisis. While the Iraq army has moved to the border near Saudi Arabia, war becomes imminent, because the Busch Administration has sent out its forces to Saudi Arabia in the name of defending freedom. What is said in Wilhelm's work touches me deeply. The age in which we are living, as Wilhelm puts it, is surely one of 'Opposition', and I feel heartily sad. Who knows what is going to happen if there is a chemical warfare, let alone nuclear warfare！
My darling, please comment on the present Persian Gulf crisis
In terms of the I Ching divination I am going to make：

Thank you, my love. The original hexagram
is The Army, and the resulting, Modesty：

There are dogs in a foreign country.
They die near the road when they make their way home,
While Heaven and Earth are watching the process
of time,
History proceeds into a new era as unnoticed as ever.

10 August, 1990

I have not slept well; for, I wake up very early to watch Good Morning America everyday, as I did last year when the Tinnanmon incident was unfolding, The oracle I got yesterday does not seem auspicious, Is it that the Americans are going to cry in the desert? I finished the chapter 'From Opposition to Fellowship' yesterday. I cannot help but am moved to tears. Lonely are the brave！ Lonely are the sages！ I do believe that, deep in Wilhelm's heart, he would have shared my sorrow.

作者一九九零年八月的英文手稿打字，時旅居美國

現今回顧一九九零年「沙漠風暴」（Desert Storm）的《皇極經世書》又怎樣呢？世卦是〈鼎〉，旬卦是〈大有〉，年卦則為〈訟〉；三文如下：

〈鼎〉：「積德之至，君政且溫。伊呂股肱，國富民安。」（一九八四年至二零四三年）

（一）〈鼎之大有〉：「羔裘豹袪，高易我宇，君子維好。」（一九八四年至一九九三年）

（二）〈鼎之訟〉：「三推相逐，蠅墜釜中。灌沸淹殪，與母長決。」（一九九零年）

（三）〈大有之訟〉：「虎臥山隅，鹿過後朐。弓矢設張，猬為功曹。伏不敢起，逐至平野，得我美草。」

（四）〈訟〉：「文巧俗弊，將反大質。僵死如麻，流血濡櫓，皆知其母，不識其父，干戈乃止。」

原則上是中國國運，但據「天覆地載」（As above, so below），任何一則都會發生於甚麼國家。當然，發生於美國之機會總會多於一個太平洋的島上小國的。為助於理解，姑以徐芹庭先生的「義釋」為助：

（一）〈鼎之大有〉：「君子穿著羊皮大衣豹皮的袍子，高級而平易的字養家族子孫，君子家族保持良好，利貞。」

（二）〈鼎之訟〉：「三雉鳥爭蠅相逐，皆墜沸水鍋中全部死亡，與母長決，凶。」

（三）〈大有之訟〉：「虎臥山邊，牧鹿的人想往其後，于是起用能制虎的刺猬為將軍設置了弓箭，而向前挺進，老虎看了嚇得臥倒不敢起來，終於到達平野牧地，得到美食，吉。」

（四）〈訟〉：「文巧俗弊，則僵死如麻濕杵，返回質樸，則民知其母，不知其父，戰爭乃止。」

老布殊，薩達姆分別為美，伊（拉克）三軍主帥，戰爭之象當見於（二），（三），（四）了！既然也是中國國運，最重要是（一），（二）（三）及（四）就由老布殊及薩姆唱對台戲吧！我認為讀得懂四詩偈當然大有人在，如果有人認為四課與「沙漠風暴」無關，我祇好簡單的答覆說：「火星是戰神啊！中西占星都不會反對此言！不過這次流火犯美而不是犯中國！

因為在美國國運的星盤中，美國限在酉宮，一九九零年六月十三日至八月三十日流年火星在酉，再加上羊刃臨限，大凶！太史公說：「南方，火，主夏，日丙丁，禮失，罰出熒惑，熒惑失行，是也。出則有兵，入則兵散，人其舍命國熒惑為動亂殘賊喪饑兵。」

按：熒惑，火星也。一九九零年八月九日為丙午日，奇哉！

司馬遷會不識七政四餘嗎？！知道嗎？

我的《中美國運與天星》①有美國星盤，二零一一年天地的《鬼谷子真詮》②也有。所謂《史記》的學者實在不少，其中外國寫及《史記》的洋博士我也認識的，但我未曾見有人明白或懂得《天官書》。原因是他們不識「七政四餘」。也好！他們賣給洋人的是假貨；像深圳以前曾見到的假米、假髮菜、假豉油……等，其實與胡適的博士論文（The History of Ancient Chinese Logic）無甚麼大分別。

我在《皇極經世書》的邏輯架構提及過元會運世觀念和歲差的關係，所以在復以「七政四餘」星盤說一些話。《易林》詩偈中有好些易林辭藏有星象，這用不着我多言了。到此，〈師之謙〉這一課我還未說完。此課牽涉到兩變爻（䷆之䷎）。徐

① 武陵版，二零零零。

② 李光浦，《鬼谷子真詮：唯一真正鬼谷子算命術詮釋》，香港天地圖書有限公司，二零一一，頁二六三。

芹庭先生認為「有《易經》方能尋《易林》之本體，若占卦時《易經》變爻多，難以下斷……」不過，我與他相同之處是「相輔相成」，而我則添加「七政四餘」吧了！各家各法也！

到此，若以《易林》和《周易》相輔相成的查看《皇極經世書》的值運圖，這時並不牽涉到「禱文」之存在，祇要明悟其中深意便成。《易林》有好幾個版本，而詩偈也許有典故，所以，這都是不可忽視的。坊間有關《周易》的書不知有多少了，談易象的也隨着尚秉和的名氣而有不少唱和。「兩千年來人們始終不能確定《易林》到底依傍甚麼樣的準則進行創作。」《易林彙校集注》的〈代序〉有這樣的文字：「然而《易林》這部「廟籤大全」真的就是這樣寫出來嗎？」上兩段有談及〈謙卦〉的：

「王喬無病，狗頭不痛。忘跛失履，乏我徒從。」

作者於是說：「王子喬又出場了，卻跟了句『狗頭不痛』很有些荒誕色彩。」

請看看一九四二年的年卦也是〈謙卦〉！一九四一年是〈艮〉：「君孤獨處，單弱無輔，名曰困苦」——將之釋為中國孤軍抗日固然是事實，但在天覆地載之下，德軍攻俄：「巴巴羅薩」行動於十月至十一月要在莫斯科戰役決定的。如果列寧格勒失守，進攻莫斯科的通路就敞開了，而蘇俄就會失去重要的國防生產中心。〈艮卦〉

一九四一年日本偷襲珍珠港

甲 癸 甲 辛
寅 丑 午 巳

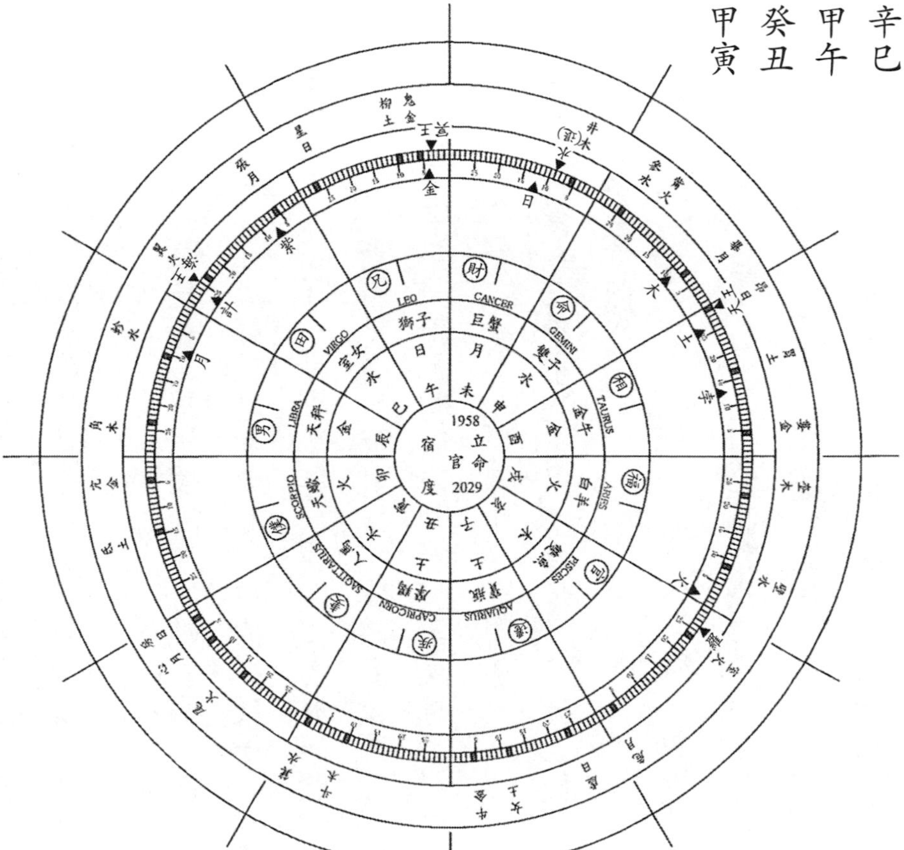

今以一九四一年七月四日寅時看美國之太陽回歸。

歲：冒暑去投林，當途風少息。

後天元堂是謙二。

美國生於一七七六年丙申，屬猴，《河洛理數．謙．六二》詩偈要之相關：「久滯梩名不可升，鳴謙名利又馳聲。猴人貞吉皆亨利，好去求名莫問鶯。」

美國不宜問鶯；「鳴謙，貞吉」，「示以居貞之善也」。

若問冬天為何凶，會受日本偷襲，則答案為：到冬天之時不宜有水相伴。尤其是夜生，限行遇之，「為禍最重」（見台灣武陵版《果老星宗》，頁三三三）。夜半之後，月不宜獨行。「善觀星者先觀四時，須分晝夜，於斯消詳，可為至矣。」（見台灣武陵版《果老星宗》，頁三三四）

應驗於史太林。美國的珍珠港被偷襲未算是「驚天地泣鬼神」，所以一九四二年「美國」這「狗頭」（申年命，前兩字申酉是戌）不再痛了，珊瑚海和中途島令日本損失慘重。

不懂《易林》的人，像是寫《易林通論》的錢世明一樣，對於他們的大驚小怪，我已看慣了，見怪不怪。在《鄭氏星案新詮》中的〈代序〉，我曾提及過一九八五年結婚的事（翌年離婚），到了一九九零年我得到《易林》後，於洋人的清明節着渥兒於親母墓地前求取一課，所得就是〈謙卦〉。當時我讀不懂，到二零零八年才明白。那位離婚的妻子生於甲申年；她是狗頭；狗者，「戌也」：你爸爸想學仙道，但卻失去了王喬的仙履，那「狗頭」不痛了，我不去為她送行。

我也着莎莎占一課得「三年生狗，以戌為母。荊夷上侵，姬伯出走。」我在《果老星宗新詮》寫過這狗年命的人。

一九零八年中國〈未濟之履〉說：「天火卒起，燒我旁里。延及吾家，空盡己財。」《左傳·宣公十五年》：「天反時為災，地反物為妖。」《左傳·宣公十六年》：「凡火，人火曰火，天火曰災。」然而，今人又怎能找到那不是隕石而是Nicolas Telsa實驗室發射出來的一種越洲無線電波？J. P. Morgan資助這位物理學家研究，一九四三年他死後一切研究檔案已被充公和燒毀。所謂「事實fact」之中，不少內情都不是局外人可以知道的。涉及到政治這方面的尤為隱秘。一九六二年古巴飛彈危機應驗於〈巽之豐〉，如果你讀過Oliver Stone和Peter Kuznick的《The Concise Untold History Of The United States》的話就會明白了。假若蘇聯潛艇司令Valentin Savitsky不為為副官Vasili Arkhipov說服，在蘇美雙方飛彈發射後就不知有多少億萬人會被犧牲，而當時美國之一群F-100轟炸機的攻擊對象「似乎」是中國大陸而不是蘇俄。此群F-100早在沖繩（Okinawa）作好準備功夫：命令一到就得出動。

一九六二年古巴危機事件

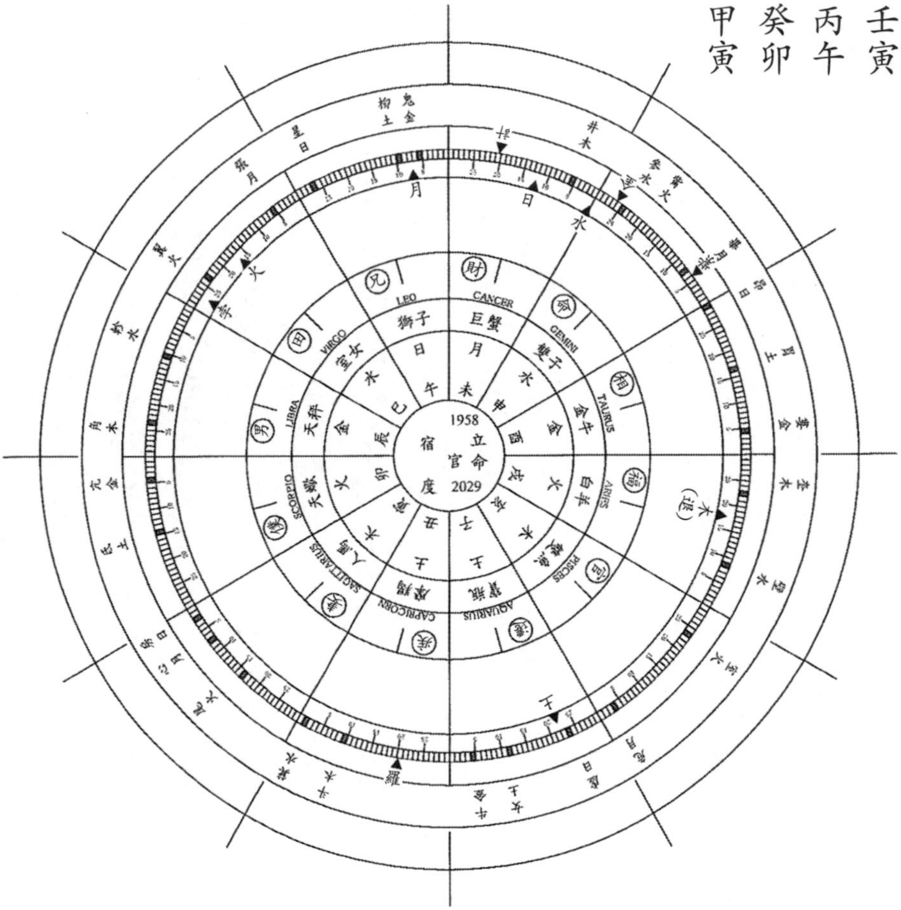

一九六二年七月四日寅時美國太陽回歸日看古巴危機。
歲：琴瑟忽斷弦
　　便不同音韻

星盤上的妻宮是國際宮，宮主為木，退行之土與之會合，成土木相刑。土於原位沖月，計與日同在井木，亦互刑。日月俱傷，凶。美蘇之衝突有如夫妻斷弦也。

美國夜生，未宮不宜見計、土；今計先入為主，「計入秦分」是賤格（見台灣武陵版《果老星宗》，頁七七）。一九六二年之美國限在巳宮，此圖火孛相刑，原星盤已有孛，落實「孛者，亂也」之象。

中國沒有此劫全賴「世卦之旬卦」的〈巽之姤〉，美國也是一樣。《易林》不僅是以中國為中心的國運書，好些時候它還可以看到其他地方的年運。上面曾述及蘇德之戰，伯羅奔尼戰爭不必再重提了。中國有大不妥之運的時候，在「天覆地載」的原則下，那又怎會見不到「銅山西崩，洛鐘東應。木華於春，粟芽於室」呢？！中國好，世界就好；中國不好，世界亦隨之。「九百年來尚未有道破此義者，特一點之，俾讀者之善悟也。」這句話是馬瀚如的。我在〈為國者，必貫三五〉的一八九四至一九八三年的實例不能與此無關；那就以一九三二年看看好了：世卦〈巽〉，旬卦〈小畜〉，年卦〈渙〉：

（一）〈巽之小畜〉（一九二四至一九三三）：「闇目不明，耳閟聽聰，陷入深淵，滅頂憂凶。」

（二）〈巽之渙〉：「畫龍頭頸，文章未成。甘言美語，說辭无名。」

（三）〈小畜之渙〉：「鶉尾奔奔，火中成軍。虢叔出奔，不失其名。」

（四）〈渙〉：「望幸不到，文章未就。王子逐兔，犬踦不得。」（「王」亦作「羊」，作「三」）

美國於一九三二年國內最震憾的是甚麼事？華盛頓戰役，即血腥的星期四，一九三二年七月二十八日！這年在任的總統是胡佛，他生於一八七四年八月四日，甲戌狗年，「三子逐兔，犬踦不得」是說畢頓，麥克阿瑟，艾林毫威爾帶兵去鎮壓退伍軍人組成的所謂Bonus Army。他們三個人追兔子，而狗卻崴了腳。那些退伍軍人要求與總統對話，要支付政府欠下他們之Bonus（獎金）。

自一九二九年華爾街股災崩潰後，美國出現大蕭條。胡佛束手無策，心疲力倦。為數達二至四萬退伍軍人——好些還帶同家眷——去到華盛頓靜坐示威。麥克阿瑟認為那是共產黨前衛部隊在搞「政變」，終於「拒絕總統指令而以坦克，催淚彈，刺刀鎮壓」①。

五月開始靜坐那裡有用呢？！眾議院提出印紙幣二十四億美元，想全部付清退伍金法案，但在胡佛強大壓力下，參議院卻拒絕了批准帕特曼法案。

二零一四香港的佔中與之相比是小巫見大巫，那些退伍軍人打過第一次世界大戰也敵不過麥克阿瑟，何況是成事不足敗事有餘的學生。美國是一個自由民主的國家，知道嗎？

翌年，那些退伍軍人再來一次，去到華盛頓示威。羅斯福不派軍隊了，他着妻子Eleanor去勞軍，送飯（餐），送咖啡，每天三次。二零一四年的梁振英應該多讀歷史學習！學習！希羅多德《歷史》早在第一章點出女人的重要性：「女人引起戰爭，但

① 詳見Oliver Stone及P. Kuznick一書，E. Bury版，頁35。

一九二九年美國華爾街大股災

己巳 庚午 庚戌 戊寅

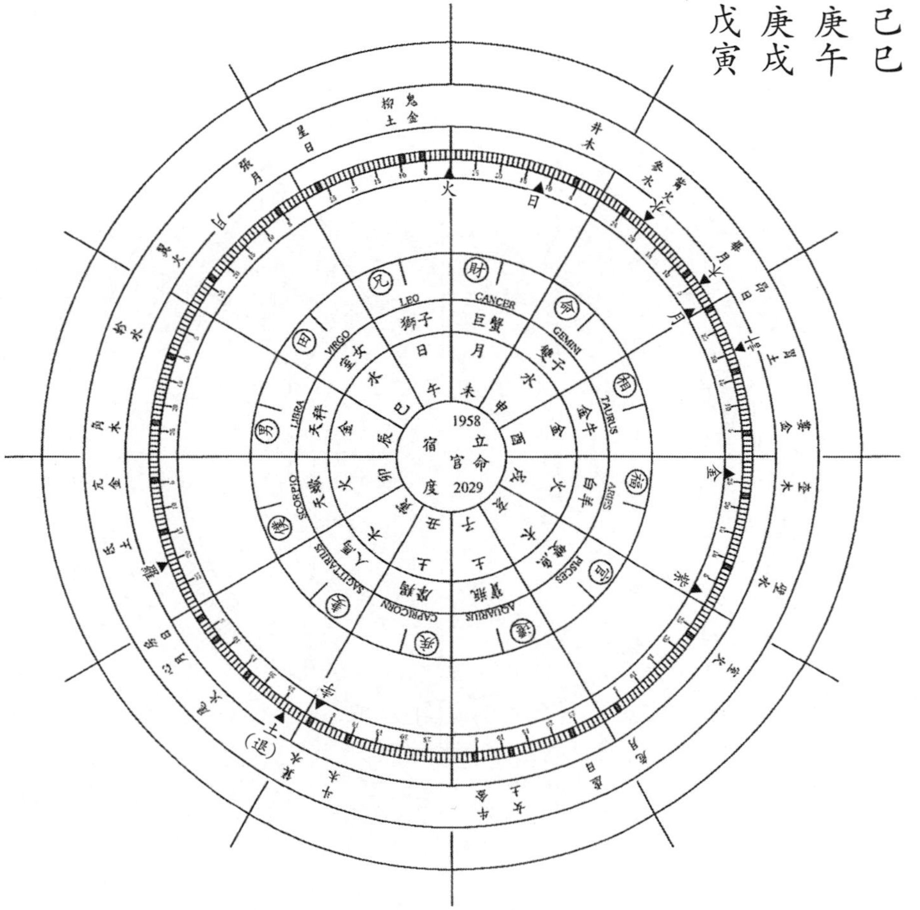

用一九二九年七月四日美國太陽日看十二個月內之星象。

木掩月光於五度內，孛沖日；變成日月受傷、木土大戰（斜沖不算太壞）。但水土又對沖，到秋天華爾街出現大股災！

河洛理數之歲運：舟行望峰移，自生疑惑處。

風生浪不靜，未可息憂懷。

一九三二年七月二十八日美國血腥星期四

壬丙丙庚
辰辰午申

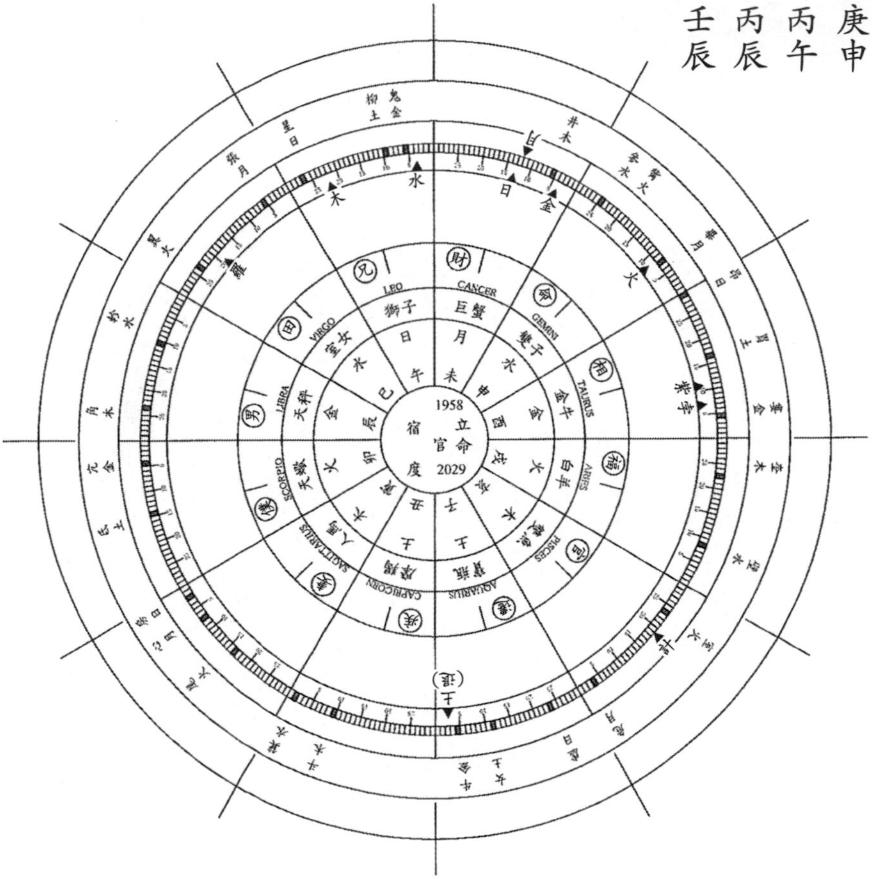

以一九三二年七月四日美國太陽回歸日看十二個月內之星象。

歲運：憂辱無所慮，安居且慮危。

木土對沖（斜沖，不算太嚴重了）。

水土對沖（水為命宮、火為福德宮，福德受損。

最凶處乃「日月無光」，朔日也；「血腥星期四」算不算凶？

美國二零二七年之太陽回歸會有「日月無光」，看看到時它是股市大崩潰抑是甚麼事。

女人也可以平息戰爭」他卻不敢直說。
回歸正題，〈小畜之渙〉的「虢叔出奔」便是胡佛下台，百姓的總統何用？！「鶉尾奔奔，火中成軍」是軍擅戰（退伍和現役兩批軍隊）！至於（二），甘言「美」語點出「美國」說辭無名了！有甚麼大不了！？Meals, coffee乃「美」人之貽，難得一品夫人替你送來食物！
同樣是一九三二年，中國深陷於〈巽之小畜〉，而〈小畜之渙〉則指一二八事變。淞滬之戰打了兩月之久，日本出動坦克，飛機轟炸。「畫龍頭頂，文章未成「是壬辰年命的蔡廷鍇，辰為龍也！當年駐軍的第十九路軍在他帶領下以五個師之力戰日軍。日本三次易將，死傷近萬，最後第十九路軍側面遭受威脅，不能不撤退了！
德國又怎樣，希特勒生於己丑年，丑為龍（辰）之頭頂。他於一九三三年一月（未到立春）就任總理；文章未成，到「成」之時則是國會Reichstag大火。跟麥克阿瑟無異，他指責此「火」是由共產黨放的。如果換作今天，兩人「必定」認是阿蓋達份子所為吧！這個火是人火而非天火嗎？人火也非吉兆，暴君焚城，「天火卒起，燒我旁里」；光緒大婚之前一個月天安門大火，一九二三年關東地震兼大火，九一一雙子樓在火燄中毀滅——大火之後，必有凶年！

二零零一年「九一一」恐襲事件

甲　戊　甲　辛
寅　辰　午　巳

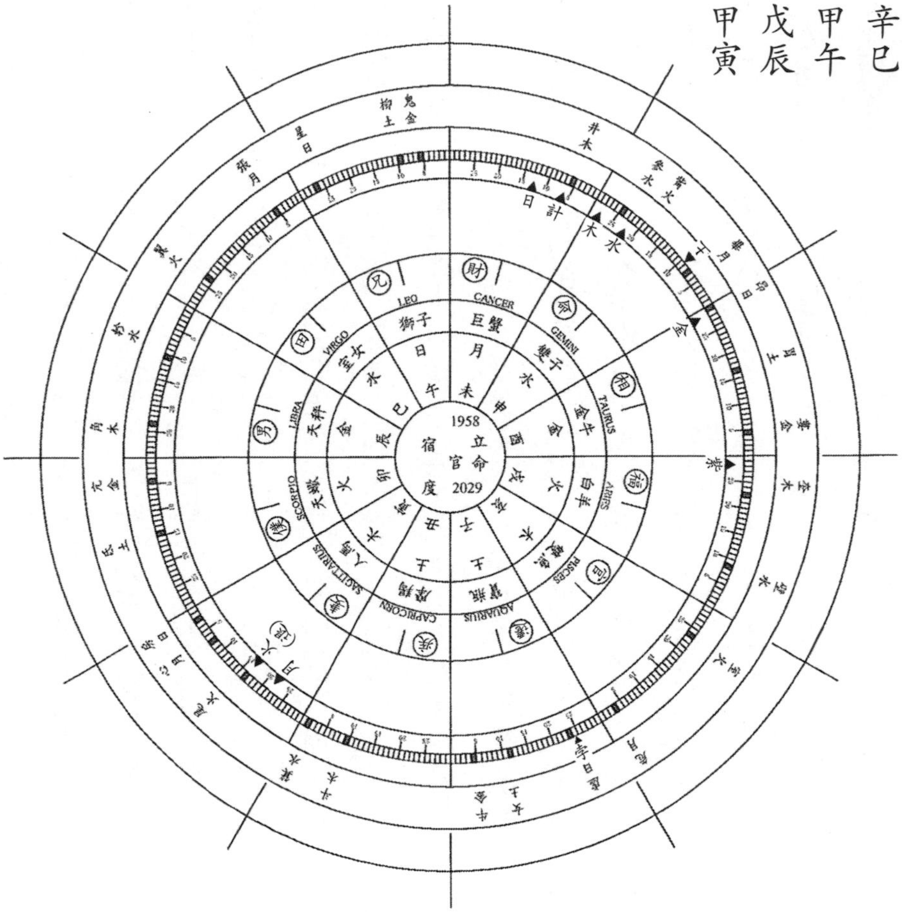

美國二零零一年九月十一日雙子樓大劫於事前是否有星象？
今用美國二零零一年七月四日美國之太陽回歸看看如何。
歲：風吹水上萍
　　東西任來去
水沖火，火近身；木亦沖月，土沖月（夜殺為土）。計與日互通於井木，計刑日。日月俱傷矣！

水也是災，莊公不敬，天降大水，天作淫雨，害於粢盛，也是災，這是《易林》好些詩偈所要借用到的災異語言，不可不知也。由此可見，即使是大水、大火兩事，見於《易林》詩偈或是真實世界，這都是凶象。

我曾提及過日本本命的六壬課：戊午日子將午時，「秋占子為火鬼，晝乘螣蛇克宅，須防火燭之驚」！其星盤為一八八九年二月十一日午時。《御定奇門陽遁九局》衹提到「禾防水災」，水火夾攻矣！江湖術士有那一個知道七政四餘，六壬，奇門隱藏的天地盤同屬一源！中日會否再戰？如果是會的話，日本所扮演的角色頂多是康雍乾盛世中之準噶爾吧了！——必敗無疑。日本已是美國的殖民地，其命局說：「春深花柳發，細柳為誰青」。難怪孫崎享在《日美同盟真相》為自己家園對美軍設立「慰安服務」那麼多感歎了！

二零二四年至二零三三年中國《皇極經世書》是〈鼎之姤〉，在這裡衹用抄下錢世明之語譯便見玄機了：

磨煉自己的品德才能，

終於擔當了輔周大任，

拜受大子的任命，

被封為齊國之君。

這四句衹會應驗於中國，絕對不會是日本或東南亞的小國。

第五章　真假旬卦之鑑定

旬卦六則來自世卦之爻六變，順序為初爻，三爻……至上爻。不可不知的是，旬卦沒有乾坤離坎。因此，假若見到世卦不是乾坤離坎之時，則第一旬的首年就是世卦的卦體；但如果是的話，則首年便用大圓圈順行乾、坤、離、坎之後一卦體。

世卦〈乾〉第一旬首年是〈姤〉

世卦〈坤〉第一旬首年是〈復〉

世卦〈離〉第一旬首年是〈革〉

世卦〈坎〉第一旬首年是〈蒙〉

衹要留意第一旬的年卦是甚麼就行了，譬如乾的十年年卦來說就是大圓圈的姤、大過、鼎、恆、巽、井、蠱、升、訟、困，之後在第二旬再順時針抄下未濟、解、渙、蒙、師、遯、咸、旅、小過、漸——渙與蒙之間〈坎〉不用。如是抄完六個旬，那就正好不用乾坤離坎後的六十卦。

之後，要知道第一旬的第一年必是耶元的「四」字年；當然這指立春後才開始，通常是二月四日。而第六旬最後一年是「三」字年。正因為天干是甲乙丙丁戊己庚辛壬癸，甲為「四」，癸為「三」了。

年卦有一個特性，除了用「世卦之年卦」外，還有「旬卦之年卦」，以及年卦本身「本卦」。祇要知道世卦是甚麼，加上世卦所管的年份是由那一年開始，旬卦和年卦是可以計算出來的。不僅如此，整個元會運亦可以推算。這是初中的算學而已。

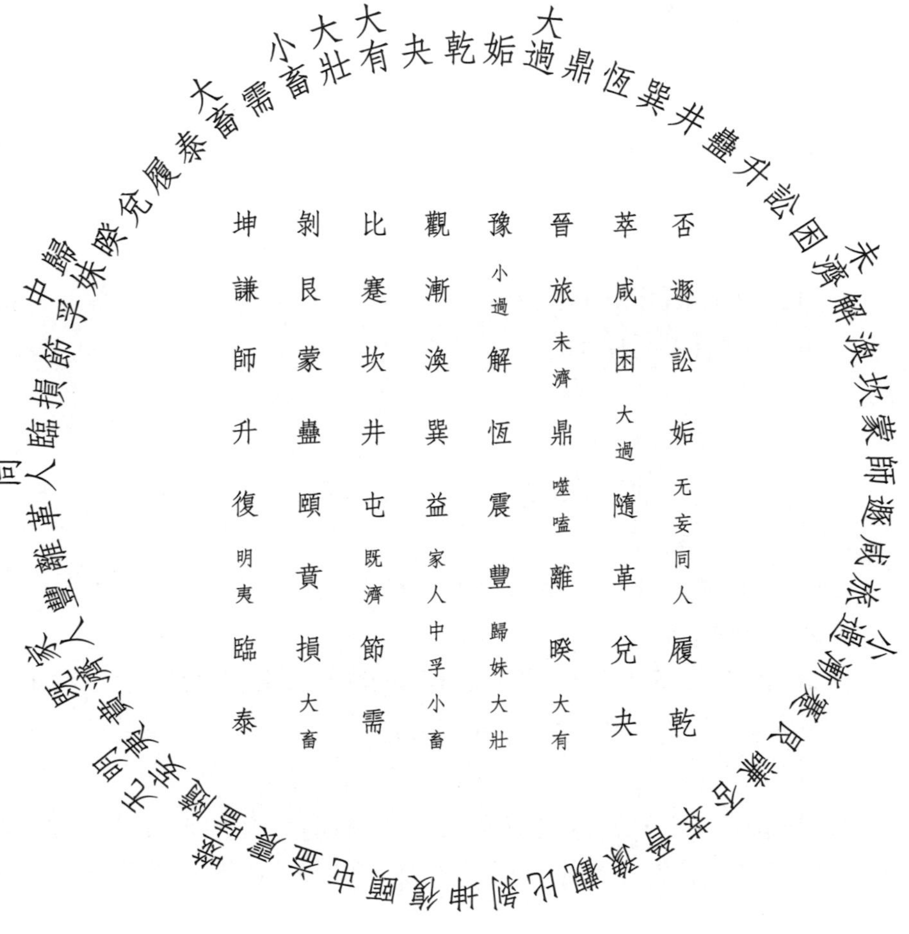
乾 姤 大過 鼎 恆 巽 井 蠱 升 訟 困 未濟 解 渙 坎 蒙 師 遯 咸 旅 小過 漸 蹇 艮 謙 否 萃 晉 豫 觀 比 剝 坤
復 頤 屯 益 震 噬嗑 隨 无妄 明夷 賁 既濟 家人 豐 離 革 同人 臨 損 節 中孚 歸妹 睽 兌 履 泰 大畜 需 小畜 大壯 大有 夬
否 遯 訟 姤 无妄 同人 履 乾
萃 咸 困 大過 隨 革 兌 夬
晉 旅 未濟 鼎 噬嗑 離 睽 大有
豫 小過 解 恆 震 豐 歸妹 大壯
觀 漸 渙 巽 益 家人 中孚 小畜
比 蹇 坎 井 屯 既濟 節 需
剝 艮 蒙 蠱 頤 賁 損 大畜
坤 謙 師 升 復 明夷 臨 泰

一元＝12會
一會＝30運
一運＝12世
一世＝30年

一元（12 x 30 x 12 x 30）
＝129,600年

Plato's Geometric Number
60^4＝1,296,0000

歲差＝26,000 年
5倍歲差＝130,000年

世卦變出旬卦六卦體；由初爻起，順序至頂爻。
每旬有10年。

找出現在那一旬，看大圓圖中找出該卦，順時針方向抄下去，見乾坤離坎不用，每旬得10卦體

∵10x6=60（年）；故見電腦版式，得60年卦，正好是一個「甲子」。至於來臨之年卦，世卦必異，又為60年，是另一個「甲子」。

若問流年如何？看「世之流年」、「流年」、「旬之流年」三課，此三課為「世之旬」所管制，「之」字之前一字為「本卦」，後一字為「變卦」。

為甚麼乾坤離坎不用於年卦？

體有三百八十四，而用於三百六十，何也？以乾坤離坎之不用也。乾坤離坎之不用，所以成三百六十之用也。故物變易，而四者不變也。夫唯不變，是以能變也。

《觀物外篇》上之中①

夫體，爻也。六十四卦為三百八十四爻，減去四卦之二十四爻，故得三百六十也！

好了，如果有人告訴你說：

「一九六零年至二零一九年完成六十年周期，1, 2, 29, 30分別為南北西東方位之卦，故于邵雍之圓圈圖中之卦序不用。六十年之每年分別由六卦所管，順次為：

① 《邵雍集》，中華書局，二零一零，頁八零至八一。

63, 37, 55, 49, 13, 19, 41, 60, 61, 54
38, 58, 10, 11, 26, 5, 9, 34, 14, 43
44, 28, 50, 32, 57, 48, 18, 46, 6, 47
64, 40, 59, 4, 7, 33, 31, 56, 62, 53
39, 52, 15, 12, 45, 35, 16, 20, 8, 23
24, 27, 3, 42, 51, 21, 17, 25, 36, 22」

一看就知是六行，每行為旬卦，得六旬。每行自左至右為年卦，例如第一行順數為：1960, 61, 62, 63, 64, 65, 66, 67, 68, 69，上面那段話沒有說世卦是甚麼？如是，則祇要查表。原來一九六零年是在這份圖中：一九六零年，庚子，既濟。

對了！但一九七四年則是另一張，兩張表的世卦不同。一九六零年屬世卦〈巽〉，始於一九二四年，終結於一九八三年。因此，一九八四年的世卦為〈鼎〉，終結於二零四三年。

這段文所示的是57，在第四行。而一九八三則為32——裡面的數目字代表文王卦序。

上經

乾 1
坤 2
屯 3
蒙 4
需 5
訟 6
師 7
比 8
小畜 9
履 10
泰 11
否 12
同人 13
大有 14
謙 15
豫 16
隨 17
蠱 18
臨 19
觀 20
噬嗑 21
賁 22
剝 23
復 24
无妄 25
大畜 26
頤 27
大過 28
坎 29
離 30

下經

咸 31
恆 32
遯 33
大壯 34
晉 35
明夷 36
家人 37
睽 38
蹇 39
解 40
損 41
益 42
夬 43
姤 44
萃 45
升 46
困 47
井 48
革 49
鼎 50
震 51
艮 52
漸 53
歸妹 54
豐 55
旅 56
巽 57
兌 58
渙 59
節 60
中孚 61
小過 62
既濟 63
未濟 64

上面所引的話來自英國企鵝（Penguin）版的Arkana叢書，作者Diana Ffarington Hook的《易經與你》（The I Ching and You）。

如果將「57」起至最後一年「22」改成為以下的則對：

50, 32, 57, 48, 18, 46, 6, 47, 64, 40
59, 4, 7, 33, 31, 56, 62, 53, 39, 52
15, 12, 45, 35, 16, 20, 8, 23, 24, 27
3, 42, 51, 21, 17, 25

Diana Ffarington Hook自言跟輔仁大學的南懷瑾教授學習《易經》，我無從知道她說的是真話或是假話，但若果是真話的話，則南懷瑾賣的何異於深圳曾經有過的假豉油？南懷瑾也許不知道自己賣假豉油，蓋以前傳授給他的人也不知道吧！南懷瑾會故意賣假貨嗎？

我已無詩多年，但皮日休的兩句卻在耳畔響起了：

「坐中亦有江南客，莫向春風唱鷓鴣。」

Hook女士用到的旬卦衹有六十（乾坤離坎不用），故變化有限，未足以盡窺玄機，而衹憑《周易》爻辭亦不成。外國人根本不適宜學中國語文，若碰到詩的語言，這一關是他們要止步的地方了！

至於Hook女士以大圓圈排入流年，如果排列得對，那自然是值卦圖中每年年卦，經改正後一九六零年至二零一九年便變成以下的：

年卦

1960-69	63, 37, 55, 49, 13, 19, 41, 60, 61, 54
1970-79	38,58, 10, 11, 26, 5, 9, 34, 14, 43
1980-89	44, 28, 50, 32,50, 32,57, 48, 18, 46
1990-99	6, 47, 64, 40, 59, 4, 7, 33, 31, 56
2000-09	62, 53, 39, 52, 15, 12, 45, 35, 16, 20
2010-19	8, 23, 24, 27, 3, 42, 51, 21, 17, 25

年卦的用法怎樣？

它要配合「世卦之旬卦」「旬卦之年卦」「年卦」。由於六十卦體之中無乾坤離坎，故三張值卦圖之中可以發覺到每六十年左右同一卦體會再出現。

現試以二零零五年〈否卦〉（文王卦序中第十二）說明一下（之前否卦於一九四三年作年卦）：

此卦為年卦時要特別留意（正如〈中孚〉年卦有天火之凶），《易林》譯之曰：「秦為虎狼，與晉爭強。併吞其國，號曰始皇。」

不要說易林辭亂引史實——戰國時晉已不存在，何來秦吞晉呢？！我認為「反常」的易林辭目的在於「喚醒」讀者！一九四三年有中美英三國發表《開羅宣言》，時為十二月一日；十二月七日美國國會廢除排華法；十月三十日中美英蘇在莫斯科簽訂關於世界普遍安全的四強聯合宣言……。英美蘇三者必有一為「虎狼」。對不起，不用《易林》來看此卦作年卦的詮釋者不會窺到「虎狼」之心。馬瀚如知道年卦之重要性，但其詮釋法於此不成了，至於陳、添二先生，他們頂多抄出河洛理數的話：

「否。否，上乾下坤，中存巽艮。風行山地之中，方欲扇揚，萬物又為艮所止，不能發……」①

① 陳陽，添翼著，《〈皇極經世〉書中的中國大歷史觀》，上海書店出版社，二零一五，頁三二七至三二八。

這是他的方法，與其用年卦為〈解卦〉釋武王伐紂的方法一樣。

到底二零零五年年卦〈否卦〉有何指示？試看一下：

八月一日，中國外交部副部長戴秉國與美國常務副國務卿佐利克在北京首次中美戰略對話……

十一月十九日至二十一日，美國總統喬治·沃克·布什訪華。中國國家主席胡錦濤……增進了解，擴大共識，加深互信，全面推進二十一世紀中美建設性合作關係。①

年中任何大國要和中國協議，甚麼事都是「虎狼」人物。上面的中美交往在明眼人心中誰不知那是一場騷（show）！回首一看，一九四三年的《開羅宣言》，美英二者中誰是「虎狼」則不言而喻了！當然，一九四三年的蔣介石，二零零五年的胡錦濤都有智囊團，用不着我這草芥之民去「點醒」。而我也相信，蔣胡二人都明白「非我族類，其心必異」的大道理。不過，《易林》和《皇極經世》乃鎮國之寶，這是他們不知的事。一八七九年《交收伊犁條約》等條約，清政府拒絕批准。這年年卦也是〈否〉！崇厚此人可謂頭腦渾沌了！至於德奧兩國締結《德奧同盟條約》於十月簽，二者都是虎狼。

① 見《美國對華隱蔽戰釋疑》，上海人民出版社，頁一零九

年卦不比「世卦之旬卦」遜色，一九五零年年卦為〈復〉：「周師伐紂，剋於牧野。甲子平旦，天下悅喜。」——抗美援朝也！至於一九八九年為〈升〉：「禹鑿龍門，通利水泉。東注滄海，民得安全。」鄧小平治水有功，水災來自天安門；鄧小平鑿通它去疏導洪水。

我曾指出過馬瀚如在其《易元會運》的〈自序〉點示出一九五九年值〈巽之賁〉；他可能考慮到「年卦」（〈賁〉）是這年吉象：

「政不暴虐，鳳凰來舍。四時順節，民安其居。」

為此，他出版了自己得意之作，取得天時、地利、人和之意也。我在〈為國者必貫三五（中國一八九四年至一九八三年）〉一章中提及一九一四年至一九二三年〈訟之困〉的旬卦：「絆跳不遠，心與言反。尼父望家，萏菡未華」的一旬（甲寅至癸亥）大運，不妨將一八六五年「世卦之年卦」與之比較一下：「世卦之旬卦」和「世卦之年卦」相同，而一八六五年為美國南北戰爭之終止一年（始於一八六一年二月四日）。「一八六五年四月九日，羅伯特·李將軍率領的南方叛軍主力向北軍投降，美內戰以北方勝利而結束，美國重新恢復統一。」在四月十四日美總統遇刺身亡。在這旬之內中美何其相似！

「尼父望家，萏菡未華」的尼父應指孫中山、林肯了！「世卦之旬卦」和「世卦之年卦」是有相類似（Family Resemblance）存在的。

諸如此類的類似都說明了黑格爾的歷史裁決觀念，那就是皇天的裁決；誰是誰非，一目瞭然。

其實，不僅年卦有歷史裁決，所有的卦課都有。

第六章　中國夢的實現

已故史學大師錢穆先生於七七事變爆發後，有感於中國國民普遍缺乏歷史知識，在避居雲南昆明之際寫成《國史大綱》，目的要藉之激起國民愛國心、民族心，並讓國民對國史抱有溫情與敬意。他認為中華民族「國家文化潛力之悠久淵深，則遠在四、五千年以上。生機之軋塞鬱勃，終必有其發皇暢遂之一日」。溫情與敬意！我在不少較我長一兩輩的老師身上都見過了，最令我感動的是韶關孝弟小學一位姓夏的老師說到中國當時如一片秋海棠葉被列強蠶蝕，他眼睛濕濕的。從此，我將愛國、愛民族之心情埋在心中。

當年香港是英國殖民地，我的小學、中學、大學都在那兒渡過。太不順眼的事太多了！愛國的師長不多，但寄望中國文化「終有發皇暢遂」的信念卻不難被我察覺得到。

錢穆先生的是「中國夢」，我好多位師長的也是，至於我自己也不例外。我相信習近平主席的中國夢也應該是指向中華文化的復興。

馬瀚如《易元會運》豈會少了中國夢？不會的；他寫道：「至於易離卦在《皇極

經世》中，自巳會大有之離卦，距離唐堯甲辰以前三二四零年有所經歷外，至午運再經離卦，已是七九三零年之久矣。換言之，則是自有文化歷史以來，尚未有離卦之事實可以記敘，將來公元二一六四至二二三零年六十年間之離卦，適在甲午至癸卯年十年中九四爻，有：『突如其來如，焚如，死如，棄如』之語，正是離火猖獗，火災成劫之時，國都非有戰火遼原，必有奇災為可嘆息耳。而自公元二二二四年至二二八三年，又恐戰亂頻仍，人民不暌別分散者鮮矣。必至二二八四年後入大畜之卦，然後始見賢德者在位，而後天下平也。」

將來公元二一六四年至二二二三年六十年間之離卦，適在甲午至癸卯十年中九四爻：「突如其來如，焚如死如，棄如」之主，正是〈離〉火猖獗，火災成劫之時、國都非有戰火燎原，必有突然奇災為可嘆耳。而自二二二四年至二二八三年，又恐戰亂頻仍，人民不〈睽〉別分散者鮮矣！必至二二八四年後入〈大畜〉卦始見賢德者在位，而後天下平也。

午會大有卦以會經運之十五值（見本書〈附錄一〉）

馬翰如祇寫了〈鼎〉、〈離〉、〈睽〉、〈大畜〉於流年值卦圖——起於公元二一零四年甲冬至二三四三年癸亥止

接公元二三四四年起至二四零三年又行〈乾〉卦文明之時，中國文化之發揚光大，可以於此際再睹見大成矣。（《易元會運》卷八）

午會：〈姤〉，〈大過〉，〈鼎〉，〈恆〉，〈巽〉得正卦，再六變為「運運卦」，後者每一卦亦六變為「世卦」。

午會大有卦會經運之十五值（見附錄一）

運正卦：鼎 2104-4264AD（每卦 2160 年）

查午會：姤，大過，鼎，恆，巽，得六正卦

運正卦再六變為六運運卦（每卦 360 年）

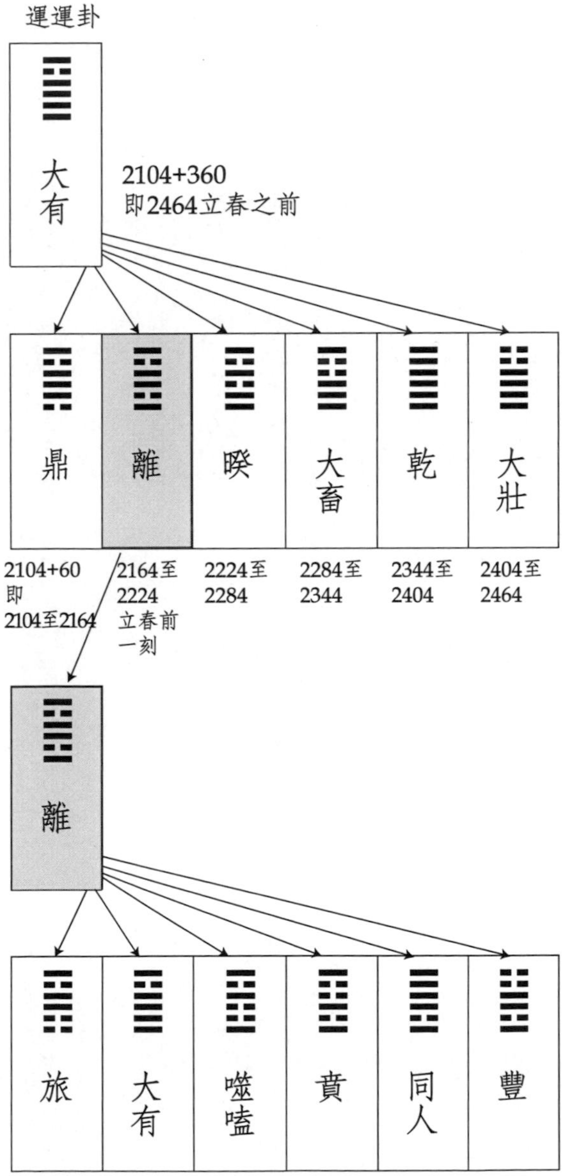

下為《易元會運》卷八，頁三三之底蘊

旬卦	（流）年卦：乾坤離坎不用									
旅	旅 2164甲子	小過 2165	漸 2166	蹇 2167	艮 2168	謙 2169	否 2170	萃 2171	晉 2172	豫 2173
大有	觀 2174甲戌	比 2175	剝 2176	復 2177	頤 2178	屯 2179	益 2180	震 2181	噬嗑 2182	隨 2183
噬嗑	无妄 2184甲申	明夷 2185	賁 2186	既濟 2187	家人 2188	豐 2189	革 2190.	同人 2191	臨 2192	損 2193
賁	節 2194甲午	中孚 2195	歸妹 2196	睽 2197	兌 2198	履 2199	泰 2200	大畜 2201	需 2202	小畜 2203
同人	大壯 2204甲辰	大有 2205	夬 2206	姤 2207	大過 2208	鼎 2209	恆 2210	巽 2211	井 2212	蠱 2213
豐	升 2214甲寅	訟 2215.	困 2216	未濟 2217	解 2218	渙 2219	蒙 2220	師 2221	遯 2222	咸 2223

〈離之賁〉：「平公有疾，迎醫秦國。和不能知，晉人赴告！」

接公元二三四四年起至二四兩三年又行乾卦文明之時，中國文化之發揚光大，可以於此際再睹其大成矣。」

世卦分別值〈離〉、〈睽〉、〈大畜〉、〈乾〉的圖表均見於〈附錄〉。這兒的一張則為演譯而設，〈離之賁〉（二一九四至二二零三年）：

「平公有疾，迎送秦國。和不能知，晉人赴告！」

晉平公生病，求秦醫來治，秦醫名和也無法治好，公遂卒而訃焉（徐芹庭釋文），馬瀚如應這樣寫道：

值卦離之賁卦六四爻。

辭曰：「賁如皤如，白馬翰如，匪寇婚媾。」

象曰：「當位疑也，匪寇婚媾，終无尤也。」

離本卦之九四爻辭曰：「突如其來如，焚如，死如，棄如。」

象曰：「突如其來如，無所容也。」

奇怪的是有「馬瀚如」三字！他書中「翰」有「三點水」，也有不用「三點水」。他說過：「《易經》預言，多以射謎式而人會意領悟之。」① 我不想用他之爻辭

① 馬翰如，《易元會運》，心一堂版，頁二六四。

法去詮釋此課，故祇好以「平公有疾」斷之曰：「極凶。」

他直斷世爻為〈乾卦〉最吉，查午會之中，到二四零三年——世卦為〈乾〉最後一年之時，乾為世爻為第三次，馬翰如豈不會反覆印證之後，才說「乾卦文明之時，中國文化之發揚光大，可以於此際再睹其大成矣」？

查以〈乾〉為世爻，亦見於乾隆九年至嘉慶八年（一七四四至一八零三），《易元會運》〈卷四〉整整一卷都是談六個旬卦。如果細讀他所寫到的，我們沒有理由去相信負面的事。

公元二三四四年連續六十年是中國夢的實現。

未實現之前會有賢人出現的！

我認識的人中，抱着「死後是非誰管得」的態度友人太多了！對於他們，我無話說，免傷友誼之情也。

寫到這裡，我順道提及以前令我一件困惑的事，而在《鬼谷子真詮》我已說及：「三七九七年這年的天王、海王、冥王和土星公元七九年相似的星象——維蘇埃火山爆發，整個龐比城灰飛煙滅。西洋星命家一致的同意公元三七九七年是諾斯旦馬士（Nostradamus）說的『世界末日』。」①

會嗎？

① 李光浦，《鬼谷子真詮：唯一真正鬼谷子算命術詮釋》，香港天地圖書有限公司，二零一一，頁二八三。

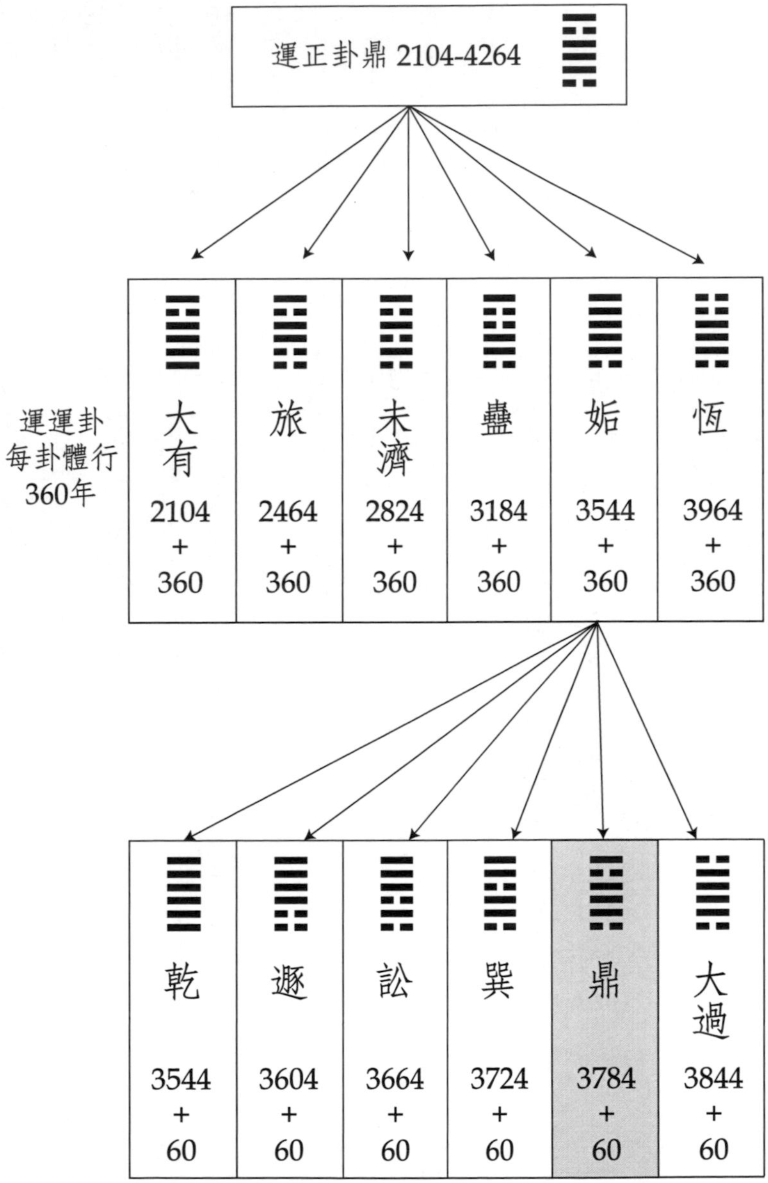

（由此可見 3797AD 在第二旬，即 3784 之後的 3794 一旬之中）

一九八四年至二零四三年

元	甲一（67017 BC – 62583 AD）共 129600 年									
會	午七（2217 BC - 8583 AD）共 10800 年									
運正卦	大過（57 BC –2103 AD ）共 2160 年									
運運卦	姤　（1774 AD –2103 AD）共 360 年									
世卦	鼎　（1984 AD –2043 AD）共 60 年									
旬卦	年卦　每旬 10 年，六旬合共 60 年									
大有 1984 - 1993	甲子 鼎 1984	乙丑 恆 1985	丙寅 巽 1986	丁卯 井 1987	戊辰 蠱 1988	己巳 升 1999.	庚午 訟 1990	辛未 困 1991	壬申 未濟 1992	癸酉 解 1993
旅 1994 - 2003	甲戌 師 1994	乙亥 蒙 1995	丙子 師 1996	丁丑 遯 1997	戊寅 咸 1998	己卯 旅 1999	庚辰 小過 2000	辛巳 漸 2001	壬午 蹇 2002	癸未 艮 2003
未濟 2004 - 2013	甲申 謙 2004	乙酉 否 2005	丙戌 萃 2006	丁亥 晉 2007	戊子 豫 2008	己丑 觀 2009	庚寅 比 2010.	辛卯 剝 2011	壬辰 復 2012	癸巳 頤 2013
蠱 2014 - 2023	甲午 屯 2014	乙未 益 2015	丙申 震 2016	丁酉 噬嗑 2017	戊戌 隨 2018	己亥 无妄 2019	庚子 明夷 2020	辛丑 賁 2021	壬寅 既濟 2022	癸卯 家人 2023
姤 2024 - 2033	甲辰 豐 2024	乙巳 革 2025	丙午 同人 2026	丁未 臨 2027	戊申 損 2028	己酉 節 2029	庚戌 中孚 2030	辛亥 歸妹 2031	壬子 睽 2032	癸丑 兌 2033
恆 2034 - 2043	甲寅 履 2034	乙卯 泰 2035.	丙辰 大畜 2036	丁巳 需 2037	戊午 小畜 2038	己未 大壯 2039	庚申 大有 2040	辛酉 夬 2041	壬戌 姤 2042	癸亥 大過 2043

鼎之蠱

2018	2019	2020	2021	2022
蠱之隨	蠱之无妄	蠱之明夷	蠱之賁	蠱之既濟
隨	无妄	明夷	賁	既濟
鼎之隨	鼎之无妄	鼎之明夷	鼎之賁	鼎之濟

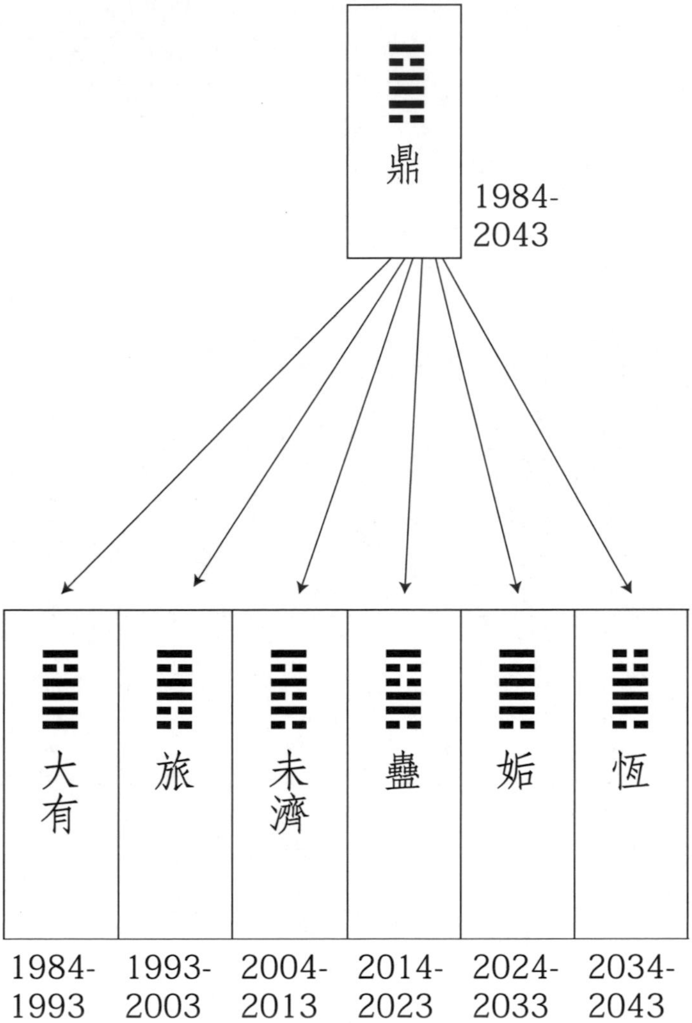
鼎
1984-
2043
大有
旅
未濟
蠱
姤
恆
1984-
1993
1993-
2003
2004-
2013
2014-
2023
2024-
2033
2034-
2043

世卦：〈鼎〉，即「3784+60」：3784、3794、3804、3814、3824、3834，連續六旬，每旬十年。

鼎䷱

〈鼎〉變初爻得〈大有〉䷍為旬卦（年卦：鼎3784，恆3785，巽3786……）

〈鼎〉變二爻得〈旅〉䷷為旬卦（年卦：渙3794，蒙3795，師3796，遯3797……）

〈鼎〉變三爻得〈未濟〉䷿為旬卦

〈鼎〉變四爻得〈蠱〉䷑為旬卦

〈鼎〉變五爻得〈姤〉䷫為旬卦

〈鼎〉變上爻得〈恆〉䷟為旬卦

上面之演繹得公元三七九七年的年卦是〈遯〉，故有四詩偈：

（一）〈旅之遯〉（即旬卦之年卦）：

彭名為妖，暴龍作災。盜堯衣裳，聚跖荷兵，青禽照夜，三旦夷亡。

（二）〈鼎之旅〉（即世卦之旬卦，管十年）：

灼火泉源，釣魴山巔。魚不可得，炭不可燃。

（三）〈鼎之遯〉（即世卦之年卦）：詩偈與（一）同。

（四）〈遯〉（即年卦）：

三塗五岳，陽城太室。神明所保，獨無兵革。

這四詩偈可用來解答公元三七九七年不是世界末日。

西洋占星學認為三王星與公元七九年龐貝城之毀滅相關，是末日嗎？

公元七九年為〈兌之蠱〉：「瘡痍多病，宋公危殆。吳子巢門，无命失所。」

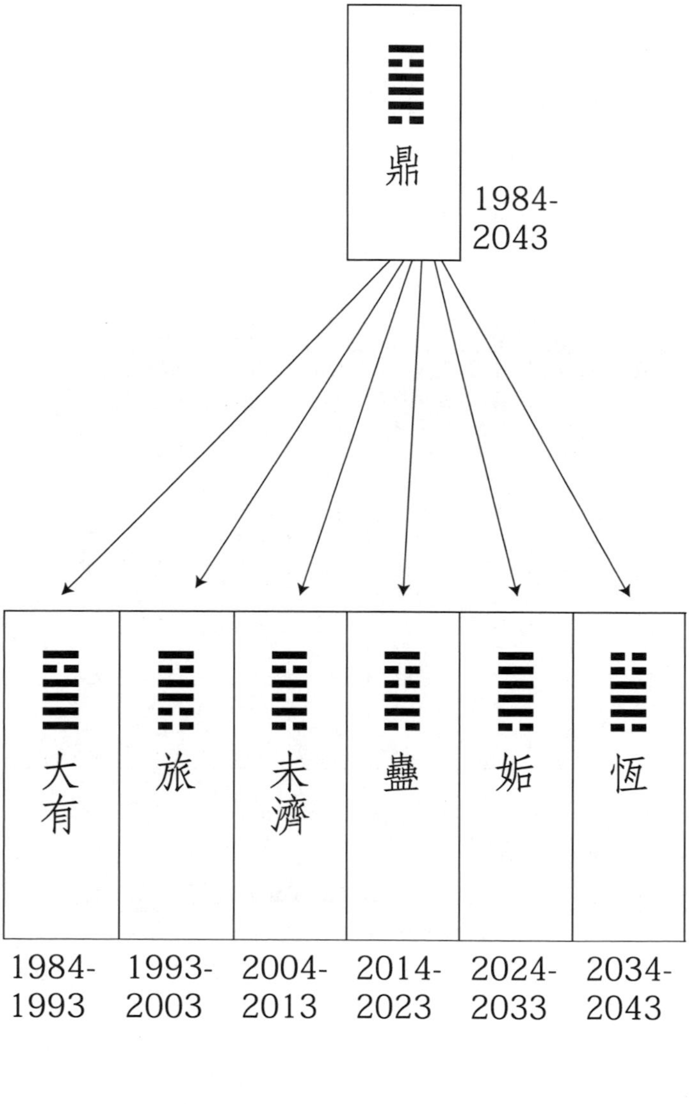
鼎
1984-
2043
大有
旅
未濟
蠱
姤
恆
1984-
1993
1993-
2003
2004-
2013
2014-
2023
2024-
2033
2034-
2043

公元三七八四年至三八四三年

元	甲一（67017 BC – 62583 AD）共 129600 年									
會	午七（2217 BC - 8583 AD）共 10800 年									
運正卦	鼎，共 2160 年									
運運卦	姤，共 360 年									
世卦	鼎　（3784 AD –3843 AD）共 60 年									
旬卦	年卦　每旬 10 年，六旬合共 60 年									
大有 3784 - 3793	甲子 鼎 3784	乙丑 恆 3785	丙寅 巽 3786	丁卯 井 3787	戊辰 蠱 3788	己巳 升 3799.	庚午 訟 3790	辛未 困 3791	壬申 未濟 3792	癸酉 解 3793
旅 3794 - 3803	甲戌 師 3794	乙亥 蒙 3795	丙子 師 3796	丁丑 遯 3797	戊寅 咸 3798	己卯 旅 3799	庚辰 小過 3800	辛巳 漸 3801	壬午 蹇 3802	癸未 艮 3803
未濟 3804 - 3813	甲申 謙 3804	乙酉 否 3805	丙戌 萃 3806	丁亥 晉 3807	戊子 豫 3808	己丑 觀 3809	庚寅 比 3810.	辛卯 剝 3811	壬辰 復 3812	癸巳 頤 3813
蠱 3814 - 3823	甲午 屯 3814	乙未 益 3815	丙申 震 3816	丁酉 噬嗑 3817	戊戌 隨 3818	己亥 无妄 3819	庚子 明夷 3820	辛丑 賁 3821	壬寅 既濟 3822	癸卯 家人 3823
姤 3824 - 3833	甲辰 豐 3824	乙巳 革 3825	丙午 同人 3826	丁未 臨 3827	戊申 損 3828	己酉 節 3829	庚戌 中孚 3830	辛亥 歸妹 3831	壬子 睽 3832	癸丑 兌 3833
恆 3834 - 3843	甲寅 履 3834	乙卯 泰 3835.	丙辰 大畜 3836	丁巳 需 3837	戊午 小畜 3838	己未 大壯 3839	庚申 大有 3840	辛酉 夬 3841	壬戌 姤 3842	癸亥 大過 3843

元＝12 會　　會＝30 運　　運＝12 世　　世＝30 年

12 x 30 x 12 x 30＝129,600 年

2 元為 259200 年　　歲差（Precession of the Equinox）為 26000 年

歲差一周天為 72 運，∵72 x 360＝25920

Plato's Geometric Number:　60^4 days i.e.＝36000 年之 360days/year （Republic Book X, 615B Babylonian Origin）

當年我無法在星曆（Ephemeris）得到天星的數據，因此便不能解答這個「世界末日」的疑題。到了今天，我以《皇極經世》製成公元三七九七年以運經世的午會圖。（一），（二），（三）是凶的，但（四）則說明世界上仍有「神明所保」之地。那有世界末日之象呢？此地為中國也！

提出公元三七九七年這年為世界末日的可能性的西洋占星家是Marjorie Orr，在其所著之《The Astrological History Of The World》中。至於諾斯旦瑪斯之肯定，其著名之短句'Quatrains'有點像《易林》的詩偈，其預言來自靈視。不過，他誤判了世界末日！

第七章　二零一六至二零四三年的《易林》詩偈

我自《宋本焦氏易林》①抄錄出每年由世卦、旬卦、年卦相關的三易課，至於「世卦之旬卦」則在十年之上。最好的版本是：

《焦氏易林》四卷②，我以前旅美時用的就是此版本。（編按：《宋本焦氏易林》已收入《心一堂術數古籍珍本叢刊．其他類星命類．神數系列》，即將出版。）

徐芹庭《焦氏易林新注》③。應不難找到。

徐傳武，胡真校點集注《易林彙校集注》上中下冊④，很有參考價值。

錢世明《易林通論》六冊⑤。

黎子耀《周易秘義》⑥，此書值得參考。

李昊《焦氏易林》⑦，此書寫得極佳，可以媲美錢世明的《易林通論》。

① 台灣藝文印書館版；香港心一堂版，二零一七。
② 原《學津討原》叢書本，上海商務印書館，一九二二。中州古籍出版社影印重刊，一九八九。
③ 中國書店，二零一零。
④ 上海世紀出版股份有限公司及上海古籍出版社，二零一二。
⑤ 華夏出版社，一九九四。
⑥ 浙江古籍出版社，一九八九。
⑦ 巴蜀書店，二零一二。

＊　　＊　　＊

我既然寫過一八九四年至一九八三年的九十年，其中不少《易林》詩偈會在二零一六年至二零四三年出現，尤其是年之相同是十分明顯的。〈中孚〉、〈明夷〉、〈訟〉、〈否〉根本凶多吉少；幸好它們不一定在出現時必應驗於大事之中。

今年二零一六年其實不凶，「老而狡猾的大盜，東行盜珠困噬赦，僥倖脫逃（徐芹庭對〈鼎之震〉之義釋）」，狼狽之狀當直指美國了。奥巴馬被菲律賓新上任的總統杜特爾特「粗言」對待，普京冷目直視，連北韓的小金也聲大夾惡的罵他，堂堂大國的總統樣子何其難堪了！他去到杭州，下機時沒有紅地氈，怎樣了！不過，此課何凶之有？！「馭轅內在，君子何咎」，不會現於他身上的。

說到年卦為〈震〉則更無凶處。台灣宋本《焦氏易林》〈後序〉認為「朽」當作「材」，本《國語》「苦匏不材於人」，這要問問馬英九是否自謙了。他去太平島宣示南海主權適逢其時，該是給中國道德支持（moral support）。雖云國共兄弟不和，但俗語有云：「打死不離親兄弟。」不要忘記辛亥革命一刻（辛亥、戊戌、癸丑、辛酉）《鬼谷子》「兄弟」一欄有言：「秋空鴻雁瀟湘遠，一雙孤飛向塞邊。寄語胡兒休事獵，往來南北一般飛。」

以前毛蔣可以聯手抗日，今天習馬亦可以吧！我對中國統一是樂觀的。那些胡兒休想傷我兄弟！

明年二零一七如有凶事則是〈鼎之噬嗑〉。二零一九年〈鼎之无妄〉凶中藏吉，唯二零二零年怕見〈明夷〉落實。二零二二年則不妙。「商人行旅，資無所有。貪貝逐利，留連玉帛。」四句是不景氣之象。君子、公子可以无咎；有咎者應是股市，商場貪財逐利之輩。此象要到二零二四年二月四日下午四時三十七分才完結。

二零二四的至二零三三年，中國形勢一片大好。姜大公擔當了輔周大任，被封為齊國之君。在星象而言，二零二七年至二零三一年（上半年）是日月合璧。

〈鼎之蠱〉（二零一四至二零二三）

二零一四年至二零二三年〈鼎之蠱〉：「商人行旅，資无所有。貪貝逐利，留連玉帛。馭轅內安，公子何咎。」

二零一六年〈鼎之震〉：「老猾大偷，東行盜敖。困於噬敖，幾不得去。」〈蠱之震〉：「德惠孔明，雖衰復章，保其室堂。」〈震〉：「枯瓠不朽，利以濟舟。渡踰河海，无有溺夏。」

二零一七年〈鼎之噬嗑〉：「東行西步，先其次舍。乾侯野井，昭君喪居。」〈蠱之噬嗑〉：「公孫駕驪，載遊東齊。延陵悅產，遺季紵衣。」〈噬嗑〉：「麒麟鳳凰，善政德祥。陰陽和調，國無災殃。」

二零一八年〈鼎之隨〉：「吉曰舉釣，田弋獵禽，行反飲至，以告喜功。」〈蠱之隨〉：「舉趾振翼，南至嘉國。見我伯姊，與惠相得。」

〈隨〉：「烏鳴東西，迎其群侶。不得自專，空返獨遠。」

二零一九年〈鼎之无妄〉：「兵征大宛，北出玉門。與胡寇戰，平城道西。七月無粮，身幾不全。」

〈蠱之无妄〉：「福祿不遂，家多怪祟。麋鹿悲啼，思其大雄。」

〈无妄〉：「夏臺羑里，湯文厄處。皐陶聽理，岐人悅喜。西望華夏，東歸無咎。」

二零二零年〈鼎之明夷〉：「申公患楚，危不自安。重耳出奔，側喪其魂。」

〈蠱之明夷〉：「葛纍蒙棘，華不得實。讒佞亂政，使恩壅塞。」

〈明夷〉：「他山之儲，與璆為仇。來攻吾城，傷我肌膚。邦家騷憂。」

二零二一年〈鼎之賁〉：「腫脛病腹，陷廁污辱。命短時極，孤子哀哭。」

〈蠱之賁〉：「轉作驪山，大失人心。劉季發怒，禽滅子嬰。」

〈賁〉：「政不暴虐，鳳凰來舍。四時順節，民安其居。」

二零二二年〈鼎之既濟〉：「膠車駕東，與雨相逢。五棃解墮，頓阨獨坐。憂為身禍。」

〈蠱之既濟〉：「湧泉汨汨，南流不絕。壞敗邑里，家無所處。」

〈既濟〉：「玄兔指掌，與足相恃。謹訊詰問，誣情自直。冤死誰告，口為身禍。」

二零二三年〈鼎之家人〉：「南上泰山，困於此桑。左砂右石，牛馬无食。」

〈蠱之家人〉：「公無長驅，大王駿馬。非其當所，傷折為害。」

〈家人〉：「天命赤鳥，與君徼期。征伐无道，誅其君傲，居止何憂。」

〈鼎之姤〉（二零二四至二零三三）

二零二四年至二零三三年〈鼎之姤〉（二零二七至二零三一年日月合璧）：〈鼎之姤〉：「砥德礪材，果當成周。拜受大命，封為齊侯。」

二零二四年〈鼎之豐〉：「白馬騽駮，更生不休。富我商人，利得如丘。」
〈姤之豐〉：「天官列宿，五神舍室。宮闕完堅，君安其居。」
〈豐〉：「諸孺行賈，經涉大山。與杖為市，不憂危殆。利得十倍。」

二零二五年〈鼎之革〉：「追亡逐北，呼還幼叔。至止而復，得反其室。」
〈姤之革〉：「蘇氏發言，韓魏无患。張子馳說，燕齊以安。」
〈革〉：「馬服長股，宜行善市。蒙佑諧偶，獲金五倍。」

二零二六年〈鼎之同人〉：「羅張目決，圍合耦缺，魚鳥生脫。」
〈姤之同人〉：「陰為陽賊，君不能剋。舉動失常，利无所得。」
〈同人〉：「密槖山巔，銷鋒鑄刃。示不復用，天下大勸。」

二零二七年〈鼎之臨〉：「火井暘谷，揚芒生角。犯歷天門，闚見太微。登上玉牀，家易共公。」

〈姤之臨〉：「禹召諸侯，會稽南山。執玉萬國，天下康寧。」

〈臨〉：「弱水之上，有西王母。生不知老，與天相保。行者危殆，利居善喜。」

二零二八年〈鼎之損〉：「左輔右弼，金玉滿櫃。常盈不亡，富于敖倉。」

〈姤之損〉：「夢飯不飽，酒未入口。嬰女雖好，媒脜不許。」

〈損〉：「路多枳棘，步刺我足。不利孤客，為心作毒。」

二零二九年〈鼎之節〉：「安民呼池，玉杯大按。泉如白蜜，一色獲願。」

〈姤之節〉：「槽空无實，豚彘不食。庶民屈竭，離其居室。」

〈節〉：「海為水王，聰聖且明。百流歸德，无有叛逆。常饒優足。」

二零三零年〈鼎之中孚〉：「雙梟鴛鴦，相隨君行。南至饒澤，食魚與粱。君子與長。」

〈姤之中孚〉：「執熱爛手，火為災咎。公孫无賴，敗我玉寶。」

〈中孚〉：「烏鳥譆譆，天火將下。燔我屋室，災及妃后。」

二零三一年〈鼎之歸妹〉：「侯叔興起，季子富有。照臨楚國，蠻荊是安。」

〈姤之歸妹〉：「將戌繫亥，陽藏不起。君子散亂，太山危殆。」

〈歸妹〉：「堅冰黃裳，鳥哀悲愁。不見白粒，但睹藜蒿。數驚鷙鳥，為我心憂。」

二零三二年〈鼎之睽〉：「海隅遼右，福祿所在。柔嘉蒙禮，九夷何咎。」

〈姤之睽〉：「持福厭患，去除大殘。日長夜盡，喜世蒙恩。」

〈睽〉：「倉盈庾億，宜稼黍稷。年歲有息。」

二零三三年〈鼎之兌〉：「成王多寵，商人惶恐。生其禍心，使我危殆。」

〈姤之兌〉：「水瀆魚室，來灌吾邑。衝沒我家，與狗俱遊。」

〈兌〉：「班馬還師，以息勞疲。後夫嘉喜，入戶見妻。」

〈鼎之恆〉（二零三四至二零四三）

二零三四年至二零四三年〈鼎之恆〉：「該言譯語，仇禍相得。冰入炭室，消滅不息。」

二零三四年〈鼎之履〉：「長子入獄，婦饋母哭。霜降旬日，嚮晦伏法。」

〈恆之履〉：「北陸陽伏，不知白黑。君子傷讒，正害善人。」

〈履〉：「十烏俱飛，羿得九雌。雖得淂全，且驚不危。」

二零三五年〈鼎之泰〉：「溫山松柏，常茂不落。鳳凰以庇，得其歡樂。」

〈恆之泰〉：「一身兩頭，近適二家，亂不可治。」

〈泰〉：「求玉陳國，留連東域。須我王孫，四月來復。主君有德，蒙恩受福。」

二零三六年〈鼎之大畜〉：「九子十夫，莫適與居。貞心不壹，自令老孤。」

〈恆之大畜〉：「不孝之患，子為母殘。老耄莫養，獨坐空垣。」

〈大畜〉：「朝鮮之地，箕伯所保。宜人宜家，業處子孫。求事大喜。」

二零三七年〈鼎之需〉：「容民畜眾，不離其居。」
〈恆之需〉：「張牙切齒，斷怒相及。咎起蕭墻，牽引吾子。患不可解，憂驚吾母。」
〈需〉：「久旱三年，草木不生。粢盛空乏，無以供靈。」

二零三八年〈鼎之小畜〉：「東家殺牛，聞臭腥臊。神背不顧，命衰絕周。亳社災燒，宋人夷誅。」
〈恆之小畜〉：「既嫁宜吉，出入無憂。三聖並居，國安無災。」
〈小畜〉：「白鳥銜餌，鳴呼其子。幹枝張翅，來從其母。伯仲季叔，尤賀舉手。」

二零三九年〈鼎之大壯〉：「朝露白日，四馬過隙。歲短期促，時難再得。」
〈恆之大壯〉：「朽根枯株，不生肌膚。病在心腹，日以焦勞。」
〈大壯〉：「左有噬熊，右有嚙虎。前觸錑矛，後躓強弩。無可抵者。」

二零四零年〈鼎之大有〉：「羔裘豹祛，高易我宇。君子維好。」
〈恆之大有〉：「憂人之患，履傷浮顏。為身禍殘，篤心自守。與喜相抱。」

〈大有〉：「白虎張牙，征伐東來。朱雀前驅，贊道悅辭。敵人請服，御璧前趨。」

二零四一年〈鼎之夬〉：「東行西坐，喪其犬馬。南求騂騮，失車林下。」

〈恆之夬〉：「爭雞失羊，亡其金囊。利不得長，陳蔡之患。賴楚以安。」

〈夬〉：「戴堯扶禹，松喬彭祖。西過王母，道里夷易。无敢難者。」

二零四二年〈鼎之姤〉：「砥德礪材，果當成周。拜受大命，封為齊侯。」

〈恆之姤〉：「九登十陟，馬跌不前。管子佐之，乃能上山。」

〈姤〉：「河伯大呼，津不可渡。往復爾故，乃无大悔。」

二零四三年〈鼎之大過〉：「作室山根，所以為安。一夕崩巔，破我饔餐。」

〈恆之大過〉：「重或射卒，不知所定。質疑蓍龜，孰可避火。明神報答，告以肌如。」

〈大過〉：「典冊法書，藏閣蘭臺。雖遭亂潰，獨不遇災。」

一九八四年至二零四三年

元	甲一（67017 BC - 62583 AD）共 129600 年									
會	午七（2217 BC - 8583 AD）共 10800 年									
運正卦	大過（57 BC –2103 AD ）共 2160 年									
運運卦	姤　（1774 AD –2103 AD）共 360 年									
世卦	巽　（1984 AD –2043 AD）共 60 年									
旬卦	年卦　每旬 10 年，六旬合共 60 年									
大有 1984 - 1993	甲子 鼎 1984	乙丑 恆 1985	丙寅 巽 1986	丁卯 井 1987	戊辰 蠱 1988	己巳 升 1999.	庚午 訟 1990	辛未 困 1991	壬申 未濟 1992	癸酉 解 1993
旅 1994 - 2003	甲戌 師 1994	乙亥 蒙 1995	丙子 師 1996	丁丑 遯 1997	戊寅 咸 1998	己卯 旅 1999	庚辰 小過 2000	辛巳 漸 2001	壬午 蹇 2002	癸未 艮 2003
未濟 2004 - 2013	甲申 謙 2004	乙酉 否 2005	丙戌 萃 2006	丁亥 晉 2007	戊子 豫 2008	己丑 觀 2009	庚寅 比 2010.	辛卯 剝 2011	壬辰 復 2012	癸巳 頤 2013
蠱 2014 - 2023	甲午 屯 2014	乙未 益 2015	丙申 震 2016	丁酉 噬嗑 2017	戊戌 隨 2018	己亥 无妄 2019	庚子 明夷 2020	辛丑 賁 2021	壬寅 既濟 2022	癸卯 家人 2023
姤 2024 - 2033	甲辰 豐 2024	乙巳 革 2025	丙午 同人 2026	丁未 臨 2027	戊申 損 2028	己酉 節 2029	庚戌 中孚 2030	辛亥 歸妹 2031	壬子 睽 2032	癸丑 兌 2033
恆 2034 - 2043	甲寅 履 2034	乙卯 泰 2035.	丙辰 大畜 2036	丁巳 需 2037	戊午 小畜 2038	己未 大壯 2039	庚申 大有 2040	辛酉 夬 2041	壬戌 姤 2042	癸亥 大過 2043

鼎之蠱

2018 蠱之隨 隨 鼎之隨	2019 蠱之无妄 无妄 鼎之无妄	2020 蠱之明夷 明夷 鼎之明夷	2021 蠱之賁 賁 鼎之賁	2022 蠱之既濟 既濟 鼎之濟

與陳、添二九生的書頁 400 相同有世卦旬卦和午卦

二零四四年至二一零三年

元	甲一（67017 BC – 62583 AD）共 129600 年									
會	午七（2217 BC – 8583 AD）共 10800 年									
運正卦	鼎　（57 BC –2103 AD ）共 2160 年									
運運卦	姤　（1774 AD –2103 AD）共 360 年									
世卦	大過　（2044 AD –2103 AD）共 60 年									
旬卦	年卦　每旬 10 年，六旬合共 60 年									
夬 2044 - 2053	甲子 大過 2044	乙丑 鼎 2045	丙寅 恆 2046	丁卯 巽 2047	戊辰 井 2048	己巳 蠱 2059	庚午 升 2050	辛未 訟 2051	壬申 困 2052	癸酉 未濟 2053
咸 2054 - 2063	甲戌 解 2054	乙亥 師 2055	丙子 蒙 2056	丁丑 師 2057	戊寅 遯 2058	己卯 咸 2059	庚辰 旅 2060	辛巳 小過 2061	壬午 漸 2062	癸未 蹇 2063
困 2064 - 2073	甲申 艮 2064	乙酉 謙 2065	丙戌 否 2066	丁亥 萃 2067	戊子 晉 2068	己丑 豫 2069	庚寅 觀 2070.	辛卯 比 2071	壬辰 剝 2072	癸巳 復 2073
井 2074 - 2083	甲午 頤 2074	乙未 屯 2075	丙申 益 2076	丁酉 震 2077	戊戌 噬嗑 2078	己亥 隨 2079	庚子 无妄 2080	辛丑 明夷 2081	壬寅 賁 2082	癸卯 既濟 2083
恆 2084 - 2093	甲辰 家人 2084	乙巳 豐 2085	丙午 革 2086	丁未 同人 2087	戊申 臨 2088	己酉 損 2089	庚戌 節 2090	辛亥 中孚 2091	壬子 歸妹 2092	癸丑 睽 2093
姤 2094 - 2043	甲寅 兌 2094	乙卯 履 2095.	丙辰 泰 2096	丁巳 大畜 2097	戊午 需 2098	己未 小畜 2099	庚申 大壯 2100	辛酉 大有 2101	壬戌 夬 2102	癸亥 姤 2103

與陳、添二先生一書的頁三九九相同，392 亦一樣以大過為世卦

二一零四年至二一六三年

元	甲一（67017 BC – 62583 AD）共 129600 年									
會	午七（2217 BC – 8583 AD）共 10800 年									
運正卦	鼎 （2104 AD – 4263 AD ）共 2160 年									
運運卦	大有（2104 AD – 2463 AD）共 360 年									
世卦	鼎 （2104 AD – 2163 AD）共 60 年									
旬卦	年卦　每旬 10 年，六旬合共 60 年									
大有 2104 - 2113	甲子 鼎 2104	乙丑 恆 2105	丙寅 巽 2106	丁卯 井 2107	戊辰 蠱 2108	己巳 升 2109	庚午 訟 2110	辛未 困 2111	壬申 未濟 2112	癸酉 解 2113
離 2114 - 2123	甲戌 渙 2114	乙亥 蒙 2115	丙子 師 2116	丁丑 遯 2117	戊寅 咸 2118	己卯 旅 2119	庚辰 小過 2120	辛巳 漸 2121	壬午 蹇 2122	癸未 艮 2123
未濟 2124 - 2133	甲申 謙 2124	乙酉 否 2125	丙戌 萃 2126	丁亥 晉 2127	戊子 豫 2128	己丑 觀 2129	庚寅 比 2130.	辛卯 剝 2131	壬辰 復 2132	癸巳 頤 2133
蠱 2134 - 2143	甲午 屯 2134	乙未 益 2135	丙申 震 2136	丁酉 噬嗑 2137	戊戌 隨 2138	己亥 无妄 2139	庚子 明夷 2140	辛丑 賁 2141	壬寅 既濟 2142	癸卯 家人 2143
姤 2144 - 2153	甲辰 豐 2144	乙巳 革 2145	丙午 同人 2146	丁未 臨 2147	戊申 損 2148	己酉 節 2149	庚戌 中孚 2150	辛亥 歸妹 2151	壬子 睽 2152	癸丑 兌 2153
恆 2154 - 2163	甲寅 履 2154	乙卯 泰 2155.	丙辰 大畜 2156	丁巳 需 2157	戊午 小畜 2158	己未 大壯 2159	庚申 大有 2160	辛酉 夬 2161	壬戌 姤 2162	癸亥 大過 2163

二一六四年至二二二三年

元	甲一（67017 BC – 62583 AD）共 129600 年									
會	午七（2217 BC – 8583 AD）共 10800 年									
運正卦	鼎　（2104 AD – 4263 AD ）共 2160 年									
運運卦	大有（2104 AD – 2463 AD）共 360 年									
世卦	旅　（2164 AD – 2223 AD）共 60 年（二）									
旬卦	年卦　每旬 10 年，六旬合共 60 年									
旅 2164 - 2173	甲子 旅 2164	乙丑 小過 2165	丙寅 漸 2166	丁卯 蹇 2167	戊辰 艮 2168	己巳 謙 2169	庚午 否 2170	辛未 萃 2171	壬申 晉 2172	癸酉 豫 2173
大有 2174 - 2183	甲戌 觀 2174	乙亥 比 2175	丙子 剝 2176	丁丑 復 2177	戊寅 頤 2178	己卯 屯 2179	庚辰 益 2180	辛巳 震 2181	壬午 噬嗑 2182	癸未 隨 2183
噬嗑 2184 - 2193	甲申 无妄 2184	乙酉 明夷 2185	丙戌 賁 2186	丁亥 既濟 2187	戊子 家人 2188	己丑 豐 2189	庚寅 革 2190.	辛卯 同人 2191	壬辰 臨 2192	癸巳 損 2193
賁 2194 - 2203	甲午 節 2194	乙未 中孚 2195	丙申 歸妹 2196	丁酉 睽 2197	戊戌 兌 2198	己亥 履 2199	庚子 泰 2200	辛丑 大畜 2201	壬寅 需 2202	癸卯 小畜 2203
同人 2204 - 2213	甲辰 大壯 2204	乙巳 大有 2205	丙午 夬 2206	丁未 姤 2207	戊申 大過 2208	己酉 鼎 2209	庚戌 恆 2210	辛亥 巽 2211	壬子 井 2212	癸丑 蠱 2213
豐 2214 - 2223	甲寅 升 2214	乙卯 訟 2215.	丙辰 困 2216	丁巳 未濟 2217	戊午 解 2218	己未 渙 2219	庚申 蒙 2220	辛酉 師 2221	壬戌 遯 2222	癸亥 咸 2223

元＝12 會　　會＝30 運　　運＝12 世　　世＝30 年

12 x 30 x 12 x 30＝129,600 年

2 元為 259200 年　　歲差（Precession of the Equinox）為 26000 年

歲差一周天為 72 運，∵ 72 x 360＝25920

Plato's Geometric Number:　604 days i.e.＝36000 年之 360days/year （Republic Book X, 615B Babylonian Origin）

「離九四：突如其來如，焚如，死如，棄如。
離火猖獗，火災成劫之時，國都非有戰火遼原，必有突然奇災可歎息矣。」

（馬瀚如語）

二二二四年至二二八三年

元	甲一（67017 BC – 62583 AD）共 129600 年									
會	午七（2223 BC – 8583 AD）共 10800 年									
運正卦	鼎　（2104 AD – 4263 AD ）共 2160 年									
運運卦	大有（2104 AD – 2463 AD）共 360 年									
世卦	睽　（2224 AD – 2283 AD）共 60 年（二世）									
旬卦	年卦　每旬 10 年，六旬合共 60 年									
未濟 2224 - 2233	甲子 睽 2224	乙丑 兌 2225	丙寅 履 2226	丁卯 泰 2227	戊辰 大畜 2228	己巳 需 2229	庚午 小畜 2230	辛未 大壯 2231	壬申 大有 2232	癸酉 夬 2233
噬嗑 2234 - 2243	甲戌 姤 2234	乙亥 大過 2235	丙子 鼎 2236	丁丑 恆 2237	戊寅 巽 2238	己卯 井 2239	庚辰 蠱 2240	辛巳 升 2241	壬午 訟 2242	癸未 困 2243
大有 2244 - 2253	甲申 未濟 2244	乙酉 解 2245	丙戌 渙 2246	丁亥 蒙 2247	戊子 師 2248	己丑 遯 2249	庚寅 咸 2250.	辛卯 旅 2251	壬辰 小過 2252	癸巳 漸 2253
損 2254 - 2263	甲午 蹇 2254	乙未 艮 2255	丙申 謙 2256	丁酉 否 2257	戊戌 萃 2258	己亥 晉 2259	庚子 豫 2260	辛丑 觀 2261	壬寅 比 2262	癸卯 剝 2263
履 2264 - 2273	甲辰 復 2264	乙巳 頤 2265	丙午 屯 2266	丁未 益 2267	戊申 震 2268	己酉 噬嗑 2269	庚戌 隨 2270	辛亥 无妄 2271	壬子 明夷 2272	癸丑 賁 2273
歸妹 2274 - 2223	甲寅 既濟 2274	乙卯 家人 2275.	丙辰 豐 2276	丁巳 革 2277	戊午 同人 2278	己未 臨 2279	庚申 損 2280	辛酉 節 2281	壬戌 中孚 2282	癸亥 歸妹 2283

元＝12 會　　會＝30 運　　運＝12 世　　世＝30 年

12 x 30 x 12 x 30＝129,600 年

2 元為 259200 年　　歲差（Precession of the Equinox）為 26000 年

歲差一周天為 72 運，∵72 x 360＝25920

Plato's Geometric Number:　604 days i.e.＝36000 年之 360days/year （Republic Book X, 615B Babylonian Origin）

「又恐戰亂頻仍，人民不睽別分散者鮮矣！」

（馬瀚如語）

二二八四年至二三四三年

元	甲一（67017 BC – 62583 AD）共 129600 年									
會	午七（2217 BC – 8583 AD）共 10800 年									
運正卦	鼎　（2104 AD – 4263 AD ）共 2160 年									
運運卦	大有（2104 AD – 2463 AD）共 360 年									
世卦	大畜（2284 AD – 2343 AD）共 60 年（二世）									
旬卦	年卦　每旬 10 年，六旬合共 60 年									
蠱 2284 - 2293	甲子 大畜 2284	乙丑 需 2285	丙寅 小畜 2286	丁卯 大壯 2287	戊辰 大有 2288	己巳 夬 2289	庚午 姤 2290	辛未 大過 2291	壬申 鼎 2292	癸酉 恆 2293
賁 2294 - 2303	甲戌 巽 2294	乙亥 井 2295	丙子 蠱 2296	丁丑 升 2297	戊寅 訟 2298	己卯 困 2299	庚辰 未濟 2300	辛巳 解 2301	壬午 渙 2302	癸未 蒙 2303
損 2304 - 2313	甲申 師 2304	乙酉 遯 2305	丙戌 咸 2306	丁亥 旅 2307	戊子 小過 2308	己丑 漸 2309	庚寅 蹇 2310.	辛卯 艮 2311	壬辰 謙 2312	癸巳 否 2313
大有 2314 - 2323	甲午 萃 2314	乙未 晉 2315	丙申 豫 2316	丁酉 觀 2317	戊戌 比 2318	己亥 剝 2319	庚子 復 2320	辛丑 頤 2321	壬寅 屯 2322	癸卯 益 2323
小畜 2324 - 2333	甲辰 震 2324	乙巳 噬嗑 2325	丙午 隨 2326	丁未 无妄 2327	戊申 明夷 2328	己酉 賁 2329	庚戌 既濟 2330	辛亥 家人 2331	壬子 豐 2332	癸丑 革 2333
泰 2334 - 2343	甲寅 同人 2334	乙卯 臨 2335.	丙辰 損 2336	丁巳 節 2337	戊午 中孚 2338	己未 歸妹 2339	庚申 睽 2340	辛酉 兌 2341	壬戌 履 2342	癸亥 泰 2343

元＝12 會　　會＝30 運　　運＝12 世　　世＝30 年

12 x 30 x 12 x 30＝129,600 年

2 元為 259200 年　　歲差（Precession of the Equinox）為 26000 年

歲差一周天為 72 運，∵72 x 360＝25920

Plato's Geometric Number:　604 days i.e.＝36000 年之 360days/year（Republic Book X, 615B Babylonian Origin）

「始見賢德者在位而後平也！」

（馬瀚如語）

二三四四年至二四零三年

元	甲一（67017 BC - 62583 AD）共 129600 年									
會	午七（2217 BC - 8583 AD）共 10800 年									
運正卦	鼎　（2104 AD - 4263 AD ）共 2160 年									
運運卦	大有（2104 AD - 2463 AD）共 360 年									
世卦	乾　（2344 AD - 2403 AD）共 60 年（二世）									
旬卦	年卦　每旬 10 年，六旬合共 60 年									
姤 2344 - 2353	甲子 姤 2344	乙丑 大過 2345	丙寅 鼎 2346	丁卯 恆 2347	戊辰 巽 2348	己巳 井 2349	庚午 蠱 2350	辛未 升 2351	壬申 訟 2352	癸酉 困 2353
同人 2354 - 2363	甲戌 未濟 2354	乙亥 解 2355	丙子 渙 2356	丁丑 蒙 2357	戊寅 師 2358	己卯 遯 2359	庚辰 咸 2360	辛巳 旅 2361	壬午 小過 2362	癸未 漸 2363
履 2364 - 2373	甲申 蹇 2364	乙酉 艮 2365	丙戌 謙 2366	丁亥 否 2367	戊子 萃 2368	己丑 晉 2369	庚寅 豫 2370.	辛卯 觀 2371	壬辰 比 2372	癸巳 剝 2373
小畜 2374 - 2383	甲午 復 2374	乙未 頤 2375	丙申 屯 2376	丁酉 益 2377	戊戌 震 2378	己亥 噬嗑 2379	庚子 隨 2380	辛丑 无妄 2381	壬寅 明夷 2382	癸卯 賁 2383
大有 2384 - 2393	甲辰 既濟 2384	乙巳 家人 2385	丙午 豐 2386	丁未 革 2387	戊申 同人 2388	己酉 臨 2389	庚戌 損 2390	辛亥 節 2391	壬子 中孚 2392	癸丑 歸妹 2393
夬 2394 - 2403	甲寅 睽 2394	乙卯 兌 2395.	丙辰 履 2396	丁巳 泰 2397	戊午 大畜 2398	己未 需 2399	庚申 小畜 2400	辛酉 大壯 2401	壬戌 大有 2402	癸亥 夬 2403

元＝12 會　會＝30 運　運＝12 世　世＝30 年

12 x 30 x 12 x 30＝129,600 年

2 元為 259200 年　歲差（Precession of the Equinox）為 26000 年

歲差一周天為 72 運，∵72 x 360＝25920

Plato's Geometric Number: 604 days i.e.＝36000 年之 360days/year（Republic Book X, 615B Babylonian Origin）

「行乾卦文明之時中國文化之發揚光大，可以於此際再睹其大成矣！」

（馬瀚如語）

二四零四年至二四六三年

元	甲一（67017 BC – 62583 AD）共 129600 年									
會	午七（2217 BC - 8583 AD）共 10800 年									
運正卦	鼎　（2104 AD – 4263 AD ）共 2160 年									
運運卦	大有（2104 AD – 2463 AD）共 360 年									
世卦	大壯（2404 AD – 2463 AD）共 60 年（二世）									
旬卦	年卦　每旬 10 年，六旬合共 60 年									
恆 2404 - 2413	甲子 大壯 2404	乙丑 大有 2405	丙寅 夬 2406	丁卯 姤 2407	戊辰 大過 2408	己巳 鼎 2409	庚午 恆 2410	辛未 巽 2411	壬申 井 2412	癸酉 蠱 2413
豐 2414 - 2423	甲戌 升 2414	乙亥 訟 2415	丙子 困 2416	丁丑 未濟 2417	戊寅 解 2418	己卯 渙 2419	庚辰 蒙 2420	辛巳 師 2421	壬午 遯 2422	癸未 咸 2423
歸妹 2424 - 2433	甲申 旅 2424	乙酉 小過 2425	丙戌 漸 2426	丁亥 蹇 2427	戊子 艮 2428	己丑 謙 2429	庚寅 否 2430.	辛卯 萃 2431	壬辰 晉 2432	癸巳 豫 2433
泰 2434 - 2443	甲午 觀 2434	乙未 比 2435	丙申 剝 2436	丁酉 復 2437	戊戌 頤 2438	己亥 屯 2439	庚子 益 2440	辛丑 震 2441	壬寅 噬嗑 2442	癸卯 隨 2443
夬 2444 - 2453	甲辰 无妄 2444	乙巳 明夷 2445	丙午 賁 2446	丁未 既濟 2447	戊申 家人 2448	己酉 豐 2449	庚戌 革 2450	辛亥 同人 2451	壬子 臨 2452	癸丑 損 2453
大有 2454 - 2463	甲寅 節 2454	乙卯 中孚 2455.	丙辰 歸妹 2456	丁巳 睽 2457	戊午 兌 2458	己未 履 2459	庚申 泰 2460	辛酉 大畜 2461	壬戌 需 2462	癸亥 小畜 2463

元＝12 會　　會＝30 運　　運＝12 世　　世＝30 年

12 x 30 x 12 x 30＝129,600 年

2 元為 259200 年　　歲差（Precession of the Equinox）為 26000 年

歲差一周天為 72 運，∵72 x 360＝25920

Plato's Geometric Number:　604 days i.e.＝36000 年之 360days/year（Republic Book X, 615B Babylonian Origin）

第八章　蓬瀛仙館一九三四乩文

我國當代大儒李澤厚在二零一二年的《說巫史傳統》的序中很有感慨地說：「『巫史傳統』為我二十世紀九十年代末正式提出的一個概念，用以闡釋中國傳統文化和文化傳統，自以為重要，學界卻寂然。乃單行再印，期空谷足音之回響也。儒既與巫術相連，如何適應當今局勢似亦關鍵，乃補入互用文。此序。」

他還將下面這段話放在扉頁：

> 「贊而不達于數，則其為之巫，數而不達于德，則其為之史……吾與史巫同途而殊歸者也。
>
> ——孔子《馬王堆帛書．要》」

我在這本小書的〈前言〉引用了Rex Warner譯出的《History of the Peloponnesian》（Thucydides——中國學術界將原書作者名作譯為修昔底德，一兩則德爾菲的神諭（oracles）。西方一直都有其巫史傳統，我猜想的到得是，它和中國的有點類似。本書以德爾菲神諭開始，我也不妨以一九三四年一月廿九日和三十日香港新界粉嶺仙乩為回應——乩文在香港流傳很久了，據云原文最先見報係民國廿六年（一九三七）於《工商日報》，今有「无妄子」莫天賜《推背圖：終極珍藏本》①，內有健道人之抄錄，而莫天賜除附有的手抄本原文外，還有原文用標楷體刊印出來，方便讀者閱讀。

新界粉嶺仙乩

一九三四年一月廿九、卅日（癸酉年十二月十五、十六日）祖降鸞於粉嶺蓬瀛仙館；筆者現將梅鳳生道人的手抄本原文臚列出來（原文用標楷體刊，方便各位閱讀）：

天數茫茫不可知　鸞台暫說各生知
世界干戈終爆發　鼠尾牛頭發現時
此次戰禍非小可　鳶飛魚躍也愁眉

① 香港圓方出版社，二零零五年。

天下生靈西復東　可憐偏地是哀鴻
尸填溝谷無人拾　血染山河滿地紅
天下重武不重文　那怯環球亂紛紛
原文「怯」作「恠」
人我太陽爭北土　美人東渡海生波
十四一心人發奮　水去西方啟戰爭
晉有出頭寧坐視　中央生草不堪耘
切齒讎仇今始復　堅固金城一旦傾
除非攜手馬先生　馬騰四海似蘇秦
游說辯才世罕見　掉他三寸舌風生
得與聯軍說事因　東人首肯易調停
青天白日由西落　五星旗幟向東生
二將相爭一將傷　兩陣相遇一陣亡
東土不如西土樂　五羊風雨見悲傷
水巷仍然是樂邦　諸生不用走忙忙
錢財散盡猶小事　性命安全謝上蒼

今宵略說言和語　留與明宵論短長
紅日落完白日落　五星燦爛文明國
中山傾頹丱木殃　豺狼虎豹同一鑊
兩重火土甚光明　士農工商皆有作
木子楊花真武興　小小天罡何足論
強反弱兮弱反強　王氣金陵黯然盡
故都陝地聚英雄　文物衣冠頭尚白
氣運南方出豪傑　克定中原謀統一
佳人絕色自西來　弄權竊國氣驕逸
狐兔成群功狗烹　倒亂君臣誰與匹
太陽沉去霧雲收　萬國低頭拜彌勒
治亂循環有定時　根樹生枝唯四七
老人星出現南方　紀念化為公正堂
此時國恥一齊消　四海昇平多吉兆
異術殺人不用力　偃武修文日月高

三教聖人同住世　群魔妖怪豈能逃
水能克火火無功　土意發明成絕技
此是陰陽造化機　炮火飛機何處避
西南獨立曇花現　飛虎潛龍勢莫當
可嘆草頭燒不盡　野外春風吹又生
聯軍東指成一氣　劍仙俠士有奇技
稱雄東土日已終　物歸原主非奇事
宮門拔劍除奸佞　白頭變作赤口人
田間再出華盛頓　造福人民是真命
此人原是紫微星　定國安民功德盛
執中守一正乾坤　巍巍蕩蕩希堯舜
百年世事不勝悲　試恐諸生不及見
略將一二說君知　酬答諸生還了願
山人告別返西川　來年或會諸生面
諸君各自顧前程　好向靈山勤修煉

此乩文堪與德菲爾兩則神諭比美，我的「義釋」如下：

其一：

天數茫茫不可知也，今就在扶鸞台所得對你們說吧！

世界終於爆發大戰，在一九三六年底和一九三七年初之間。

這次戰禍非小可，連鷂鷹和躍魚也發愁。

天下的生靈東西奔竄，哀鴻遍地啊！

溝壑，谷地滿是屍骸，無人去收殮了！

血染山河，滿地血痕——為何這樣？

天下重武不重文的人太多了，難怪世界大亂得這個樣子。

俄國和日本爭奪我國北方之地。

美國越過太平洋來到東方，他們興波作浪的來了！

德國有人奮臂一呼：「我的奮鬥成功了！」（一九三四年八月，希特勒為國家元首兼總理）

法西斯主義帶來了戰爭（一九三六年七月的內戰爆發，法朗哥發動）

普魯士寧可坐觀其變，看看波蘭會否將波蘭走廊還給德國。
至於英國（中央生草）經濟衰退，田不堪耘。切齒報仇而今來了。
然而金陵傾覆，出現了「南京大屠殺」。
除非馬先生（馬克斯）攜手合作，不然就無助了。
馬先生似蘇秦一樣的有辯才，真是人間罕見。
以其三寸不爛之舌到四方各地遊說。
要跟聯軍說明事因。
東洋人若首肯則易於調停。
青天白日滿地紅的旗幟自西而落（指國民黨）。
而五星紅旗則向着毛澤東而生。
閩變出現了，受傷的是蔣光鼐而非蔣介石。
陳銘樞失敗了，死的是在香港的陳炯明。
住在東方國家怎會如西方土地那樣快樂？
五羊城變得風風雨雨，「悲傷」的日子終於到臨。
不過，香港仍然是片樂土。

你們用不着奔波勞碌。
錢財是小事，能苟存性命於亂世是上天之賜啊！
今宵略說一下而已，待明天再話短短長長的好吧！

其二：
代表日本的膏藥旗落下之後，便輪到青天白日滿地紅旗。
孫中山的去世帶來依附他而生的一草一木。
虎豹豺狼的人都「一鑊熟」。
真正炎黃子孫都光明磊落。
士農工商皆有作為。
到甲子年（一九八四）的李先念為元首，楊尚昆則隨之在後，中國才算是真武之興起。
小小天罡又何足道哉——以前強的變弱，而今弱的反為強。
知否金陵王氣黯然而盡？
故都陝北今日乃英華萃集之地。

但他們的衣冠也白了。
到了運轉南方之時，那兒將有豪傑出來。
可以克定中原和策謀統一。
看啊！絕色美人也自西而來。
她是孛星，那所謂自由民主的女神會弄權竊國；她會奢淫愛嗇，觸怒神明！
於是倒亂君臣之位，狐兔成群令到功狗被烹了！
這要待到太陽西沉後霧雲才消失。
到時萬國低頭拜彌勒（隋末、元末、明末暴民作亂都以彌勒佛為號召）。
治有時，亂也有時也！
你們知道沒有——根樹生枝要待到枝的四十七歲，此人是誰①？

注釋：

習近平也！其父是延安一族，在陝北之地也。習近平在《知青老照片》一書撰文時說：「十五歲來到黃土地時，我迷惘，彷徨；廿二歲離開黃土之時，我已經有着堅定的人生目標，充滿自信。作為一個人民公僕，陝北高原是我的根，因為這培養出了我不變的信念：要為人民做事！

「故都陝北聚英華」跟「氣運南方出豪傑」並無矛盾，兩句相輔相承。井崗山是毛澤東「避難」之地，福建是習近平出身的地方。白日西沉若非指國民黨失勢則是日本滅亡。彌勒繼釋伽而為佛，而佛教徒謂釋伽滅後五十六億七千萬年彌勒當下降人世。呂祖降乩說到「萬國低頭拜彌勒」，此句恐與大嶼山昂平的大佛無關，我認為：暗指神仙下凡濟世是人所祈求的事。道德天尊為了度化世人，在春秋時代降生為孔子。治亂有循環，生死也有循環。一九八九年六四天安門「亂」，「治」也會來的。「將相公侯前世善，或是星辰下界來」是「聖人星」也好，「老人星」也好，照處在南方之地，鄧小平南下深圳了！如果不是他，那就是習仲勛吧！再不然，就是在福建的習近平。

「根樹生枝惟四七」指的是習近平主席。

「一九九九年九月在福建省九屆人大常委會第十二會議上，習近平當選為副省長，代省長。四個月後的二零零零年一月的福建省第九屆人大第三次會議上，習近平正式當選為福建省省長，成為新中國成立以來福建省歷任省長中最年輕的省長。」（《習近平大傳》頁一九零）

「根樹」指革命老一輩中人，習近平是習仲勛的兒子，根樹長出的枝。習近平生於一九五三年癸巳，以中國人算法未到二零零零年立春那一天仍然是四十七歲！奇哉！

時候到了，南極老人星便出現。
紀念祂吧，為祂起一座公正堂好不好？
此時國恥一齊消。
四海昇平多吉兆啊！
不要讓異術殺人於無形；
你們要偃武修文才見日月高懸。
知道嗎？儒釋道三教的聖人同住於世。
那些妖魔鬼怪怎能逃走呢？
水能剋火火無功。
中土發明了的東西乃一絕技。
這是陰陽造化之機。
炮火飛機何處可避呢！
啊！西、南二地要攪獨立。
那是曇花一現而已。
飛虎潛龍之勢實不可當。（會否二零二二年壬寅／二零二四年甲辰？）

可嘆者是草頭燒不盡（草頭亦可指黃金）。
春風吹又生。
有聯軍東來了，他們同一鼻孔出氣。
豈知我們的劍仙俠士有了奇技——
按劍禹步，步罡噀水，禹步提劍。
解髮禹步，仗劍呵咒。
靜室步北斗，披髮臥魁星之下（指北斗導航系統）。
那個曾稱雄東土的到頭來就會完蛋（指美國）。
物歸原主並不是件奇事（台灣、沖繩、琉球、釣魚台……諸島）。
就在宮中仗劍除去奸人——去將。
他們這些白頭人變成赤頭人（白頭人是白人乎？！）！
田間會再出華盛頓的；
他造福人群，命中注定了紫微星下凡，
定國安民的功德是他的了，
祇有執「中」守一才可以天下太平（「中」指中國）。

如巍巍蕩蕩的堯舜。
聞道長安似奕棋「百年世事不勝悲」。
說是「百年」，實在是一百年有多！
我真怕你們來不及見到，於是衹好在此略將一二對你們說出來。
藉此作為酬謝。
仙人要說一聲「別矣」。
你們各奔前程。
但要向靈山勤修煉才好。

另一版本與莫天賜的有點不同，始於「紀念化為公正堂」之後，換言之，莫天賜本在「紀念化為公正堂」後應否改正為以下的呢？

西南獨立曇花現　飛虎潛龍勢莫當（虎也許是指二零二二年壬寅，龍則為二零二四年甲辰）

聯軍東指成一氣　劍仙俠士有奇技（聯軍：新八國聯軍）

水能剋火火無功　中土發明成絕技
此是陰陽造化機　炮火飛機何處避
稱雄東土日已終　物歸原主非奇事
此時國恥一齊消

其三

四海昇平多吉兆　異術殺人不用力
偃武修文日月高　三教聖人同住世
群魔妖怪豈能逃　可嘆草頭燒不盡
野外春風吹又生　宮中仗劍除奸佞
白頭變作赤頭人　田間再出華盛頓
造福人民是真命　此人原是紫微星
定國安民功德盛　執中守一定乾坤
巍巍蕩蕩希堯舜　百年世事不勝悲
試恐諸生不及見　好修因果待來生

將相公侯前世善　或是前生因果大
當然轉世功名顯　山人復對諸君談
續上前文如一線　千年萬載事悠悠
縱使神仙難預算　略將一二說君知
酬答諸君還了願　山人告別逐山川
來年再會諸君面　諸君各自顧前程
好向靈山勤修煉

一首長詩如《長恨歌》、《琵琶行》是有「時序」的，即使樂府詩像《麗人行》、《哀江頭》、《哀王孫》亦然，更不必說《木蘭辭》這首詩了。蓬瀛仙館乩文中「其一」這部分中的時序十分明顯可見。到了「其二」中段卻有異常。「此時國恥一齊消」豈能先於「稱雄東土日已終」之前？！為此，另一版本看上來較莫天賜的來得自然。這即是說「根樹生枝為四七」之後才有「西、南獨立曇花現」。藏獨在習主席出任黨主席前早已存在，但南部的港獨則是二零一五/二零一六間才成形。由今到二零三四年之間恐怕中美終須一戰，美國「稱雄東土日已落」當於其中，之後釣魚台，澎湖、琉球……物歸原主，「此時國恥一齊消」了！

我從未見到有人作此詮釋，莫天賜竟將「根樹生枝為四七」釋為 4x7=28 ——彭定康是香港第二十八屆港督，這是一廂情願wishful thinking！彭定康是甚麼人，魯平說他是「千古罪人」，《皇極經世書》則隱言「彭生為妖」。

美國回到太平洋東岸是遲早的事吧了！祇怕是禍不單行，因為那句「田間再出華盛頓」直指一位新國父之出現——在美國。別將華盛頓三字誤解，更不要將「故都陝北聚英華」解作「聚居香港的英國人」。「王氣金陵黯然盡」勉強與之成為對句；「金陵」對「陝北」，「故都」對「王氣」也！

華盛頓是紫微星下凡，定國安民，造福人民，執「中」守一……，兩版本都是一樣。

有新國父就預設了原來的美國會四分五裂。看到嗎？在我的版本中此句在「物歸原主非奇事，此時國恥一齊消」之後，入在「其三」。如果呂祖說「留與明宵說短長」不變「其一」、「其二」時序限制的話，則華盛頓之出現乃將來的事。四分五裂來自種族之複雜也！蘇格蘭曾想脫「英」，「英」在脫歐之中，天曉得黑人省份不想脫「美」！到時怎辦？處處都要脫！？

我在二零零三年的《命運組曲》指出「在日月蝕過去好些年頭之後，蝕度依然十分敏感，直到土星穿過它之後才可以平息不來」（這是對大十字星象而發（頁二五一），幾年後美國發生金融海嘯）①流土在二零二三年三月八日才離「子」入「亥」，目前流土在「寅」，二零一七底入「丑」，二零二零年底入「子」。

而今，細看一下《皇極經世書》的詩偈，我不以為與美國無關。在星盤上，流木孛紫均可為禍，一九二七年華爾街股災的舊地，再來一次並不出奇了！

乩文是一九三四年一月廿九、三十日的。今年是二零一六年，相距八十二年。

一九三四年還未有五星紅旗，毛澤東要到一九三五年一月十五日的遵義會議才由共產國際派中奪得總指揮權，掌握全權！二蔣、兩陳是誰或有爭議之處，小小天罡亦然。不過，在今天來看，重點是那個時候「聯軍東來」，「稱雄東土日已終」指誰？「物歸原主」是甚麼一回事？

這些問題的解答均指向「美國退出西太平洋」才成了！

「乩文」是百年乩文，故到二零三四年才是最後應期。

在二零一零年五月美國認為中國的「殺手鐧」構成對美的威脅，說「被阻擋在過

① 見於N. de Vore《Encyclopedia of Astrology》，Philosophical, Library, 1947, p133。

去六十年歷屆政府都宣稱攸關重大安全利益的區域之外」，須「弄瞎」中國的人造衛星，「切斷」中國的海上貿易流通……！這是克拉克Bryan Clark四十四頁文件中准予發表的十六頁中要點。①

北京大為震怒。

美國會嗎？其實，美國在中國已泥足深陷，多年來的投資令自己受到束縛於中國的土地上，就如以前日本一樣，無法在中國戰場上撤退。日本侵華之時，西方列強也到來分一杯羹；他們終於「狗咬狗骨」。你要打中國就是要打破到來投資的人底飯碗，那些商家肯讓你這樣做嗎？財團支持會推你登上總統寶座，但也一樣會把你拉下來。當年的甘迺迪與赫魯曉夫商談柏林危機，赫氏說蘇聯統治者也要看民意，別以為祇有美國才尊重民意。沒有民意的支持，甚麼政府都要垮台。甘氏失望下自言：「看來一個漫長而冰冷的冬天來了！」

今天的美國也知道冬天已經降臨。

中國土地那麼大，逐一開發下去如何？土地平宜，人力不缺，生產成本不大。你

① B Hayton，《南海——21世紀的亞洲火藥庫與中國稱霸的第一步？》台北麥田出版社，二零一五，頁三零六至七。

要投資自然歡迎，你不來也有別人要來。沃爾馬Walmart的日用品至少八九成來自中國，一旦中國停止出口，美國怎能應付要購買廉價貨而又需領取綜緩的人？！他們那有能力買名牌衣物？

毛主席說「美國是紙老虎」。

是的，美國可以印銀紙，出售國債，但是長遠下去便變成「害人終必害己」，到自己人也不信任美元之時則必內亂。物必先腐而後蟲生。而今，九一一受難家眷可以控告沙特政府，受害者那管你政府怎樣想。愛國嗎？美國人愛的是銀紙，這才是他們的核心價值。美國人不肯勒緊肚皮，沒有錢就是沒有命。政府財源不足便得削減開支，不然的話，就要陰乾、枯死。

「田間再出華盛頓，造福人群是真命」會在二零三四年前抑是之後？上兩句「宮中仗劍除奸佞，白頭變作赤頭人」似是射謎式文字，直指美國白宮的白頭老人要被紅髮的取代才成嗎？我無答案，但要指出的是：《推背圖》第四十七象說明「無王無帝定乾坤，來自田間第一人」。第四十六課有「有一軍人身帶弓，只言我是白頭翁」（第一句藏「彈」字？！）第四十五課有「洗此恥」。而第四十三象「惟有外邊根樹上，三十年中子孫結」——這不是我說的「根樹生枝唯四七」嗎？！

蓬瀛仙館乩文「預言相關六個推背圖文字與頌文」看來自第三十九象至四十七象已超過「六」了！

其實《推背圖》用六十甲子，始於甲子，終於癸亥，這正與《皇極經世》的架構相似。《皇極經世》年卦中不用乾坤離坎四卦，但《推背圖》卻不用謙、小過、大畜、歸妹、蹇，共五個卦，而〈同人〉則出現兩次（也許是抄傳之誤）。

《宋史·藝文志》第一百五十九卷說及《推背圖》一卷，之後的《元史》就不見了。《宋史》由元朝脫脫等人編。

《舊唐書》列傳一百四十一有袁天綱，三十九則有李淳風——李淳風傳記中說及其「乙巳占」。李袁均無《推背圖》。

我倒相信《推背圖》與《皇極》是同一架構的。然而，蓬瀛仙館當年所用之版本又是怎樣的呢？是六十卦象還是少於此數？其間卦象之序列有無經過洗牌（shuffle）？就是這原因，一九三四乩文所言才是最重要的事。

我手中有一本台灣竹林版的《劉伯溫燒餅歌》①，內有《推背圖》，最後又有兩頁「明朝劉伯溫先生遺留天地數」：

① 台灣竹林版。

天地之數，止於一元，共十二萬九千六百年，元統會，有十二會，子會一萬八百年，丑會一萬八百年……亥會一萬八百年。

……

盤古生子會，天皇在卯會，地皇在辰會，人皇在巳會，五龍氏始入午會，今正在午會之中。

這些文字竟然與邵雍《皇極經世》無異！

第九章　由特朗普宣誓就任美總統的一刻說起

自羅斯福連任總統一九三七年一月二十日開始，宣誓就的一天都和以前不同；杜魯門、詹森、福特三人則除外。自華盛頓開始，衹有五人在官方的宣誓一天之外再加上自己私下的儀式，這五個總統是R. B. Hayes，C. A. Arthur，羅斯福，艾林豪威爾和列根（R. Reagan，「雷根」是另一譯名）。

如果沒有甚麼改動，這次特朗普的宣誓將會在今年底：八字是「丙申，辛丑，丁未，乙巳」，即二零一七年一月二十日午時。基於首府華盛頓D.C. 的地理位置是35N53，77W00。一月二十日日出於辰，故其時鐘上之「午」時應修正為「巳」時（真太陽時）。

特朗普會否為自己而設下私人的呢？到今未有相關新聞。

上面的八字和羅斯福的一九三七年一月二十日分別衹有天干和地支：「丙子，辛丑，丁未，乙巳」。不過，奇怪的是，為何羅氏將他以前總統宣誓慣用的三月四日改了？而更奇怪的又是這「一月二十日」竟變成慣例，被一直採用到今天？

當然，羅氏不懂子平八字，據上世紀四十年代美國占星研究學會Astrological

Research Society總裁Nicholas de Vore所言，羅氏家族前人Theodore Roosevelt在白宮辦公室掛有李鴻章為他繪成的星盤——我猜想這應該是中式的七政四餘星盤，而非西式的。羅氏乃「小」羅斯福，Theodore是「老」羅斯福；前者生於一八八二年一月三十日，後者生於一八五八年十月二十七日，都是不同年代而有叔侄關係的美總統。

兩個羅斯福對東方文化都很感興趣，我以前有位在N. Y. 友人曾特地邀請我到他家中看看羅氏家族所藏的「舍利子」。羅氏第一次任美國總統時的宣誓日為一九三三年三月四日下午一時零七分，但他在連任時則改了。他做了四屆總統：一九三七、一九四一、一九四五都用一月二十日。為的是甚麼原因？一九三三年三月四日的太陽在亥宮13°28'，而一九三七、四一、四五則在子宮，分別為2'30"，3'40"，5'21"——在一度之下。

很明顯的，這和「擇日」有微妙的關係了！

羅斯福的事距我太遠，自己又無親知，倒不如以列根作為研究好點。列根做了兩屆總統，即一九八一至八四，一九八五至八八。在一九八八年的美國報章談其「迷信」，以及其妻南茜Nancy還有私人的占星師的新聞實在不少。據云戈爾巴喬夫M. Gorbachev訪美簽中程導彈條約，十二月八日這天必要在下午一時三十分不成！到此，不妨一看列根的一件更具聲味性的要事：

列根在一九八零年一月二十日首次宣誓就任美國第四十任總統。兩個月多之後的三月三十日，他於下午兩點多在離開華盛頓Hilton飯店後遇刺，左胸負傷，馬上被送入醫院救治。四月十一日他我脫險回到白宮。到了他連任的一年，他於一月二十日在白宮作了自設好的宣誓，而在翌日（一月二十一日）才舉行官方的就職宣誓，時間是上午十一時五十六分；不過，他私人的就職儀式就沒有向外公佈時間。換言之，也許祇有他妻子及占星師才知道的。

列根生於一九一一年二月六日，在伊利諾州的Tampico，一九八零年時其官方資訊部門說生於「晨曦之前」，之前的民間占星刊物的占星家各持異議，有認為是2 a.m.，2 p.m.，1：53 p.m.。基於此要研究列根被行刺也許祇好看他宣誓一刻的吉凶：

一九八一年一月二十日早上十一時五十七分於華府的八字是：

天祿	天暗	天福	天耗	天廕	天嗣貴	天刑	天印	天囚	天權	科名	科甲星奏	文星	魁星	官星	印星	催官	祿神	喜神	爵星	天馬	地驛	祿元	馬元	仁元	壽元	血支	血忌	產星	生官	傷官
水	炁	計	水	火	孛	木	金	土	月	金		木	木	金	金	孛	金	金	火	火	木	水	木	金	木	月	金	金	孛	羅

1980-7-4 寅時

甲戊壬庚
寅寅午申

命：牛溲馬渤功
不假金丹術

歲：喜生不測處
枯木再逢春

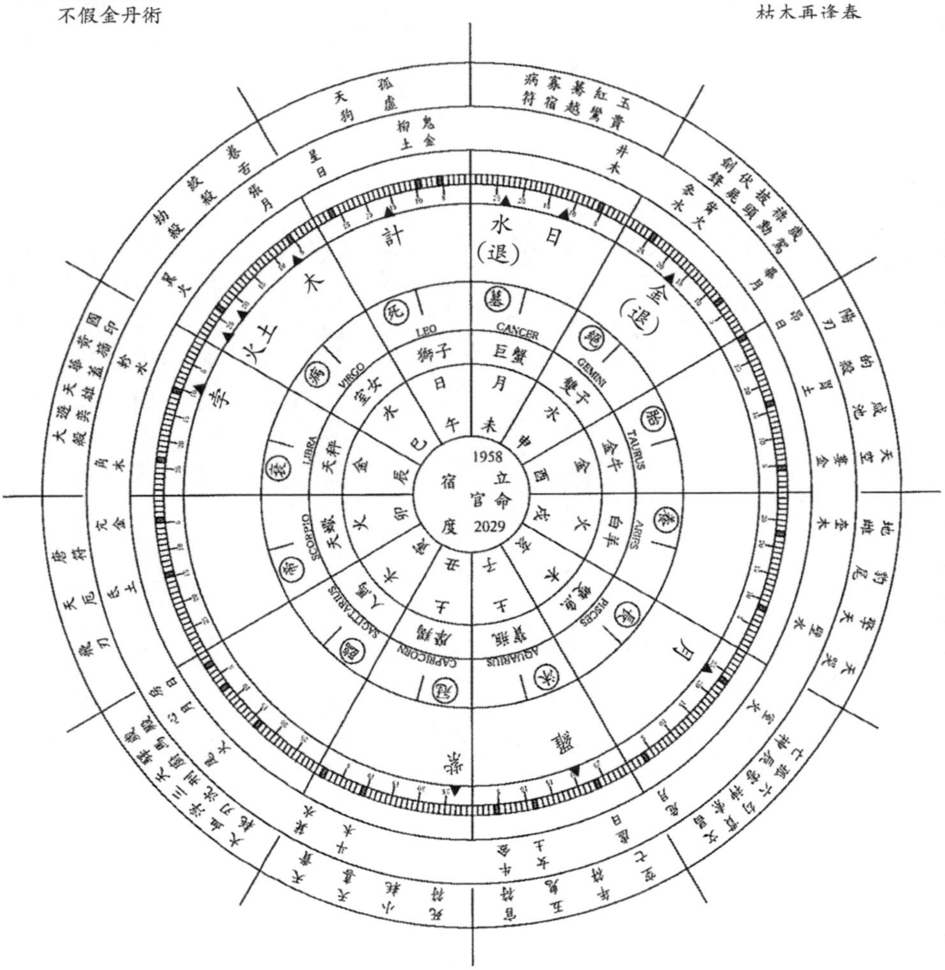

心一堂術數古籍整理叢刊・其他類

在這兒，我特地寫下自己之心得，俾使研究國運的人可以一窺天機所在。洋人絕對不懂此法，因為他們不知道四餘星（紫羅計孛）之用法；至於那些江湖術士，根本就是不識之無，信口雌黃。列根八字是辛亥，庚寅，丁未，庚子（一九一一年二月六日），日出於辰，生於Illinois的Tampico，時為1：20am CST，是子時，不是丑時，知道嗎？其實，在這本《皇極經世真詮》之中，我已完全公開箇中秘要，尤其是涉及到七政四餘的一方面，善悟者當可得之。

一九八零年七月四日，美國之太陽回歸，管制到一九八一年七月三日。列根總統被行刺於一九八一年三月三十日下午二時廿五分；左胸負傷，經治療後於四月十一日回到白宮。夜土衝月，紫氣衝日（斜向），日月俱傷。

行刺之青年來自科羅拉多州，時年二十五歲，失業。上帝手指三點與行限宮（申）無臨照關係，祇有男女宮之孛星拱照。孛者，悖亂也！男女宮主子民之宮。日月拱照卯宮，流年神煞為唐符天厄飛刃。流孛於一九八零年七月四日之時躔辰宮九度五十九分，落於翼火末度，極凶。蓋美國本命八字為丙申、甲午、己丑、丙寅，怕孛水。一九八零年七月四日流水退行至日之所在，為殺星近日之象。列根大難不死，必有後福，後來有所謂「列根經濟」（Reaganomics）及蘇聯解體。——「牛溲馬渤功，不假金丹術」也！

庚申
己丑
戊戌
丁巳

此八字得「河洛理數」䷄之䷫需（上爻）之姤（三爻）。《需上六》之象曰：「不速之客來，敬之終吉。雖不當位，未大失也。」至於《姤九三》則說：「臀無膚，其行次且，厲，无大咎。」再說以戊日、丑月、丁巳時之《四字斷終生》則為「松在古徑」，最後四句說：「正愁白虎身邊過，獨守格關臥不甯。回首修行驚覺夢，青山綠水問前程。」

噩夢過後，列根見過鬼便怕黑，於是在連任的一天由占星家主持私人的就職儀式，在一九八五年一月二十日，而他將官方的推遲一天，是一月二十一日，取十一時五十六分。河洛理數是「萃二」變出「節五」，《四字斷終生》之「茵蘿素扯」有兩句直言：「可憐風雨遮明月，須為陰德始榮昌。」

好了，二零一七年一月二十日特朗普的就職宣誓又怎樣呢？

華府位於北緯38053'，西經770，與格林威治時間上之差異是五小時八分鐘，所以每時為辰之始是單數鐘點加八分鐘的地方平時。西洋占星家擇吉多取太陽升至最高（Altitude），即我們七政四餘占星的第十宮——官祿宮，取其「如日中天」之意。美國最初奠基者多屬共濟會（Freemason），一美元紙幣背面之設計之「The Great Seal」是其秘義。至於總統宣誓之擇吉亦反映了這方面的事。今次特朗普會放棄早上十一時八分至下午一時八分太陽所在的第十宮嗎？我相信他不會，因為西法的命宮與七政四餘的劃分法並不一樣，而Freemason之占星衹着重七星，以及三王星的角度，並以之來詮釋吉凶。為此，我不妨以二零一七年一月二十日巳時來看特朗普的就職：

丙申
辛丑
丁未
乙巳

此八字指他會在任為美國總統的四年（二零一七至二零二零）吉凶。在《河洛理數》而言，先天卦是〈蒙〉，後天卦是〈漸〉——分別以〈蒙〉三爻和〈漸〉上爻為先後天的元堂。〈蒙〉三爻說：「勿用取女，見金夫，不有躬，无攸利。」象曰：「勿用取女，行不順也。」〈漸〉上爻看來不錯：「鴻漸于逵，其羽可用為儀，吉。」象曰：「其羽可用為儀，吉。不可亂也。」「不可亂也」四字意義深長了！假若朗普仍口出「狂言」，或者有「內亂」的話，這四年便凶了！我這樣說是考慮到年命的河洛理數——他生於一九四六年六月十四日，真八字是丙戌、甲午、己未、庚午，是〈蹇〉初爻之〈未濟〉四爻；爻運於二零一二至二零一七為〈未濟〉初；二零一八至二零二三年為二爻。因此：

流年：

二零一六年：〈家人〉五

二零一七年：〈既濟〉上　　爻運〈未濟〉初

二零一八年：〈未濟〉二

二零一九年：〈訟〉五

二零二零年：〈否〉二　　爻運〈未濟〉二

今年二零一六年十一月八日勝出於總統選舉而力壓希拉蕊是命定的，《永樂大典》中《諸家星命大全》的《郭璞數》說：

> 東君何事尚徘徊，雨散雲收十月雷。無限風光愁裡發，狂風吹落幾殘梅……
> 夜闌方可好金盃。①」

十一月八日是亥月，十月雷為特朗普而響起來，一鳴驚人了！同樣的「十月雷」也為克林頓、孫中山先生而設——分別在一九九二年十一月八日，和辛亥革命。克林頓也生於一九四六年八月十九日上午八時五十一分（CST）——丙戌，丙申，乙丑，庚辰。至於孫中山先生則為丙寅，己亥，辛卯，庚寅。

孫中山先生雖然兩頭箝也是「丙庚」，有「十月雷」。奈何「辛亥」年並不是「申巳」，故未能「遇貴人欽述」。克林頓在一九九二年壬申年贏得勝利，翌年登上總統寶座。老布殊注定不成，因為他生於一九二四年六月十二日上午十一時三十分，兩頭箝為「甲丙」，《郭璞數》說他「六九限交宜享福」，而一九九二年正好是

① 查「丙庚」一則，《諸家星命大全》，武陵版，頁一零七。

六十九歲——注定此年非享福不可了！怎可以逆天意而想連任？！

至於希拉蕊敗於特朗普之手則可證於她的八字（丁亥，庚戌，戊寅，丙辰）；二零一六年她的「太陽回歸日」為辛巳（她生於一九四七年十月廿六日）取辛日戌月壬辰時的《四字斷終生》得「成敗」之象有四句，「雨中花開」：「花開且為多風雨，雨後青松一果無。更惜陰功修福善，栽培不至老枯松。」

老天為她開玩笑，她最後去到佛羅列達州拉票，當夜下着大雨；無奈那不是御史雨、狀元雨、總統雨。一句「更惜陰功修福善」點出了她宜修身積德了！

現在再看清楚二零一八至二零二六年的爻運（〈未濟〉二），特別是：「險難危疑際，經綸拯救時。居中行正道，凶散吉相隨。」

特朗普此居任期為二零一七年至二零二零年，故更宜小心。二零二零流年是〈否〉二：「包承，小人吉，大人否亨。」象曰：「大人否亨，不亂群也！」我在上面說及特朗普有「內亂」或「外亂」，便會凶就是這個原因。是君子抑是小人，到時自會揭曉。

然而，我們還要看他宣誓就任總統的一刻，為的是此刻八字與他自身的年命不無關係。正如上面提到的八字是丙申，辛丑，丁未，乙巳，那就先看一下丑月，丁日，乙巳時的《四字斷終生》的「風景蕭條」，詩曰：「有心萬里興功業，乘龍跨虎出朦朧。用意調琴與自饒，又添風景好蕭條。多栽桃李蕃枝葉，丹桂當前有異苗。」

有無可參考的「風景蕭條」前例？有的！

（一）羅斯福於一九三七年一月二十日下午十二時二十九分（丙子，辛丑，丁未，乙巳）在華府宣誓就任總統，為期四年，即一九三七年至一九四零年。

（二）卡特在一九七七年一月二十日正午十二時也在華府宣誓就任（丙辰，辛丑，丁未，乙巳）。

羅斯福該四年可以說是不太困難，新的改革仍受到大多數人的支持，唯一九三九年秋第二次世界大戰爆發，他要修改立法惹來爭議，到最後允許出售軍火給交戰國。正式的「風景蕭條」是一九四零年法國戰敗，英國經濟不景，美國不能不伸出援助之手；更不必說日本早就在亞洲侵略中國的事了！

至於卡特在就任後的四年處境而言，他卻缺少了羅斯福的運氣，一九七八年美元之下跌，翌年三月三里島核災，伊朗的美領事館六十六使館人員被扣押為人質（營救不成，直升機與運輸機相撞，釀成八名軍人喪生）。此外，還有兩次DC-10客機兩架失事，死亡人數合達五百以上！。

（一）的「風景蕭條」應指歐洲的形勢造成美國之感受，兩個領導的集團是「德意日」和「法蘇」冷漠地在明爭暗鬥，國聯無能為力。至於（二）而言，當年我在美國已親身感受到一片蕭條了！「山雨欲來風滿樓」何嘗不是今天美國之象；即使歐洲的國家之中以法國對特朗普之當選最不抱樂觀之態。

「用意調琴與自饒，又添風景好蕭條。多栽桃李蕃枝葉，丹桂當前有異苗。」

這四句詩偈也出現於「甲日，午月，甲子時」的「香港九七回歸一刻」《四字斷終生》，在首四句的位置是指「行藏枯榮」的事，題為《春園栽花》。但置於末四句便變成「風景蕭條」為題，此細言「成敗隱婚」。「蕃」，「蕃衍盈升」，來自《詩・唐風・椒聊》。「蕃」亦作「番」，「異」苗之意乎？

對特朗普將異見的都是「異」苗，包括那些反對他作為總統的人。特朗普想將美國變成富貴之地，回復到以前的黃金日子中去，但今天卻有不少示威，尤其以加州為甚！不過，特朗普這四年（二零一七年至二零二零年）恐怕不成了，因為他「有心萬里興功業，歷盡辛勤未見功」是命中注定了的——除非他有先見之明，將二零一七年一月二十日上午「11：08 a.m. – 1：08 p.m.」，改為 1：08 p. m. 兩小時內，變成「立志高潔」的真太陽時的丙午時：「……艱難險阻久經涉，立志孤高在權業；時來不用苦憂煎，桑榆得祿朝金闕。」

美國用到的總統宣誓是「太陽回歸」法，自杜魯門於一九四九年開始都是一月二十日，以前則為三月之三、四或五日。翻查看看羅斯福的一九三七年一月二十日12" 29 p.m.，連同卡特一九七七年一月二十日 ±12 p.m. 的中式或西式星盤，不吉的星象不能說沒有。特朗普今次的最凶之處乃「木空則折」於國際宮，周旋不易了！畢竟，他四年內還是可以的，宣誓一刻說出他「蚍蜉生兩翅，飛向九重天」，這「大螞蟻」有翅能飛，呼應他八字之河洛理數的生命主題：「修行下螻蟻，御泥疊泰山。」並非巧合吧！他今年丙申「十月雷鳴」，又同好「若逢申巳歲，必遇貴人欽迷云」，故宣誓四年後算是「丙庚」末限的「棄了魚蝦釣巨鰲」。

話雖如此，「流年」之「更忌丙丁惆悵處，倚門愁聽杜鵑鳴」一事卻不可不知。今年「丙申」，明年「丁酉」！試看一下：「平生要問英雄事，爭奈時乖不可為。操志遂知天道用，成來終是有光輝。雙飛兩雁歸雲侶，重結雙花帶雨枝。賴得高人好消息，利名方享又成悲。」

這是「丙庚」「午時」的特朗普人生主題，他要小心丁酉二零一七年了？

克林頓一九九六、九七連續「丙」「丁」兩年種下了他不幸，萊溫斯基在一九九五年十二月已由見習生轉為有薪金的僱員。最後，二人的醜聞終於將華府鬧得滿城風雨。克林頓發跡早，晚景平平是四字句的「秋堤楊柳」。特朗普的「雲的迢迢」或「待風駕帆」令他大器晚成，較克林頓遲了二十多年才作總統。

孫中山先生也是「丙庚」，生於「寅時」；當然人生主題異於克林頓，但他即過不了一九二五年的「丁」卯年，在北京協和醫院辭世。

特朗普丙申「十月雷鳴」，原則上帶衝喜之象；明年丁酉怎樣？跟着的兩年又如何？小心「利名方享又成悲」的「悲」字之終局了！

美國星盤行亥限，特朗普也是，並且危月度在四年內無政餘之戰鬥，可惜是夕陽無限好，衹是近黃昏。下屆總統上任後，美國好運已逝，即便特朗普可以連任也救不了！二零二一年至二零二四年不是戰爭就內亂。這是題外話，也解決了共濟會之其中秘術，說明了為何以前有過的三月四（或五六）日和近八十年一月二十日宣誓日期之轉變——astrologyweekly.com可以找到的Presidential inauguration dates。茲舉美國幾例與「80」的事：

（甲）南北戰爭（一八六一至一八六五）之後八十年變為：

（乙）第二次世界大戰，一九四一年至一九四五年，之後八十年又如何？

（丙）二零二一年至二五年有待印證，是《中國與美國終須一戰》（YSI著）？！

（丁）一九二八年至三一年華爾街股災，八十年後的二零零八年至零九年金融海嘯。

（戊）一九二一年俄克拉何馬州種族衝突，黑白人激鬥，近百人死，數百人受傷。二零零一年「九一一」乃阿剌伯裔之回教徒發起，相隔又是八十年。

（己）一九三二年政府的退伍軍人到華盛頓示威，主角人物包括軍眷在內，稱「血腥的星期四（七月二十八日）」或「華盛頓戰役」。胡佛下令麥克阿瑟、艾林豪威爾和畢頓鎮壓，出動坦克、刺刀和催淚彈。死傷數字未有記錄。二零一二年作反的是政府雇員史諾登。美國資料外洩之「殺傷力」不可謂不大。

「八十」並非甚麼神秘數字，其來源是太陽回歸（Solar Return）。天上一周天的三百六十度是巴比倫傳統，如果用三百六十五日分佈黃道上面後，一天不到一度。如每天均用天干地支，則八十年後的同一天便有同一樣的甲子。不過要注意的是由於我國占星動用了納音年，所以羅斯福一九三七年一月二十日的丁未日和特朗普二零一七年一月二十日的丁未日卻不同——前者在丙子年，後者在丙申年。丙子是水，丙申則為火。羅斯福這次河洛理數是〈剝之明夷〉，而特朗普則為〈蒙之漸〉。兩人之

「風景蕭條」都是宣誓一刻之象。

特朗普捲起了唯「美」狂飆！他在選舉日令香港股市大瀉，而港人關心美國的事似乎比普通美國人更甚了！希拉蕊的落敗是爆冷嗎？是由於FBI重提「電郵門」嗎？抑或是港大民意失準可能因為「沉默的螺旋」效應——即社會持非主流民意的人不願意表態，導致主流聲音更被放大？鍾庭耀可以休矣！他應該了解自己多一點才對。他的統計方法根本就是胡說八道！

紐約的「路邊社」述及特朗普有「御用」而名為天山居士的中國風水師替他擺佈生意上的事，近年來助他賺了不少錢。那位「路邊社」「記者」並述及此風水師是來自香港的移民，據云特朗普的助選團中此風水師是身邊紅人。這是今年九月底時的事了。當時我答道：「有甚麼出奇呢！」因為特朗普的河洛理數說明他二零一二年至二零一七年爻運為〈未濟〉初爻：「若遇刀圭客，才知有異緣。」（古時醫巫都屬刀圭客）

這位「記者」並非玄學界的人，姓夏，與我相識了十多年，不是「吹水」的人，為人正直可信。

二零一六年十一月二十六日

後記

在過往幾本著作中，我都寫了不是《後記》便是《跋》的文字。今次也不例外，因為近年來外界發生了一些事令我有點感觸。特朗普如期在白宮宣誓了，香港的報章也有報導，甚至還有「特朗普就職典禮活動日程表」：地點是美國國會大廈西廣場，時間是上午九時三十分，開幕詞十一時三十分，就職典禮正午十二時，之後發表就職演說。

就職宣誓果真如此重要嗎？

我的看法怎樣？《易繫辭》說：「言行，君子所以動天地也，可不慎乎？」洋人有其禮儀，正如我們《六經》中也有的《禮記》。是嗎？漢朝有名為楊震的青州刺史，有人送他黃金，說夜無人知，楊震回答說：「天知，地知，你知，我知，何言無人知？」於是拒而不受。特朗普既然接受總統之職就須鞠躬盡瘁的為天地立心，為生民立命，為後世開太平，千萬不要視總統之席為一份Job「差事」；皇天會看着你的一舉一動，看看你是否夠「誠」！記得二零零五年三月十二日晚上八時三十分那次曾蔭權的署理行政特首的「第三時刻」，當年我在《占卜、星命與人生》寫過；那是我在電視中親眼看到的。該刻八字是「乙酉，己卯，乙未，丙戌」；《四字斷終生》斷之曰：

橫空兩雁伴江濱，草木森森仁義存。
何嗟四海不相識，到頭遜讓可驚人。
節幹凌雲本性堅，歲寒偏耐自天然。
大才見用終須晚，浪裡浮漚且讓先。

看到沒有？難道皇天不知宣誓者是個甚麼人。曾蔭權多次說「做好這份工」；他不明白特首之職並非一份差事。這八句詩偈他絕對不會明白其中深義。天神在高處看着特朗普，祂們也看着曾蔭權，天知也！這正如荷馬史詩中之天神無異，宙斯要希臘在特洛戰爭中被打敗，雅典娜要阿基里不可因怒氣衝天而自殘。本書提到《易林》，不能不抄下其中一則易林辭，中西相應也：

「眾神集聚，相與議語。南國虐亂，百姓愁苦。興師征討，更立賢主。」（「屯之節」）

特朗普宣誓的一刻是「風景蕭條」，我早已談及了。曾蔭權的則是「歲寒偏耐」。到底曾蔭權是「大才見用終須晚」嗎？他來到六十一歲便登上署理行政長官之位；假若還不算「晚」的話，那麼，他便是「浪裡浮漚」——天神讓他先行一步，要他去學習怎樣做特首。「仁義」、「遜讓」是必須的。

曾蔭權宣誓的一刻用到六壬課是乙未日亥將戌時。「功名」說他：「有奇遇，榮貴可期。」「解曰」中有言：「尤上吉之課也。」可惜《畢注》云：「鬼臨三四訟災隨。」三四應指申金兩現於「宅」剋日（乙木）。今年他被判入獄，到今餘波未了，鬼臨三四為災大矣！他於二零一二年已卸任行政長官，但「訟災」卻隨之而來。①

我有無限感觸，命運之神，放過他吧！可否給他「緩刑」？何須再折磨他呢？我相信他已受夠了。法律不外乎人情，就念着他令到千千萬萬長者受惠於每程兩元的車資，單就這一件事足以抹去其「罪孽」的。畢竟他衣衹是芸芸眾生的之一員，並非甚麼大奸大惡或殺人放火之徒。

「天下攘攘，皆為利往；天下熙熙，皆為利來」，「富貴而驕，自遺其咎，功遂身退天之道」。我家老子最多衹會這樣作的裁決。

① 李峰注解《御定六壬直指》，海南出版社，二零零二，頁一一八六。

而今，特朗普既然入主白宮，他的「風景蕭條」跟「大才見用終須晚」無關；他要「乘龍跨鳳出朦朧」才成。不易處理了！成績怎樣就要看他的造化才成。

上天果真有天神嗎？有！自柏拉圖以降，天神者，星宿也。他的《Timaeus》和《Laws》說得很清楚。語言乃思想要元的表達（馬克思《巴黎手稿》），維根斯坦之「我的語言就是我的真實世界」，屠格列夫也說「文字是精神之性質，思想之性質」。王充《論衡》中認定天施氣而眾星布精。

此亦中西相呼應也！

作者謹識
二零一七年五月二日

附錄（一）：午會各卦值運圖，午會大有卦以會經運之十五值

（摘自馬瀚如編著之《易元會運》，心一堂版，頁三八八至三九八）

午會鼎卦值運圖

起公元二一零四年甲子至
公元四二六三年癸亥止

爻卦	大有	旅	未濟	蠱	姤	恆
	鼎離暌大畜乾大壯	離鼎晉艮遯小過	暌晉鼎蒙訟解	大艮蒙鼎巽升	乾遯訟巽鼎大過	大壯小過解升大過鼎
初	大有旅未濟蠱姤恆	旅大有噬嗑賁同人豐	未濟噬嗑大有損困歸妹	蠱賁損大有小畜泰	姤同人履小畜大有夬	恆豐歸妹泰夬大有
二	旅大有噬嗑賁同人豐	大有旅未濟蠱姤恆	噬嗑未濟旅剝未濟豫	賁蠱剝旅漸謙	同人姤否漸旅咸	豐恆豫謙咸旅
三	未濟噬嗑大有損履歸妹	噬嗑未濟旅剝否豫	大有旅未濟蠱渙恆	損剝蠱未濟渙師	履否姤渙未濟困	歸妹豫恆師困未濟
四	蠱賁損大有小畜泰	賁蠱剝旅漸謙	損剝蠱未濟姤師	大有旅未濟蠱姤恆	小畜漸渙姤蠱井	泰謙師恆井蠱
五	姤同人履小畜大有夬	同人姤否漸旅咸	履否姤渙否困	小畜漸渙姤蠱井	大有旅未濟蠱姤恆	夬咸困井恆姤
六	恆豐歸妹泰夬大有	豐恆豫謙咸旅	歸妹豫恆師履未濟	泰謙師恆井蠱	夬咸困井恆姤	大有旅未濟蠱姤恆

午會恆卦值運圖

起公元四二六四年甲子至公元六四二三年癸亥止

	大壯	小過	解	升	大過	鼎
爻卦	恆豐歸妹泰夬大有	豐恆豫謙咸旅	歸妹豫恆師困未濟	泰謙師恆井蠱	夬咸困井恆姤有	大濟旅未蠱姤恆
初	大壯小過解升大過鼎	小過大壯震明夷革離	解震大壯臨兌睽	升明夷臨大壯需大畜	大過革兌需大壯乾	鼎離睽大畜乾大壯
二	小過大壯震明夷革離	大壯小過解升大過鼎	震解小過坤萃晉	明夷升坤小過蹇艮	革大過萃蹇小過遯	離鼎晉艮遯小過
三	解蒙大壯臨兌睽	震解小過坤萃晉	大壯小過解升大過鼎	臨坤升解坎蒙	兌萃大過坎解訟	睽晉鼎蒙訟解
四	升明夷臨大壯需大畜	明夷升坤小過蹇艮	臨坤升解坎蒙	大壯小過解升大過鼎	需蹇坎大過升巽	大畜艮蒙鼎巽升
五	大過革兌需大壯乾	革大過萃蹇小過遯	兌萃大過坎解訟	需蹇坎大過升巽	大壯小過解升大過鼎	乾遯訟巽鼎大過
六	鼎離睽大畜乾大壯	離鼎晉艮遯小過	睽晉鼎蒙訟解	大畜艮蒙鼎巽升	乾遯訟巽鼎大過	大壯小過解升大過鼎

午會巽卦值運圖

起公元六四二四年甲子至
公元八五八三年癸亥止

	爻卦	初	二	三	四	五	六
小畜	巽 家人 中孚 乾 大畜 需	小畜 漸 渙 姤 蠱 井	漸 小畜 益 同人 賁 既濟	渙 益 小畜 履 損 節	姤 同人 履 小畜 大有 夬	蠱 賁 損 大有 小畜 泰	井 既濟 節 夬 泰 小畜
漸	家人 巽 觀 遯 艮 蹇	漸 小畜 益 同人 賁 既濟	小畜 漸 渙 姤 蠱 井	益 渙 漸 否 剝 比	同人 姤 否 漸 旅 咸	賁 蠱 剝 旅 漸 謙	既濟 井 比 咸 謙 漸
渙	中孚 觀 巽 訟 蒙 坎	渙 益 小畜 履 損 節	益 渙 漸 否 剝 比	小畜 漸 渙 姤 蠱 井	履 否 姤 渙 未濟 困	損 剝 蠱 未濟 渙 師	節 比 井 困 師 渙
姤	乾 遯 訟 巽 鼎 大過	姤 同人 履 小畜 大有 夬	同人 姤 否 漸 旅 咸	履 否 姤 渙 未濟 困	小畜 漸 渙 姤 蠱 井	大有 旅 未濟 蠱 姤 恆	夬 咸 困 井 恆 姤
蠱	大畜 艮 蒙 鼎 巽 升	蠱 賁 損 大有 小畜 泰	賁 蠱 剝 旅 漸 謙	損 剝 蠱 未濟 渙 師	大有 旅 未濟 蠱 姤 恆	小畜 漸 渙 姤 蠱 井	泰 謙 師 恆 井 蠱
井	需 蹇 坎 大過 升 巽	井 既濟 節 夬 泰 小畜	既濟 井 比 咸 謙 漸	節 比 井 困 師 渙	夬 咸 困 井 恆 姤	泰 謙 師 恆 井 蠱	小畜 漸 渙 姤 蠱 井

按午會計姤，大過，鼎，恆，巽五共三十運，每運三百六十年，合一萬零八百年，由公前二千二百一十七年起，至公元八千五百八十三年止，此後乃入未會之運矣。

午會姤恆卦

以會經運之十三值大過鼎卦一百二十年

以會經運之十四值乾遯卦一百二十年

共二百四十年

流年值卦圖

起公元一六二四年甲子至公元一八六三年癸亥止

大過（世卦）

甲子、一六二四　大過、鼎、恆、巽、井、蠱、升、訟、困、未濟

一六三四　解、渙、蒙、師、遯、咸、旅、小過、漸、蹇

一六四四　艮、謙、否、萃、晉、豫、觀、比、剝、復

一六五四　頤、屯、益、震、噬嗑、隨、无妄、明夷、賁、既濟

一六六四　家人、豐、革、同人、臨、損、節、中孚、歸妹、睽

一六七四　兌、履、泰、大畜、需、小畜、大壯、大有、夬、姤

鼎（世卦）

甲子、一六八四　鼎、恆、巽、井、蠱、升、訟、困、未濟、解

一六九四　渙、蒙、師、遯、咸、旅、小過、漸、蹇、艮

一七零四　謙、否、萃、晉、豫、觀、比、剝、復、頤

一七一四　屯、益、震、噬嗑、隨、无妄、明夷、賁、既濟、家人

一七二四　豐、革、同人、臨、損、節、中孚、歸妹、睽、兌

一七三四　履、泰、大畜、需、小畜、大壯、大有、夬、姤、大過

乾（世卦）

甲子、一七四四　姤、大過、鼎、恆、巽、井、蠱、升、訟、困

一七五四　未濟、解、渙、蒙、師、遯、咸、旅、小過、漸

一七六四　蹇、艮、謙、否、萃、晉、豫、觀、比、剝

一七七四　復、頤、屯、益、震、噬嗑、隨、无妄、明夷、賁

一七八四　既濟、家人、豐、革、同人、臨、損、節、中孚、歸妹

一七九四　睽、兌、履、泰、大畜、需、小畜、大壯、大有、夬

遯（世卦）

甲子、一八零四　遯、咸、旅、小過、漸、蹇、艮、謙、否、萃
一八一四　晉、豫、觀、比、剝、復、頤、屯、益、震
一八二四　噬嗑、隨、无妄、明夷、賁、既濟、家人、豐、革、同人
一八三四　臨、損、節、中孚、歸妹、睽、兌、履、泰、大畜
一八四四　需、小畜、大壯、大有、夬、姤、大過、鼎、恆、巽
一八五四　井、蠱、升、訟、困、未濟、解、渙、蒙、師

午會姤卦以會經運之十四值

大過 鼎 巽 訟

共二百四十年

流年值卦圖

起公元一八六四年甲子至
公元二一零三年癸亥止

訟（世卦）

甲子、一八六四 訟、困、未濟、解、渙、蒙、師、遯、咸、旅
一八七四 小過、漸、蹇、艮、謙、否、萃、晉、豫、觀
一八八四 比、剝、復、頤、屯、益、震、噬嗑、隨、无妄
一八九四 明夷、賁、既濟、家人、豐、革、同人、臨、損、節
一九零四 中孚、歸妹、睽、兑、履、泰、大畜、需、小畜、大壯
一九一四 大有、夬、姤、大過、鼎、恆、巽、井、蠱、升

巽（世卦）

甲子、一九二四　巽、井、蠱、升、訟、困、未濟、解、渙、蒙

一九三四　師、遯、咸、旅、小過、漸、蹇、艮、謙、否

一九四四　萃、晉、豫、觀、比、剝、復、頤、屯、益

一九五四　震、噬嗑、隨、无妄、明夷、賁、既濟、家人、豐、革

一九六四　同人、臨、損、節、中孚、歸妹、睽、兌、履、泰

一九七四　大畜、需、小畜、大壯、大有、夬、姤、大過、鼎、恆

鼎（世卦）

甲子、一九八四　鼎、恆、巽、井、蠱、升、訟、困、未濟、解

一九九四　渙、蒙、師、遯、咸、旅、小過、漸、蹇、艮

二零零四　謙、否、萃、晉、豫、觀、比、剝、復、頤

二零一四　屯、益、震、噬嗑、隨、无妄、明夷、賁、既濟、家人

二零二四　豐、革、同人、臨、損、節、中孚、歸妹、睽、兌

二零三四　履、泰、大畜、需、小畜、大壯、大有、夬、姤、大過

大過（世卦）

甲子、二零四四	大過、鼎、恆、巽、井、蠱、升、訟、困、未濟
二零五四	解、渙、蒙、師、遯、咸、旅、小過、漸、蹇
二零六四	艮、謙、否、萃、晉、豫、觀、比、剝、復
二零七四	頤、屯、益、震、噬嗑、隨、无妄、明夷、賁、既濟
二零八四	家人、豐、革、同人、臨、損、節、中孚、歸妹、睽
二零九四	兌、履、泰、大畜、需、小畜、大壯、大有、夬、姤

一九八四年起的甲子用鼎䷱（世卦），分六爻變出：大有䷍，旅䷷、未濟䷿、蠱䷑、姤䷫、恆䷟。變初爻得大有，變二爻得旅……得六個旬卦，各旬卦所得之年卦由大圓圖而來。

午會大有卦以會經運之十五值

大畜 睽 離 鼎

共二百四十年

流年值卦圖

起公元二一零四年甲子至
公元二三四三年癸亥止

鼎（世卦）

甲子、二一零四 鼎、恆、巽、井、蠱、升、訟、困、未濟、解

二一一四 渙、蒙、師、遯、咸、旅、小過、漸、蹇、艮

二一二四 謙、否、萃、晉、豫、觀、比、剝、復、頤

二一三四 屯、益、震、噬嗑、隨、无妄、明夷、賁、既濟、家人

二一四四 豐、革、同人、臨、損、節、中孚、歸妹、睽、兌

二一五四 履、泰、大畜、需、小畜、大壯、大有、夬、姤、大過

離（世卦）

甲子、二一六四　旅、小過、漸、蹇、艮、謙、否、萃、晉、豫

二一七四　觀、比、剝、復、頤、屯、益、震、噬嗑、隨

二一八四　无妄、明夷、賁、既濟、家人、豐、革、同人、臨、損

二一九四　節、中孚、歸妹、睽、兌、履、泰、大畜、需、小畜

二二零四　大壯、大有、夬、姤、大過、鼎、恆、巽、井、蠱

二二一四　升、訟、困、未濟、解、渙、蒙、師、遯、咸

睽（世卦）

甲子、二二二四　睽、兌、履、泰、大畜、需、小畜、大壯、大有、夬

二二三四　姤、大過、鼎、恆、巽、井、蠱、升、訟、困

二二四四　未濟、解、渙、蒙、師、遯、咸、旅、小過、漸

二二五四　蹇、艮、謙、否、革、晉、豫、觀、比、剝

二二六四　復、頤、屯、益、震、噬嗑、隨、无妄、明夷、賁

二二七四　既濟、家人、豐、革、同人、臨、損、節、中孚、歸妹

大畜（世卦）

甲子、二二八四　大畜、需、小畜、大壯、大有、夬、姤、大過、鼎、恆

二二九四　巽、井、蠱、升、訟、困、未濟、解、渙、蒙

二三零四　師、遯、咸、旅、小過、漸、蹇、艮、謙、否

二三一四　革、晉、豫、觀、比、剝、復、頤、屯、益

二三二四　震、噬嗑、隨、无妄、明夷、賁、既濟、家人、豐、革

二三三四　同人、臨、損、節、中孚、歸妹、睽、兑、履、泰

附錄（二）：

《皇極經世》以運經世之午會

（摘自陳陽、添翼著《皇極經世》書中的中國大歷史觀）

公元年代與易卦對照表（67017 BC – 56218 BC）

皇極經世，以元經會					
元	會	（正）運		（運）運	
甲一 67017 BC - 62538 AD	子一 67017 BC - 56218 BC	復	67017 BC - 64858 BC	坤	67017 BC - 66658 BC
				臨	66657 BC - 66298 BC
				明夷	66297 BC - 65938 BC
				震	65937 BC - 65578 BC
				屯	65577 BC - 65218 BC
				頤	65217 BC - 64858 BC
		頤	64857 BC - 62698 BC	剝	64857 BC - 64498 BC
				損	64497 BC - 64138 BC
				賁	64137 BC - 63778 BC
				噬嗑	63777 BC - 63418 BC
				益	63417 BC - 63058 BC
				復	63057 BC - 62698 BC
		屯	62697 BC - 60538 BC	比	62697 BC - 62338 BC
				節	62337 BC - 61978 BC
				既濟	61977 BC - 61618 BC
				隨	61617 BC - 61258 BC
				復	61257 BC - 60898 BC
				益	60897 BC - 60538 BC
		益	60537 BC - 58378 BC	觀	60537 BC - 60178 BC
				中孚	60177 BC - 59818 BC
				家人	59817 BC - 59458 BC
				无妄	59457 BC - 59098 BC
				頤	59097 BC - 58738 BC
				屯	58737 BC - 58378 BC
		震	58377 BC - 56218 BC	豫	58377 BC - 58018 BC
				歸妹	58017 BC - 57658 BC
				豐	57657 BC - 57298 BC
				復	57297 BC - 56938 BC
				隨	56937 BC - 57578 BC
				噬嗑	57577 BC - 56218 BC

原書 285 頁

公元年代與易卦對照表（56217 BC – 45418 BC）

皇極經世，以元經會					
元	會	（正）運		（運）運	
甲一 67017 BC - 62538 AD	丑二 56217 BC - 45418 BC	噬嗑	56217 BC - 54058 BC	晉	56217 BC - 55858 BC
				睽	55857 BC - 55498 BC
				離	55497 BC - 55138 BC
				頤	55137 BC - 54778 BC
				无妄	54777 BC - 54418 BC
				震	54417 BC - 54058 BC
		隨	54057 BC - 51898 BC	萃	54057 BC - 53698 BC
				兌	53697 BC - 53338 BC
				革	53337 BC - 52978 BC
				屯	52977 BC - 52618 BC
				震	52617 BC - 52258 BC
				无妄	52257 BC - 51898 BC
		无妄	51897 BC - 49738 BC	否	51897 BC - 51538 BC
				履	51537 BC - 51178 BC
				同人	51177 BC - 50818 BC
				益	50817 BC - 50458 BC
				噬嗑	50457 BC - 50098 BC
				隨	50097 BC - 49738 BC
		明夷	49737 BC - 47578 BC	謙	49737 BC - 49378 BC
				泰	49377 BC - 49018 BC
				復	49017 BC - 48658 BC
				豐	48657 BC - 48298 BC
				既濟	48297 BC - 47938 BC
				賁	47937 BC - 47578 BC
		賁	47577 BC - 45418 BC	艮	47577 BC - 47218 BC
				大畜	47217 BC - 46858 BC
				頤	46857 BC - 46498 BC
				離	46497 BC - 46138 BC
				家人	46137 BC - 45778 BC
				明夷	45777 BC - 45418 BC

原書 286 頁

公元年代與易卦對照表（45417 BC – 34618 BC）

皇極經世，以元經會					
元	會	（正）運		（運）運	
甲一 67017 BC - 62538 AD	寅三 45417 BC - 34618 BC	既濟	45417 BC - 43258 BC	蹇	45417 BC - 45058 BC
				需	45057 BC - 44698 BC
				屯	44697 BC - 43618 BC
				革	43617 BC - 43978 BC
				明夷	43977 BC - 43618 BC
				家人	43617 BC - 43258 BC
		家人	43257 BC - 41098 BC	漸	43257 BC - 42898 BC
				小畜	42897 BC - 42538 BC
				益	42537 BC - 42178 BC
				同人	42177 BC - 41818 BC
				賁	41817 BC - 41458 BC
				既濟	41457 BC - 41098 BC
		豐	41097 BC - 38938 BC	小過	41097 BC - 40738 BC
				大壯	40737 BC - 40378 BC
				震	40377 BC - 40018 BC
				明夷	40017 BC - 39658 BC
				革	39657 BC - 39298 BC
				離	39297 BC - 38938 BC
		革	38937 BC - 36778 BC	咸	38937 BC - 38578 BC
				夬	38577 BC - 38218 BC
				隨	38217 BC - 37858 BC
				既濟	37857 BC - 37498 BC
				豐	37497 BC - 37138 BC
				同人	37137 BC - 36778 BC
		同人	36777 BC - 34618 BC	遯	36777 BC - 36418 BC
				乾	36417 BC - 36058 BC
				无妄	36057 BC - 35698 BC
				家人	35697 BC - 35338 BC
				離	35337 BC - 34978 BC
				革	34977 BC - 34618 BC

原書 287 頁

公元年代與易卦對照表（34617 BC – 23818 BC）

皇極經世，以元經會					
元	會	（正）運		（運）運	
甲一 67017 BC - 62538 AD	卯四 34617 BC - 23818 BC	臨	34617 BC - 32458 BC	師	34617 BC - 34258 BC
				復	34257 BC - 33898 BC
				泰	33897 BC – 33538 BC
				歸妹	33537 BC - 33178 BC
				節	33177 BC - 32818 BC
				損	32817 BC - 32458 BC
		損	32457 BC - 30298 BC	蒙	32457 BC - 32098 BC
				頤	32097 BC - 31738 BC
				大畜	31737 BC - 31378 BC
				睽	31377 BC - 31018 BC
				中孚	31017 BC - 30658 BC
				臨	30657 BC - 30298 BC
		節	30297 BC - 28138 BC	坎	30297 BC - 29938 BC
				屯	29937 BC - 29578 BC
				需	29577 BC - 29218 BC
				兌	29217 BC - 28858 BC
				臨	28857 BC - 28498 BC
				中孚	28497 BC - 28138 BC
		中孚	28137 BC - 25978 BC	渙	28137 BC - 27778 BC
				益	27777 BC - 27418 BC
				小畜	27417 BC - 27058 BC
				履	27057 BC - 26698 BC
				損	26697 BC - 26338 BC
				節	26337 BC - 25978 BC
		歸妹	25977 BC - 23818 BC	解	25977 BC - 25618 BC
				震	25617 BC - 25258 BC
				大壯	25257 BC - 24898 BC
				臨	24897 BC - 24538 BC
				兌	24537 BC - 24178 BC
				睽	24177 BC - 23818 BC

原書 288 頁

公元年代與易卦對照表（23817 BC – 13018 BC）

皇極經世，以元經會					
元	會	（正）運		（運）運	
甲一 67017 BC - 62538 AD	辰五 23817 BC - 13018 BC	睽	23817 BC - 21658 BC	未濟	23817 BC - 23458 BC
				噬嗑	23457 BC - 23098 BC
				大有	23097 BC – 22738 BC
				損	22737 BC - 22378 BC
				履	22377 BC - 22018 BC
				歸妹	22017 BC - 21658 BC
		兌	21657 BC - 19498 BC	困	21657 BC - 21298 BC
				隨	21297 BC - 20938 BC
				夬	20937 BC - 20578 BC
				節	20577 BC - 20218 BC
				歸妹	20217 BC - 19858 BC
				履	19857 BC - 19498 BC
		履	19497 BC - 17338 BC	訟	19497 BC - 19138 BC
				无妄	19137 BC - 18778 BC
				乾	18777 BC - 18418 BC
				中孚	18417 BC - 18058 BC
				睽	18057 BC - 17698 BC
				兌	17697 BC - 17338 BC
		泰	17337 BC - 15178 BC	升	17337 BC - 16978 BC
				明夷	16977 BC - 16618 BC
				臨	16617 BC - 16258 BC
				大壯	16257 BC - 15898 BC
				需	15897 BC - 15538 BC
				大畜	15537 BC - 15178 BC
		大畜	15177 BC - 13018 BC	蠱	15177 BC - 14818 BC
				賁	14817 BC - 14458 BC
				損	14457 BC - 14098 BC
				大有	14097 BC - 13738 BC
				小畜	13737 BC - 13378 BC
				泰	13377 BC - 13018 BC

原書 289 頁

公元年代與易卦對照表（13017 BC – 2218 BC）

皇極經世，以元經會					
元	會	（正）運		（運）運	
甲一 67017 BC - 62538 AD	巳六 13017 BC - 2218 BC	需	13017 BC - 10858 BC	井	13017 BC - 12658 BC
				既濟	12657 BC - 12298 BC
				節	12297 BC – 11938 BC
				夬	11937 BC - 11578 BC
				泰	11577 BC - 11218 BC
				小畜	11217 BC - 10858 BC
		小畜	10857 BC - 8698 BC	巽	10857 BC - 10498 BC
				家人	10497 BC - 10138 BC
				中孚	10137 BC - 9778 BC
				乾	9777 BC - 9418 BC
				大畜	9417 BC - 9778 BC
				需	9777 BC - 8698 BC
		大壯	8697 BC - 6538 BC	恆	8697 BC - 8338 BC
				豐	8337 BC - 7978 BC
				歸妹	7977 BC - 7618 BC
				泰	7617 BC - 7258 BC
				夬	7257 BC - 6898 BC
				大有	6897 BC - 6538 BC
		大有	6537 BC - 4378 BC	鼎	6537 BC - 6178 BC
				離	6177 BC - 5818 BC
				睽	5817 BC - 5458 BC
				大畜	5457 BC - 5098 BC
				乾	5097 BC - 4738 BC
				大壯	4737 BC - 4378 BC
		夬	4377 BC - 2218 BC	大過	4377 BC - 4018 BC
				革	4017 BC - 3658 BC
				兌	3657 BC - 3298 BC
				需	3297 BC - 2938 BC
				大壯	2937 BC - 2578 BC
				乾	2577 BC - 2218 BC

原書 290 頁

公元年代與易卦對照表（2217 BC – 8583 AD）

皇極經世，以元經會					
元	會	（正）運		（運）運	
甲一 67017 BC - 62538 AD	午七 2217 BC - 8583 AD	姤	2217 BC - 58 BC	乾	2217 BC - 1858 BC
				遯	1857 BC - 1498 BC
				訟	1497 BC – 1138 BC
				巽	1137 BC - 778 BC
				鼎	777 BC - 418 BC
				大過	417 BC - 58 BC
		大過	57 BC - 2103 AD	夬	57 BC - 303 AD
				咸	304 AD - 663 AD
				困	664 AD - 1023 AD
				井	1024 AD - 1383 AD
				恆	1384 AD - 1743 AD
				姤	1744 AD - 2103 AD
		鼎	2104 AD - 2463 AD	大有	2104 AD - 2463 AD
				旅	2464 AD - 2823 AD
				晉	2824 AD - 3183 AD
				剝	3184 AD - 3543 AD
				否	3544 AD - 3903 AD
				恆	3904 AD - 4263 AD
		恆	2464 AD - 6423 AD	大壯	4264 AD - 4623 AD
				小過	4624 AD - 4983 AD
				解	4984 AD - 5343 AD
				升	5344 AD - 5703 AD
				大過	5704 AD - 6063 AD
				姤	6064 AD - 6423 AD
		巽	6424 AD - 8583 AD	小畜	6424 AD - 6783 AD
				漸	6784 AD - 7143 AD
				渙	7144 AD - 7503 AD
				姤	7504 AD - 7863 AD
				蠱	7864 AD - 8223 AD
				井	8224 AD - 8583 AD

原書 291 頁

公元年代與易卦對照表（2577 BC – 2218 BC）

皇極經世，以運經世						
元	會	（正）運	（運）運	世	旬	
甲一 67017 BC - 62583 AD	巳六 13017 BC - 2218 BC	夬 4377 BC - 2218 BC	乾 2577 BC - 2218 BC	姤 2557 BC - 2518 BC	乾	2577 BC - 2568 BC
					遯	2567 BC - 2558 BC
					訟	2557 BC - 2548 BC
					巽	2547 BC - 2538 BC
					鼎	2537 BC - 2528 BC
					大過	2527 BC - 2518 BC
				同人 2517 BC - 2458 BC	遯	2517 BC - 2508 BC
					乾	2507 BC - 2498 BC
					无妄	2497 BC - 2488 BC
					家人	2487 BC - 2478 BC
					離	2477 BC - 2468 BC
					革	2467 BC - 2458 BC
				履 2457 BC - 2398 BC	訟	2457 BC - 2448 BC
					无妄	2447 BC - 2438 BC
					乾	2437 BC - 2428 BC
					中孚	2427 BC - 2418 BC
					睽	2417 BC - 2408 BC
					兌	2407 BC - 2398 BC
				小畜 2397 BC - 2338 BC	巽	2397 BC - 2388 BC
					家人	2387 BC - 2378 BC
					中孚	2377 BC - 2368 BC
					乾	2367 BC - 2358 BC
					大畜	2357 BC - 2348 BC
					需	2347 BC - 2338 BC
				大有 2337 BC - 2278 BC	鼎	2337 BC - 2328 BC
					離	2327 BC - 2318 BC
					睽	2317 BC - 2308 BC
					大畜	2307 BC - 2298 BC
					乾	2297 BC - 2288 BC
					大壯	2287 BC - 2278 BC
				夬 2277 BC - 2218 BC	大過	2277 BC - 2268 BC
					革	2267 BC - 2258 BC
					兌	2257 BC - 2248 BC
					需	2247 BC - 2238 BC
					大壯	2237 BC - 2228 BC
					乾	2227 BC - 2218 BC

原書 292 頁

公元年代與易卦對照表（2217 BC – 1858 BC）

皇極經世，以運經世						
元	會	（正）運	（運）運	世	旬	
甲一 67017 BC - 62583 AD	午七 2217 BC - 8583 AD	姤 2217 BC - 58 BC	乾 2217 BC - 1858 BC	姤 2217 BC - 2158 BC	乾	2217 BC - 2208 BC
					遯	2207 BC - 2198 BC
					訟	2197 BC - 2188 BC
					巽	2187 BC - 2178 BC
					鼎	2177 BC - 2168 BC
					大過	2167 BC - 2158 BC
				同人 2157 BC - 2098 BC	遯	2157 BC - 2148 BC
					乾	2147 BC - 2138 BC
					无妄	2137 BC - 2128 BC
					家人	2127 BC - 2118 BC
					離	2117 BC - 2108 BC
					革	2107 BC - 2098 BC
				履 2097 BC - 2038 BC	訟	2097 BC - 2088 BC
					无妄	2087 BC - 2078 BC
					乾	2077 BC - 2068 BC
					中孚	2067 BC - 2058 BC
					睽	2057 BC - 2048 BC
					兌	2047 BC - 2038 BC
				小畜 2037 BC - 1978 BC	巽	2037 BC - 2028 BC
					家人	2027 BC - 2018 BC
					中孚	2017 BC - 2008 BC
					乾	2007 BC - 1998 BC
					大畜	1997 BC - 1988 BC
					需	1987 BC - 1978 BC
				大有 1977 BC - 1918 BC	鼎	1977 BC - 1968 BC
					離	1967 BC - 1958 BC
					睽	1957 BC - 1948 BC
					大畜	1947 BC - 1938 BC
					乾	1937 BC - 1928 BC
					大壯	1927 BC - 1918 BC
				夬 1917 BC - 1858 BC	大過	1917 BC - 1908 BC
					革	1907 BC - 1898 BC
					兌	1897 BC - 1888 BC
					需	1887 BC - 1878 BC
					大壯	1877 BC - 1868 BC
					乾	1867 BC - 1858 BC

原書 293 頁

《皇極經世》以運經世表：巳會2155世至2156世

元	甲一（67017 BC - 62583 A.D.）									
會	巳六（13017 BC - 8583 BC）									
運正卦	夬（4377 BC - 2218 BC）									
運運卦	乾（2577 BC - 2218 BC）									
世卦	小畜（2397 BC - 2338 BC）									
旬卦	年卦									
巽 2397 BC - 2388 BC	甲子 小畜 2397 BC	乙丑 大壯 2396 BC	丙寅 大有 2395 BC	丁卯 夬 2394 BC	戊辰 姤 2393 BC	己巳 大過 2392 BC	庚午 鼎 2391 BC	辛未 恆 2390 BC	壬申 巽 2389 BC	癸酉 井 2388 BC
家人 2387 BC - 2378 BC	甲戌 蠱 2387 BC	乙亥 升 2386 BC	丙子 訟 2385 BC	丁丑 困 2384 BC	戊寅 未濟 2383 BC	己卯 解 2382 BC	庚辰 渙 2381 BC	辛巳 蒙 2380 BC	壬午 師 2379 BC	癸未 遯 2378 BC
中孚 2377 BC - 2368 BC-	甲申 咸 2377 BC	乙酉 旅 2376 BC	丙戌 小過 2375 BC	丁亥 漸 2374 BC	戊子 蹇 2373 BC	己丑 艮 2372 BC	庚寅 謙 2371 BC	辛卯 否 2370 BC	壬辰 萃 2369 BC	癸巳 晉 2368 BC
乾 2367 BC - 2358 BC	甲午 豫 2367 BC	乙未 觀 2366 BC	丙申 比 2365 BC	丁酉 剝 2364 BC	戊戌 復 2363 BC	己亥 頤 2362 BC	庚子 屯 2361 BC	辛丑 益 2360 BC	壬寅 震 2359 BC	癸卯 噬嗑 2358 BC 帝嚳崩
大畜 2357 BC - 2348 BC	甲辰 隨 2357 BC 堯帝元年	乙巳 无妄 2356 BC	丙午 明夷 2355 BC	丁未 賁 2354 BC	戊申 既濟 2353 BC	己酉 家人 2352 BC	庚戌 豐 2351 BC	辛亥 革 2350 BC	壬子 同人 2349 BC	癸丑 臨 2348 BC
需 2347 BC - 2338 BC	甲寅 損 2347 BC 堯帝 11 年	乙卯 巽 2346 BC	丙辰 中孚 2345 BC	丁巳 歸妹 2344 BC	戊午 睽 2343 BC	己未 兌 2342 BC	庚申 履 2341 BC	辛酉 泰 2340 BC	壬戌 大畜 2339 BC	癸亥 需 2338 BC

原書 332 頁

《皇極經世》以運經世表：巳會 2157 世至 2158 世

元	甲一（67017 BC – 62583 A.D.）									
會	巳六（13017 BC – 8583 BC）									
運正卦	夬 （4377 BC – 2218 BC ）									
運運卦	乾 （2577 BC – 2218 BC）									
世卦	大有（2337 BC – 2278 BC）									
旬卦	年卦									
鼎 2337 BC - 2328 BC	甲子 大有 2337 BC 堯帝 21 年	乙丑 夬 2336 BC	丙寅 姤 2335 BC	丁卯 大過 2334 BC	戊辰 鼎 2333 BC	己巳 恆 2332 BC	庚午 巽 2331 BC	辛未 井 2330 BC	壬申 蠱 2329 BC	癸酉 升 2328 BC
離 2327 BC - 2318 BC	甲戌 訟 2327 BC 堯帝 31 年	乙亥 困 2326 BC	丙子 未濟 2325 BC	丁丑 解 2324 BC	戊寅 渙 2323 BC	己卯 蒙 2322 BC	庚辰 師 2321 BC	辛巳 遯 2320 BC	壬午 咸 2319 BC	癸未 旅 2318 BC
睽 2317 BC - 2308 BC-	甲申 小過 2317 BC 堯帝 41 年	乙酉 漸 2316 BC	丙戌 蹇 2315 BC	丁亥 艮 2314 BC	戊子 謙 2313 BC	己丑 否 2312 BC	庚寅 萃 2311 BC	辛卯 晉 2310 BC	壬辰 豫 2309 BC	癸巳 觀 2308 BC
大畜 2307 BC - 2298 BC	甲午 比 2307 BC 堯帝 51 年	乙未 剝 2306 BC	丙申 復 2305 BC	丁酉 頤 2304 BC	戊戌 屯 2303 BC	己亥 益 2302 BC	庚子 震 2301 BC	辛丑 噬嗑 2300 BC	壬寅 隨 2299 BC	癸卯 无妄 2298 BC 帝嚳崩
乾 2297 BC - 2288 BC	甲辰 明夷 2297 BC 堯帝 61 年	乙巳 賁 2296 BC	丙午 既濟 2295 BC	丁未 家人 2294 BC	戊申 豐 2293 BC	己酉 革 2292 BC	庚戌 同人 2291 BC	辛亥 臨 2290 BC	壬子 損 2289 BC	癸丑 節 2288 BC
大壯 2287 BC - 2278 BC	甲寅 中孚 2287 BC 堯帝 71 年	乙卯 歸妹 2286 BC	丙辰 睽 2285 BC 舜帝元年	丁巳 兌 2284 BC	戊午 履 2283 BC	己未 泰 2282 BC	庚申 大畜 2281 BC	辛酉 需 2280 BC	壬戌 小畜 2279 BC	癸亥 大壯 2278 BC

原書 333 頁

《皇極經世》以運經世表：巳會 2159 世至 2160 世

元	甲一（67017 BC – 62583 AD）									
會	巳六（13017 BC – 2218 BC）									
運正卦	夬（4377 BC – 2218 BC）									
運運卦	乾（2577 BC – 2218 BC）									
世卦	夬（2277 BC – 2218 BC）									
旬卦	年卦									
大過 2277 BC - 2268 BC	甲子 夬 2277 BC 舜帝 9 年	乙丑 姤 2276 BC	丙寅 大過 2275 BC	丁卯 鼎 2274 BC	戊辰 恆 2273 BC	己巳 巽 2272 BC	庚午 井 2271 BC	辛未 蠱 2270 BC	壬申 升 2269 BC	癸酉 訟 2268 BC
革 2267 BC - 2258 BC	甲戌 困 2267 BC 舜帝 19 年	乙亥 未濟 2266 BC	丙子 解 2265 BC	丁丑 渙 2264 BC	戊寅 蒙 2263 BC	己卯 師 2262 BC	庚辰 遯 2261 BC	辛巳 咸 2260 BC	壬午 旅 2259 BC	癸未 小過 2258 BC
兌 2257 BC - 2248 BC-	甲申 漸 2257 BC 舜帝 29 年	乙酉 蹇 2256 BC	丙戌 艮 2255 BC	丁亥 謙 2254 BC	戊子 否 2253 BC	己丑 萃 2252 BC	庚寅 晉 2251 BC	辛卯 豫 2250 BC	壬辰 觀 2249 BC	癸巳 比 2248 BC
需 2247 BC - 2238 BC	甲午 剝 2247 BC 舜帝 39 年	乙未 復 2246 BC	丙申 頤 2245 BC	丁酉 屯 2244 BC	戊戌 益 2243 BC	己亥 震 2242 BC	庚子 噬嗑 2241 BC	辛丑 隨 2240 BC	壬寅 无妄 2239 BC	癸卯 明夷 2238 BC 堯帝崩
大壯 2237 BC - 2228 BC	甲辰 賁 2237 BC 舜帝 49 年	乙巳 既濟 22222 BC	丙午 家人 2235 BC	丁未 豐 2234 BC	戊申 革 2233 BC	己酉 同人 2232 BC	庚戌 臨 2231 BC	辛亥 損 2230 BC	壬子 巽 2229 BC	癸丑 中孚 2228 BC
乾 2227 BC - 2218 BC	甲寅 歸妹 2227 BC 舜帝 59 年	乙卯 睽 2226 BC	丙辰 兌 2225 BC	丁巳 履 2224 BC 大禹元年	戊午 泰 2223 BC	己未 大畜 2222 BC	庚申 需 2221 BC	辛酉 小畜 2220 BC	壬戌 大壯 2219 BC	癸亥 大有 2218 BC

原書 334 頁

《皇極經世》以運經世表：午會 2161 世至 2162 世

元	甲一（67017 BC – 62583 BC）									
會	午七（2217 BC – 8583 BC）									
運正卦	姤　（2217 BC – 58 BC ）									
運運卦	乾　（2217 BC –1858 BC）									
世卦	姤　（2217 BC – 2158 BC）									
旬卦	年卦									
乾 2217 BC - 2208 BC	甲子 姤 2217 BC 大禹 8 年	乙丑 大過 2216 BC	丙寅 鼎 2215 BC	丁卯 恆 2214 BC	戊辰 巽 2213 BC	己巳 井 2212 BC	庚午 蠱 2211 BC	辛未 升 2210 BC	壬申 訟 2209 BC	癸酉 困 2208 BC 舜帝崩
遯 2207 BC - 2198 BC	甲戌 未濟 2207 BC 大禹 8 年	乙亥 解 2206 BC	丙子 渙 2205 BC	丁丑 蒙 2204 BC	戊寅 師 2203 BC	己卯 遯 2202 BC	庚辰 咸 2201 BC	辛巳 旅 2200 BC	壬午 小過 2199 BC	癸未 漸 2198 BC 大禹崩
訟 2197 BC- 2188 BC	甲申 蹇 2197 BC 大禹 18 年	乙酉 艮 2196 BC	丙戌 謙 2195 BC	丁亥 否 2194 BC	戊子 萃 2193 BC	己丑 晉 2192 BC	庚寅 豫 2191 BC	辛卯 觀 2190 BC	壬辰 比 2189 BC	癸巳 剝 2188 BC 夏太康 元年
巽 2187 BC - 2178 BC	甲午 復 2187 BC 夏太康 2 年	乙未 頤 2186 BC	丙申 屯 2185 BC	丁酉 益 2184 BC	戊戌 震 2183 BC	己亥 噬嗑 2182 BC	庚子 隨 2181 BC	辛丑 无妄 2180 BC	壬寅 明夷 2179 BC	癸卯 賁 2178 BC
鼎 2177 BC - 2168 BC	甲辰 既濟 2177 BC 夏太康 12 年	乙巳 家人 2176 BC	丙午 豐 2175 BC	丁未 革 2174 BC	戊申 同人 2173 BC	己酉 臨 2172 BC	庚戌 損 2171 BC	辛亥 節 2170 BC	壬子 中孚 2169 BC	癸丑 歸妹 2168 BC
大過 2167 BC - 2158 BC	甲寅 睽 2167 BC 夏太康 22 年	乙卯 兌 2166 BC	丙辰 履 2165 BC	丁巳 泰 2164 BC	戊午 大畜 2163 BC	己未 需 2162 BC	庚申 小畜 2161 BC	辛酉 大壯 2160 BC	壬戌 大有 2159 BC 夏仲康 元年	癸亥 夬 2158 BC

原書 335 頁

《皇極經世》以運經世表：午會 2163 世至 2164 世

元	甲一（67017 BC – 62583 BC）									
會	午七（2217 BC - 8583 AD）									
運正卦	姤 （2217 BC – 58 BC ）									
運運卦	乾 （2217 BC –1858 BC）									
世卦	同人（2157 BC – 2098 BC）									
旬卦	年卦									
遯 2157 BC - 2148 BC	甲子 同人 2157 BC 夏仲康 3 年	乙丑 臨 2156 BC	丙寅 損 2155 BC	丁卯 節 2154 BC	戊辰 中孚 2153 BC	己巳 歸妹 2152 BC	庚午 睽 2151 BC	辛未 兌 2150 BC	壬申 履 2149 BC	癸酉 泰 2148 BC
乾 2147 BC - 2138 BC	甲戌 大畜 2147 BC 夏仲康 13 年	乙亥 需 2146 BC 夏相元年	丙子 小畜 2145 BC	丁丑 大壯 2144 BC	戊寅 大有 2143 BC	己卯 夬 2142 BC	庚辰 姤 2141 BC	辛巳 大過 2140 BC	壬午 鼎 2139 BC	癸未 恆 2138 BC
无妄 2137 BC- 2128 BC	甲申 巽 2137 BC 夏相 10 年	乙酉 井 2136 BC	丙戌 蠱 2135 BC	丁亥 升 2134 BC	戊子 訟 2133 BC	己丑 困 2132 BC	庚寅 未濟 2131 BC	辛卯 解 2130 BC	壬辰 渙 2129 BC	癸巳 蒙 2128 BC
家人 2127 BC - 2118 BC	甲午 師 2127 BC 夏相 20 年	乙未 遯 2126 BC	丙申 咸 2125 BC	丁酉 旅 2124 BC	戊戌 小過 2123 BC	己亥 漸 2122 BC	庚子 蹇 2121 BC	辛丑 艮 2120 BC	壬寅 謙 2119 BC 夏少康 始生	癸卯 否 2118 BC
離 2117 BC - 2108 BC	甲辰 萃 2117 BC	乙巳 晉 2116 BC	丙午 豫 2115 BC	丁未 觀 2114 BC	戊申 比 2113 BC	己酉 剝 2112 BC	庚戌 復 2111 BC	辛亥 頤 2110 BC	壬子 屯 2109 BC	癸丑 益 2108 BC
革 2107 BC - 2098 BC	甲寅 震 2107 BC	乙卯 噬嗑 2106 BC	丙辰 隨 2105 BC	丁巳 无妄 2104 BC	戊午 明夷 2103 BC	己未 賁 2102 BC	庚申 既濟 2101 BC	辛酉 家人 2100 BC	壬戌 豐 2099 BC	癸亥 革 2098 BC

原書 336 頁

《皇極經世》以運經世表：午會 2165 世至 2166 世

元	甲一（67017 BC – 62583 BC）									
會	午七（2217 BC - 8583 AD）									
運正卦	姤　（2217 BC – 58 BC ）									
運運卦	乾　（2217 BC –1858 BC）									
世卦	履　（2097 BC – 2038 BC）									
旬卦	年卦									
訟 2097 BC - 2088 BC	甲子 履 2097 BC	乙丑 泰 2096 BC	丙寅 大畜 2095 BC	丁卯 需 2094 BC	戊辰 小畜 2093 BC	己巳 大壯 2092 BC	庚午 大有 2091 BC	辛未 夬 2090 BC	壬申 姤 2089 BC	癸酉 大過 2088 BC
无妄 2087 BC - 2078 BC	甲戌 鼎 2087 BC	乙亥 恆 2086 BC	丙子 巽 2085 BC	丁丑 井 2084 BC	戊寅 蠱 2083 BC	己卯 升 2082 BC	庚辰 訟 2081 BC	辛巳 困 2080 BC	壬午 未濟 2079 BC 夏少康 滅澆國	癸未 解 2078 BC
乾 2077 BC- 2068 BC	甲申 渙 2077 BC	乙酉 蒙 2076 BC	丙戌 師 2075 BC	丁亥 遯 2074 BC	戊子 咸 2073 BC	己丑 旅 2072 BC	庚寅 小過 2071 BC	辛卯 漸 2070 BC	壬辰 蹇 2069 BC	癸巳 艮 2068 BC
中孚 2067 BC - 2058 BC	甲午 謙 2067 BC 夏少康 13 年	乙未 否 2066 BC	丙申 萃 2065 BC	丁酉 晉 2064 BC	戊戌 豫 2063 BC	己亥 觀 2062 BC	庚子 比 2061 BC	辛丑 剝 2060 BC	壬寅 復 2059 BC	癸卯 頤 2058 BC
睽 2057 BC - 2048 BC	甲辰 屯 2057 BC 夏杼元年	乙巳 益 2056 BC	丙午 震 2055 BC	丁未 噬嗑 2054 BC	戊申 隨 2053 BC	己酉 无妄 2052 BC	庚戌 明夷 2051 BC	辛亥 賁 2050 BC	壬子 既濟 2049 BC	癸丑 家人 2048 BC
兌 2047 BC - 2038 BC	甲寅 豐 2047 BC 夏杼 11 年	乙卯 革 2046 BC	丙辰 同人 2045 BC	丁巳 臨 2044 BC	戊午 損 2043 BC	己未 節 2042 BC	庚申 中孚 2041 BC	辛酉 歸妹 2040 BC	壬戌 睽 2039 BC	癸亥 兌 2038 BC

原書 337 頁

《皇極經世》以運經世表：午會 2167 世至 2168 世

元	甲一（67017 BC – 62583 A.D.）									
會	午七（2217 BC – 8583 DC）									
運正卦	姤　（2217 BC – 58 BC）									
運運卦	乾　（2217 BC – 1858 BC）									
世卦	小畜（1977 BC – 1918 BC）									
旬卦	年卦									
巽 2037 BC - 2028 BC	甲子 小畜 2037 BC 夏槐 4 年	乙丑 大壯 2036 BC	丙寅 大有 2035 BC	丁卯 夬 2034 BC	戊辰 姤 2033 BC	己巳 大過 2032 BC	庚午 鼎 2031 BC	辛未 恆 2030 BC	壬申 巽 2029 BC	癸酉 井 2028 BC
家人 2027 BC - 2018 BC	甲戌 蠱 2027 BC 夏槐 14 年	乙亥 升 2026 BC	丙子 訟 2025 BC	丁丑 困 2024 BC	戊寅 未濟 2023 BC	己卯 解 2022 BC	庚辰 渙 2021 BC	辛巳 蒙 2020 BC	壬午 師 2019 BC	癸未 遯 2018 BC
中孚 2017 BC - 2008 BC-	甲申 咸 2017 BC 夏槐 24 年	乙酉 旅 2016 BC	丙戌 小過 2015 BC	丁亥 漸 2014 BC 夏芒元年	戊子 蹇 2013 BC	己丑 艮 2012 BC	庚寅 謙 2011 BC	辛卯 否 2010 BC	壬辰 萃 2009 BC	癸巳 晉 2008 BC
乾 2007 BC - 1998 BC	甲午 豫 2007 BC 夏芒 8 年	乙未 觀 2006 BC	丙申 比 2005 BC	丁酉 剝 2004 BC	戊戌 復 2003 BC	己亥 頤 2002 BC	庚子 屯 2001 BC	辛丑 益 2000 BC	壬寅 震 1999 BC	癸卯 噬嗑 1998 BC
大畜 1997 BC - 2348 BC	甲辰 隨 1997 BC 夏芒 18 年	乙巳 无妄 1996 BC 夏泄元年	丙午 明夷 1995 BC	丁未 賁 1994 BC	戊申 既濟 1993 BC	己酉 家人 1992 BC	庚戌 豐 1991 BC	辛亥 革 1990 BC	壬子 同人 2349 BC	癸丑 臨 2348 BC
需 2347 BC - 1978 BC	甲寅 損 2347 BC 夏泄 10 年	乙卯 巽 2346 BC	丙辰 中孚 2345 BC	丁巳 歸妹 2344 BC	戊午 睽 2343 BC	己未 兌 2342 BC	庚申 履 2341 BC	辛酉 泰 2340 BC 夏不降 元年	壬戌 大畜 1979 BC	癸亥 需 1978 BC

原書 338 頁

《皇極經世》以運經世表：午會2169世至2170世

元	甲一（67017 BC – 62583 A.D.）									
會	午七（2217 BC – 8683 AD）									
運正卦	姤　（2217 BC – 58 BC）									
運運卦	乾　（2217 BC – 1858 BC）									
世卦	大有（1977 BC – 1918 BC）									
旬卦	年卦									
鼎 1977 BC - 1968 BC	甲子 大有 1977 BC 夏不降 4年	乙丑 夬 1976 BC	丙寅 姤 1975 BC	丁卯 大過 1974 BC	戊辰 鼎 1973 BC	己巳 恆 1972 BC	庚午 巽 1971 BC	辛未 井 1970 BC	壬申 蠱 1969 BC	癸酉 升 1968 BC
離 1967 BC - 1958 BC	甲戌 訟 1967 BC 夏不降 14年	乙亥 困 1966 BC	丙子 未濟 1965 BC	丁丑 解 1964 BC	戊寅 渙 1963 BC	己卯 蒙 1962 BC	庚辰 師 1961 BC	辛巳 遯 1960 BC	壬午 咸 1959 BC	癸未 旅 1958 BC
睽 1957 BC - 1948 BC-	甲申 小過 1957 BC 夏不降 24年	乙酉 漸 1956 BC	丙戌 蹇 1955 BC	丁亥 艮 1954 BC	戊子 謙 1953 BC	己丑 否 1952 BC	庚寅 萃 1951 BC	辛卯 晉 1950 BC	壬辰 豫 1949 BC	癸巳 觀 1948 BC
大畜 1947 BC - 1938 BC	甲午 比 1947 BC 夏不降 34年	乙未 剝 1946 BC	丙申 復 1945 BC	丁酉 頤 1944 BC	戊戌 屯 1943 BC	己亥 益 1942 BC	庚子 震 1941 BC	辛丑 噬嗑 1940 BC	壬寅 隨 1939 BC	癸卯 无妄 1938 BC
乾 1937 BC - 1928 BC	甲辰 明夷 1937 BC 夏不降 44年	乙巳 賁 1936 BC	丙午 既濟 1935 BC	丁未 家人 1934 BC	戊申 豐 1933 BC	己酉 革 1932 BC	庚戌 同人 1931 BC	辛亥 臨 1930 BC	壬子 損 1929 BC	癸丑 節 1928 BC
大壯 1927 BC - 2278 BC	甲寅 中孚 1927 BC 夏不降 54年	乙卯 歸妹 1926 BC	丙辰 睽 1925 BC	丁巳 兌 1924 BC	戊午 履 1923 BC	己未 泰 1922 BC	庚申 大畜 1921 BC 夏扃元年	辛酉 需 1920 BC	壬戌 小畜 2279 BC	癸亥 大壯 2278 BC

原書339頁

《皇極經世》以運經世表：午會 2171 世至 2172 世

元	甲一（67017 BC – 62583 AD）									
會	午七（2217 BC – 8583 AD）									
運正卦	姤　（2217 BC – 58 BC）									
運運卦	乾　（2217 BC – 1858 BC）									
世卦	夬　（1917 BC – 1858 BC）									
旬卦	年卦									
大過 1917 BC - 1908 BC	甲子 夬 1917 BC 夏扃 5 年	乙丑 姤 1916 BC	丙寅 大過 1915 BC	丁卯 鼎 1914 BC	戊辰 恆 1913 BC	己巳 巽 1912 BC	庚午 井 1911 BC	辛未 蠱 1910 BC	壬申 升 1909 BC	癸酉 訟 1908 BC
革 1907 BC - 1898 BC	甲戌 困 1907 BC 夏扃 15 年	乙亥 未濟 1906 BC	丙子 解 1905 BC	丁丑 換 1904 BC	戊寅 蒙 1903 BC	己卯 師 1902 BC	庚辰 遯 1901 BC	辛巳 咸 1900 BC 夏廑元年	壬午 旅 1899 BC	癸未 小過 1898 BC
兌 1897 BC - 1888 BC-	甲申 漸 1897 BC 夏廑 4 年	乙酉 蹇 1896 BC	丙戌 艮 1895 BC	丁亥 謙 1894 BC	戊子 否 1893 BC	己丑 萃 1892 BC	庚寅 晉 1891 BC	辛卯 豫 1890 BC	壬辰 觀 1889 BC	癸巳 比 1888 BC
需 1887 BC - 1878 BC	甲午 剝 1887 BC 夏廑 14 年	乙未 復 1886 BC	丙申 頤 1885 BC	丁酉 屯 1884 BC	戊戌 益 1883 BC	己亥 震 1882 BC	庚子 噬嗑 1881 BC	辛丑 隨 1880 BC	壬寅 无妄 1879 BC 夏孔甲 3 年	癸卯 明夷 1878 BC
大壯 1877 BC - 1868 BC	甲辰 賁 1877 BC 夏孔甲 3 年	乙巳 既濟 1876 BC	丙午 家人 1875 BC	丁未 豐 1874 BC	戊申 革 1873 BC	己酉 同人 1872 BC	庚戌 臨 1871 BC	辛亥 損 1870 BC	壬子 巽 1869 BC	癸丑 中孚 1868 BC
乾 1867 BC - 1858 BC	甲寅 歸妹 1867 BC 夏孔甲 13 年	乙卯 睽 1866 BC	丙辰 兌 1865 BC	丁巳 履 1864 BC	戊午 泰 1863 BC	己未 大畜 1862 BC	庚申 需 1861 BC	辛酉 小畜 1860 BC	壬戌 大壯 1859 BC	癸亥 大有 1858 BC

原書 340 頁

《皇極經世》以運經世表：午會 2173 世至 2174 世

元	甲一（67017 BC – 62583 BC）									
會	午七（2217 BC - 8583 AD）									
運正卦	姤　（2217 BC – 58 BC ）									
運運卦	遯　（2217 BC –1498 BC）									
世卦	同人（1857 BC – 1798 BC）									
旬卦	年卦									
遯 1857 BC - 1848 BC	甲子 同人 1857 BC 夏孔甲 23 年	乙丑 臨 1856 BC	丙寅 損 1855 BC	丁卯 節 1854 BC	戊辰 中孚 1853 BC	己巳 歸妹 1852 BC	庚午 睽 1851 BC	辛未 兌 1850 BC	壬申 履 1849 BC	癸酉 泰 1848 BC 夏皋元年
乾 1847 BC - 1838 BC	甲戌 大畜 1847 BC 夏皋 2 年	乙亥 需 1846 BC	丙子 小畜 1845 BC	丁丑 大壯 1844 BC	戊寅 大有 1843 BC	己卯 夬 1842 BC	庚辰 姤 1841 BC	辛巳 大過 1840 BC	壬午 鼎 1839 BC	癸未 恆 1838 BC
无妄 1837 BC- 1828 BC	甲申 巽 1837 BC 夏發元年	乙酉 井 1836 BC	丙戌 蠱 1835 BC	丁亥 升 1834 BC	戊子 訟 1833 BC	己丑 困 1832 BC	庚寅 未濟 1831 BC	辛卯 解 1830 BC	壬辰 渙 1829 BC	癸巳 蒙 1828 BC
家人 1827 BC - 1818 BC	甲午 師 1827 BC 夏發 11 年	乙未 遯 1826 BC	丙申 咸 1825 BC	丁酉 旅 1824 BC	戊戌 小過 1823 BC	己亥 漸 1822 BC	庚子 蹇 1821 BC	辛丑 艮 1820 BC	壬寅 謙 1819 BC	癸卯 否 1818 BC 夏癸元年
離 1817 BC - 1808 BC	甲辰 萃 1817 BC 夏癸 2 年	乙巳 晉 1816 BC	丙午 豫 1815 BC	丁未 觀 1814 BC	戊申 比 1813 BC	己酉 剝 1812 BC	庚戌 復 1811 BC	辛亥 頤 1810 BC	壬子 屯 1809 BC	癸丑 益 1808 BC
革 1807 BC - 1798 BC	甲寅 震 1807 BC 夏癸 12 年	乙卯 噬嗑 1806 BC	丙辰 隨 1805 BC	丁巳 无妄 1804 BC	戊午 明夷 1803 BC	己未 賁 1802 BC	庚申 既濟 1801 BC	辛酉 家人 1800 BC	壬戌 豐 1799 BC	癸亥 革 1798 BC

原書 341 頁

《皇極經世》以運經世表：午會 2175 世至 2176 世

元	甲一（67017 BC – 62583 BC）									
會	午七（1797 BC – 8583 AD）									
運正卦	姤　（1797 BC – 58 BC）									
運運卦	遯　（1857 BC – 1498 BC）									
世卦	姤　（1797 BC – 1738 BC）									
旬卦	年卦									
乾 1797 BC - 1788 BC	甲子 姤 1797 BC 夏癸 22 年	乙丑 大過 1796 BC	丙寅 鼎 1795 BC	丁卯 恆 1794 BC	戊辰 巽 1793 BC	己巳 井 1792 BC	庚午 蠱 1791 BC	辛未 升 1790 BC	壬申 訟 1789 BC	癸酉 困 1788 BC
遯 1787 BC - 1778 BC	甲戌 未濟 1787 BC 夏癸 32 年	乙亥 解 1786 BC	丙子 渙 1785 BC	丁丑 蒙 1784 BC	戊寅 師 1783 BC	己卯 遯 1782 BC	庚辰 咸 1781 BC	辛巳 旅 1780 BC	壬午 小過 1779 BC	癸未 漸 1778 BC
訟 1777 BC- 1768 BC	甲申 蹇 1777 BC 夏癸 42 年	乙酉 艮 1776 BC	丙戌 謙 1775 BC	丁亥 否 1774 BC	戊子 萃 1773 BC	己丑 晉 1772 BC	庚寅 豫 1771 BC	辛卯 觀 1770 BC	壬辰 比 1769 BC	癸巳 剝 1768 BC
巽 1767 BC - 1758 BC	甲午 復 1767 BC 夏癸 52 年	乙未 頤 1766 BC 商湯元年	丙申 屯 1765 BC	丁酉 益 1764 BC	戊戌 震 1763 BC	己亥 噬嗑 1762 BC	庚子 隨 1761 BC	辛丑 无妄 1760 BC	壬寅 明夷 1759 BC	癸卯 賁 1758 BC
鼎 1757 BC - 1748 BC	甲辰 既濟 1757 BC 商湯 10 年	乙巳 家人 1756 BC	丙午 豐 1755 BC	丁未 革 1754 BC	戊申 同人 1753 BC 商太甲 元年	己酉 臨 1752 BC	庚戌 損 1751 BC	辛亥 節 1750 BC	壬子 中孚 1749 BC	癸丑 歸妹 1748 BC
大過 1747 BC - 1738 BC	甲寅 睽 1747 BC 商太甲 7 年	乙卯 兌 1746 BC	丙辰 履 1745 BC	丁巳 泰 1744 BC	戊午 大畜 1743 BC	己未 需 1742 BC	庚申 小畜 1741 BC	辛酉 大壯 1740 BC	壬戌 大有 1739 BC	癸亥 夬 1738 BC

原書 342 頁

《皇極經世》以運經世表：午會 2177 世至 2178 世

元	甲一（67017 BC – 62583 BC）									
會	午七（2217 BC - 8583 AD）									
運正卦	姤　（2217 BC – 58 BC ）									
運運卦	遯　（2217 BC –1498 BC）									
世卦	否　（1737 BC – 1678 BC）									
旬卦	年卦									
遯 1737 BC - 1728 BC	甲子 否 1737 BC 商太甲 17 年	乙丑 萃 1736 BC	丙寅 晉 1735 BC	丁卯 豫 1734 BC	戊辰 觀 1733 BC	己巳 比 1732 BC	庚午 剝 1731 BC	辛未 復 1730 BC	壬申 頤 1729 BC	癸酉 屯 1728 BC
无妄 1727 BC - 1718 BC	甲戌 益 1727 BC 商太甲 27 年	乙亥 震 1726 BC	丙子 噬嗑 1725 BC	丁丑 隨 1724 BC	戊寅 无妄 1723 BC	己卯 明夷 1722 BC	庚辰 賁 1721 BC	辛巳 既濟 1720 BC 商沃丁 元年	壬午 家人 1719 BC	癸未 豐 1718 BC
訟 1717 BC- 1708 BC	甲申 革 1717 BC 商沃丁 4 年	乙酉 同人 1716 BC	丙戌 臨 1715 BC	丁亥 損 1714 BC	戊子 節 1713 BC	己丑 中孚 1712 BC	庚寅 歸妹 1711 BC	辛卯 睽 1710 BC	壬辰 兌 1709 BC	癸巳 履 1708 BC
遯 1707 BC - 1698 BC	甲午 泰 1707 BC 商沃丁 14 年	乙未 大畜 1706 BC	丙申 需 1705 BC	丁酉 小畜 1704 BC	戊戌 大壯 1703 BC	己亥 大有 1702 BC	庚子 夬 1701 BC	辛丑 姤 1700 BC	壬寅 大過 1699 BC	癸卯 鼎 1698 BC
晉 1697 BC - 1688 BC	甲辰 恆 1697 BC 商沃丁 24 年	乙巳 巽 1696 BC	丙午 井 1695 BC	丁未 蠱 1694 BC	戊申 升 1693 BC	己酉 訟 1692 BC	庚戌 困 1691 BC 商太庚 元年	辛亥 未濟 1690 BC	壬子 解 1689 BC	癸丑 渙 1688 BC
萃 1687 BC - 1678 BC	甲寅 蒙 1687 BC 商太庚 5 年	乙卯 師 1686 BC	丙辰 遯 1685 BC	丁巳 咸 1684 BC	戊午 旅 1683 BC	己未 小過 1682 BC	庚申 漸 1681 BC	辛酉 蹇 1680 BC	壬戌 艮 1679 BC	癸亥 謙 1678 BC

原書 343 頁

《皇極經世》以運經世表：午會 2179 世至 21 80 世

元	甲一（67017 BC – 62583 BC）									
會	午七（2217 BC - 8583 AD）									
運正卦	姤 （2217 BC – 58 BC ）									
運運卦	遯 （2217 BC –1498 BC）									
世卦	漸 （1677 BC – 1678 BC）									
旬卦	年卦									
家人 1677 BC - 1668 BC	甲子 漸 1677 BC 商太庚 15 年	乙丑 蹇 1676 BC	丙寅 艮 1675 BC	丁卯 謙 1674 BC	戊辰 否 1673 BC	己巳 萃 1672 BC	庚午 晉 1671 BC	辛未 豫 1670 BC	壬申 觀 1669 BC	癸酉 比 1668 BC
巽 1667 BC - 1658 BC	甲戌 剝 1667 BC 商太庚 25 年	乙亥 復 1666 BC 商小甲 元年	丙子 頤 1665 BC	丁丑 屯 1664 BC	戊寅 益 1663 BC	己卯 震 1662 BC	庚辰 噬嗑 1661 BC	辛巳 隨 1660 BC	壬午 无妄 1659 BC	癸未 明夷 1658 BC
觀 1657 BC- 1648 BC	甲申 賁 1657 BC 商小甲 10 年	乙酉 既濟 1656 BC	丙戌 家人 1655 BC	丁亥 豐 1654 BC	戊子 革 1653 BC	己丑 同人 1652 BC	庚寅 臨 1651 BC	辛卯 損 1650 BC	壬辰 節 1649 BC 商雍己 元年	癸巳 中孚 1648 BC
遯 1647 BC - 1638 BC	甲午 歸妹 1647 BC 商雍己 3 年	乙未 睽 1646 BC	丙申 兌 1645 BC	丁酉 履 1644 BC	戊戌 泰 1643 BC	己亥 大畜 1642 BC	庚子 需 1641 BC	辛丑 小畜 1640 BC	壬寅 大壯 1639 BC	癸卯 大有 1638 BC
艮 1637 BC - 1628 BC	甲辰 夬 1637 BC 商太戊 元年	乙巳 姤 1636 BC	丙午 大過 1635 BC	丁未 鼎 1634 BC	戊申 恆 1633 BC	己酉 巽 1632 BC	庚戌 井 1631 BC	辛亥 蠱 1630 BC	壬子 升 1629 BC	癸丑 訟 1628 BC
蹇 1627 BC - 1618 BC	甲寅 困 1627 BC 商太戊 11 年	乙卯 未濟 1626 BC	丙辰 解 1625 BC	丁巳 渙 1624 BC	戊午 蒙 1623 BC	己未 師 1622 BC	庚申 遯 1621 BC	辛酉 咸 1620 BC	壬戌 旅 1619 BC	癸亥 小過 1618 BC

原書 344 頁

《皇極經世》以運經世表：午會2181世至2182世

元	甲一（67017 BC – 62583 AD）									
會	午七（2217 BC – 8583 AD）									
運正卦	姤　（2217 BC – 58 BC）									
運運卦	遯　（1857 BC – 1498 BC）									
世卦	旅　（1617 BC – 1558 BC）									
旬卦	年卦									
離 1617 BC – 1608 BC	甲子 旅 1617 BC 商太戊 21年	乙丑 小過 1616 BC	丙寅 漸 1615 BC	丁卯 蹇 1614 BC	戊辰 艮 1613 BC	己巳 謙 1612 BC	庚午 否 1611 BC	辛未 萃 1610 BC	壬申 晉 1609 BC	癸酉 豫 1608 BC
鼎 1607 BC - 1598 BC	甲戌 觀 1607 BC 商太戊 31年	乙亥 比 1606 BC	丙子 剝 1605 BC	丁丑 復 1604 BC	戊寅 頤 1603 BC	己卯 屯 1602 BC	庚辰 益 1601 BC	辛巳 震 1600 BC	壬午 噬嗑 1599 BC	癸未 隨 1598 BC
晉 1597 BC - 1588 BC	甲申 无妄 1597 BC 商太戊 41年	乙酉 明夷 1596 BC	丙戌 賁 1595 BC	丁亥 既濟 1594 BC	戊子 家人 1593 BC	己丑 豐 1592 BC	庚寅 革 1591 BC	辛卯 同人 1590 BC	壬辰 臨 1589 BC	癸巳 損 1588 BC
艮 1587 BC - 1578 BC	甲午 節 1587 BC 商太戊 51年	乙未 中孚 1586 BC	丙申 歸妹 1585 BC	丁酉 睽 1584 BC	戊戌 兌 1583 BC	己亥 履 1582 BC	庚子 泰 1581 BC	辛丑 大畜 1580 BC	壬寅 需 1579 BC	癸卯 小畜 1578 BC
遯 1577 BC - 1568 BC	甲辰 大壯 1577 BC 商太戊 61年	乙巳 大有 1576 BC	丙午 夬 1575 BC	丁未 姤 1574 BC	戊申 大過 1573 BC	己酉 鼎 1572 BC	庚戌 恆 1571 BC	辛亥 巽 1570 BC	壬子 井 1569 BC	癸丑 蠱 1568 BC
小過 1567 BC - 1558 BC	甲寅 升 1567 BC 商太戊 71年	乙卯 訟 1566 BC	丙辰 困 1565 BC	丁巳 未濟 1564 BC	戊午 解 1563 BC	己未 渙 1562 BC 商仲丁 元年	庚申 蒙 1561 BC	辛酉 師 1560 BC	壬戌 遯 1559 BC	癸亥 咸 1558 BC

原書345頁

《皇極經世》以運經世表：午會 2183 世至 2184 世

元	甲一（67017 BC – 62583 AD）									
會	午七（2217 BC – 8583 AD）									
運正卦	姤　（2217 BC – 58 BC）									
運運卦	遯　（1857 BC – 1498 BC）									
世卦	咸　（1557 BC – 1498 BC）									
旬卦	年卦									
離 1557 BC – 1548 BC	甲子 咸 1557 BC 商仲丁 6 年	乙丑 旅 1556 BC	丙寅 小過 1555 BC	丁卯 漸 1554 BC	戊辰 蹇 1553 BC	己巳 艮 1552 BC	庚午 謙 1551 BC	辛未 否 1550 BC	壬申 萃 1549 BC 商外壬 元年	癸酉 晉 1548 BC
鼎 1547 BC 1538 BC	甲戌 豫 1547 BC 商外壬 3 年	乙亥 觀 1546 BC	丙子 比 1545 BC	丁丑 剝 1544 BC	戊寅 復 1543 BC	己卯 頤 1542 BC	庚辰 屯 1541 BC	辛巳 益 1540 BC	壬午 震 1539 BC	癸未 噬嗑 1538 BC
晉 1537 BC 1528 BC	甲申 隨 1537 BC 商外壬 13 年	乙酉 无妄 1536 BC	丙戌 明夷 1535 BC	丁亥 賁 1534 BC 商河亶甲 元年	戊子 既濟 1533 BC	己丑 家人 1532 BC	庚寅 豐 1531 BC	辛卯 革 1530 BC	壬辰 同人 1529 BC	癸巳 臨 1528 BC
艮 1527 BC - 1518 BC	甲午 損 1527 BC 商河亶甲 8 年	乙未 節 1526 BC	丙申 中孚 1525 BC 商祖乙 元年	丁酉 歸妹 1524 BC	戊戌 睽 1523 BC	己亥 兌 1522 BC	庚子 履 1521 BC	辛丑 泰 1520 BC	壬寅 大畜 1519 BC	癸卯 需 1518 BC
遯 1517 BC - 1508 BC	甲辰 小畜 1517 BC 商祖乙 9 年	乙巳 大壯 1516 BC	丙午 大有 1515 BC	丁未 夬 1514 BC	戊申 姤 1513 BC	己酉 大過 1512 BC	庚戌 鼎 1511 BC	辛亥 恆 1510 BC	壬子 巽 1509 BC	癸丑 井 1508 BC
小過 1507 BC - 1498 BC	甲寅 蠱 1507 BC 商祖乙 19 年	乙卯 升 1506 BC 商祖辛 元年	丙辰 訟 1505 BC	丁巳 困 1504 BC	戊午 未濟 1503 BC	己未 解 1502 BC	庚申 渙 1501 BC	辛酉 蒙 1500 BC	壬戌 師 1499 BC	癸亥 遯 1498 BC

原書 346 頁

《皇極經世》以運經世表：午會 2185 世至 2186 世

元	甲一（67017 BC – 62583 BC）									
會	午七（2217 BC - 8583 AD）									
運正卦	姤　（2217 BC – 58 BC ）									
運運卦	訟　（1497 BC –1858 BC）									
世卦	履　（1497 BC – 1438 BC）									
旬卦	年卦									
訟 1497 BC - 1488 BC	甲子 履 1497 BC 商祖辛 10 年	乙丑 泰 1496 BC	丙寅 大畜 1495 BC	丁卯 需 1494 BC	戊辰 小畜 1493 BC	己巳 大壯 1492 BC	庚午 大有 1491 BC	辛未 夬 1490 BC 商沃甲 元年	壬申 姤 1489 BC	癸酉 大過 1488 BC
无妄 1487 BC - 1478 BC	甲戌 鼎 1487 BC 商沃甲 4 年	乙亥 恆 1486 BC	丙子 巽 1485 BC	丁丑 井 1484 BC	戊寅 蠱 1483 BC	己卯 升 1482 BC	庚辰 訟 1481 BC	辛巳 困 1480 BC	壬午 未濟 1479 BC	癸未 解 1478 BC
乾 1477 BC- 1468 BC	甲申 渙 1477 BC 商沃甲 14 年	乙酉 蒙 1476 BC	丙戌 師 1475 BC	丁亥 遯 1474 BC	戊子 咸 1473 BC	己丑 旅 1472 BC	庚寅 小過 1471 BC	辛卯 漸 1470 BC	壬辰 蹇 1469 BC	癸巳 艮 1468 BC
中孚 1467 BC - 1458 BC	甲午 謙 1467 BC 商沃甲 24 年	乙未 否 1466 BC	丙申 萃 1465 BC 商祖丁 元年	丁酉 晉 1464 BC	戊戌 豫 1463 BC	己亥 觀 1462 BC	庚子 比 1461 BC	辛丑 剝 1460 BC	壬寅 復 1459 BC	癸卯 頤 1458 BC
睽 1457 BC - 1448 BC	甲辰 屯 1457 BC 商祖丁 9 年	乙巳 益 1456 BC	丙午 震 1455 BC	丁未 噬嗑 1454 BC	戊申 隨 1453 BC	己酉 无妄 1452 BC	庚戌 明夷 1451 BC	辛亥 賁 1450 BC	壬子 既濟 1449 BC	癸丑 家人 1448 BC
兌 1447 BC - 1438 BC	甲寅 豐 1447 BC 商祖丁 19 年	乙卯 革 1446 BC	丙辰 同人 1445 BC	丁巳 臨 1444 BC	戊午 損 1443 BC	己未 節 1442 BC	庚申 中孚 1441 BC	辛酉 歸妹 1440 BC	壬戌 睽 1439 BC	癸亥 兌 1438 BC

原書 347 頁

《皇極經世》以運經世表：午會 2187 世至 2188 世

元	甲一（67017 BC – 62583 BC）									
會	午七（2217 BC - 8583 AD）									
運正卦	姤 （2217 BC – 58 BC ）									
運運卦	訟 （2217 BC – 1138 BC）									
世卦	否 （1437 BC – 1378 BC）									
旬卦	年卦									
无妄 1437 BC - 1428 BC	甲子 否 1437 BC 商祖丁 29 年	乙丑 萃 1436 BC	丙寅 晉 1435 BC	丁卯 豫 1434 BC	戊辰 觀 1433 BC 商南庚 元年	己巳 比 1432 BC	庚午 剝 1431 BC	辛未 復 1430 BC	壬申 頤 1429 BC	癸酉 屯 1428 BC
訟 1427 BC - 1418 BC	甲戌 益 1427 BC 商南庚 7 年	乙亥 震 1426 BC	丙子 噬嗑 1425 BC	丁丑 隨 1424 BC	戊寅 无妄 1423 BC	己卯 明夷 1422 BC	庚辰 賁 1421 BC	辛巳 既濟 1420 BC	壬午 家人 1419 BC	癸未 豐 1418 BC
遯 1417 BC- 1408 BC	甲申 革 1417 BC 商南庚 17 年	乙酉 同人 1416 BC	丙戌 臨 1415 BC	丁亥 損 1414 BC	戊子 節 1413 BC	己丑 中孚 1412 BC	庚寅 歸妹 1411 BC	辛卯 睽 1410 BC	壬辰 兌 1409 BC	癸巳 履 1408 BC 商陽甲 元年
觀 1407 BC - 1398 BC	甲午 泰 1407 BC 商陽甲 2 年	乙未 大畜 1406 BC	丙申 需 1405 BC	丁酉 小畜 1404 BC	戊戌 大壯 1403 BC	己亥 大有 1402 BC	庚子 夬 1401 BC 商盤庚 元年	辛丑 姤 1400 BC	壬寅 大過 1399 BC	癸卯 鼎 1398 BC
晉 1397 BC - 1388 BC	甲辰 恆 1397 BC 商盤庚 5 年	乙巳 巽 1396 BC	丙午 井 1395 BC	丁未 蠱 1394 BC	戊申 升 1393 BC	己酉 訟 1392 BC	庚戌 困 1391 BC	辛亥 未濟 1390 BC	壬子 解 1389 BC	癸丑 渙 1388 BC
萃 1387 BC - 1378 BC	甲寅 蒙 1387 BC 商盤庚 15 年	乙卯 師 1386 BC	丙辰 遯 1385 BC	丁巳 咸 1384 BC	戊午 旅 1383 BC	己未 小過 1382 BC	庚申 漸 1381 BC	辛酉 蹇 1380 BC	壬戌 艮 1379 BC	癸亥 謙 1378 BC

原書 348 頁

《皇極經世》以運經世表：午會 2189 世至 2190 世

元	甲一（67017 BC – 62583 BC）									
會	午七（1377 BC – 8583 BC）									
運正卦	姤　（1377 BC – 58 BC ）									
運運卦	訟　（1497 BC – 1138 BC）									
世卦	姤　（1377 BC – 1318 BC）									
旬卦	年卦									
乾 1377 BC - 1368 BC	甲子 姤 1377 BC 商盤庚 25 年	乙丑 大過 1376 BC	丙寅 鼎 1375 BC	丁卯 恆 1374 BC 商小辛 元年	戊辰 巽 1373 BC	己巳 井 1372 BC	庚午 蠱 1371 BC	辛未 升 1370 BC	壬申 訟 1369 BC	癸酉 困 1368 BC
遯 1367 BC - 1358 BC	甲戌 未濟 1367 BC 商小辛 8 年	乙亥 解 1366 BC	丙子 渙 1365 BC	丁丑 蒙 1364 BC	戊寅 師 1363 BC	己卯 遯 1362 BC	庚辰 咸 1361 BC	辛巳 旅 1360 BC	壬午 小過 1359 BC	癸未 漸 1358 BC
訟 1357 BC-1348 BC	甲申 蹇 1357 BC 商小辛 18 年	乙酉 艮 1356 BC	丙戌 謙 1355 BC	丁亥 否 1354 BC	戊子 萃 1353 BC	己丑 晉 1352 BC 商小乙 元年	庚寅 豫 1351 BC	辛卯 觀 1350 BC	壬辰 比 1349 BC	癸巳 剝 1348 BC
巽 1347 BC - 1338 BC	甲午 復 1347 BC 商小乙 6 年	乙未 頤 1346 BC	丙申 屯 1345 BC	丁酉 益 1344 BC	戊戌 震 1343 BC	己亥 噬嗑 1342 BC	庚子 隨 1341 BC	辛丑 无妄 1340 BC	壬寅 明夷 1339 BC	癸卯 賁 1338 BC
鼎 1337 BC - 1328 BC	甲辰 既濟 1337 BC 商小乙 16 年	乙巳 家人 1336 BC	丙午 豐 1335 BC	丁未 革 1334 BC	戊申 同人 1333 BC	己酉 臨 1332 BC	庚戌 損 1331 BC	辛亥 節 1330 BC	壬子 中孚 1329 BC	癸丑 歸妹 1328 BC
大過 1327 BC - 1318 BC	甲寅 睽 1327 BC 商小乙 26 年	乙卯 兌 1326 BC	丙辰 履 1325 BC	丁巳 泰 1324 BC 商武丁 元年	戊午 大畜 1323 BC	己未 需 1322 BC	庚申 小畜 1321 BC	辛酉 大壯 1320 BC	壬戌 大有 1319 BC	癸亥 夬 1318 BC

原書 349 頁

《皇極經世》以運經世表：午會 2191 世至 2192 世

元	甲一（67017 BC – 62583 AD）									
會	午七（2217 BC – 8583 AD）									
運正卦	姤　（2217 BC – 58 BC）									
運運卦	訟　（1857 BC – 1138 BC）									
世卦	渙　（1317 BC – 1258 BC）									
旬卦	年卦									
中孚 1317 BC – 1308 BC	甲子 渙 1317 BC 商武丁 8 年	乙丑 蒙 1316 BC	丙寅 師 1315 BC	丁卯 遯 1314 BC	戊辰 咸 1313 BC	己巳 旅 1312 BC	庚午 小過 1311 BC	辛未 漸 1310 BC	壬申 蹇 1309 BC	癸酉 艮 1308 BC
觀 1307 BC - 1298 BC	甲戌 謙 1307 BC 商武丁 18 年	乙亥 否 1306 BC	丙子 萃 1305 BC	丁丑 晉 1304 BC	戊寅 豫 1303 BC	己卯 觀 1302 BC	庚辰 比 1301 BC	辛巳 剝 1300 BC	壬午 復 1299 BC	癸未 頤 1298 BC
巽 1297 BC - 1288 BC	甲申 屯 1297 BC 商武丁 28 年	乙酉 益 1296 BC	丙戌 震 1295 BC	丁亥 噬嗑 1294 BC	戊子 隨 1293 BC	己丑 无妄 1292 BC	庚寅 明夷 1291 BC	辛卯 賁 1290 BC	壬辰 既濟 1289 BC	癸巳 家人 1288 BC
訟 1287 BC - 1278 BC	甲午 豐 1287 BC 商武丁 38 年	乙未 革 1286 BC	丙申 同人 1285 BC	丁酉 臨 1284 BC	戊戌 損 1283 BC	己亥 節 1282 BC	庚子 中孚 1281 BC	辛丑 歸妹 1280 BC	壬寅 睽 1279 BC	癸卯 兌 1278 BC
蒙 1277 BC - 1268 BC	甲辰 履 1277 BC 商武丁 48 年	乙巳 泰 1276 BC	丙午 大畜 1275 BC	丁未 需 1274 BC	戊申 小畜 1273 BC	己酉 大壯 1272 BC	庚戌 大有 1271 BC	辛亥 夬 1270 BC	壬子 姤 1269 BC	癸丑 大過 1268 BC
坎 1267 BC - 1258 BC	甲寅 鼎 1267 BC 商武丁 58 年	乙卯 恆 1266 BC	丙辰 巽 1265 BC 商祖庚 元年	丁巳 井 1264 BC	戊午 蠱 1263 BC	己未 升 1262 BC	庚申 訟 1261 BC	辛酉 困 1260 BC	壬戌 未濟 1259 BC	癸亥 解 1258 BC 商祖甲 元年

原書 350 頁

《皇極經世》以運經世表：午會 2193 世至 2194 世

元	甲一（67017 BC – 62583 AD）									
會	午七（2217 BC – 8583 AD）									
運正卦	姤 （2217 BC – 58 BC）									
運運卦	訟 （1857 BC – 1138 BC）									
世卦	未濟（1257 BC – 1198 BC）									
旬卦	年卦									
睽 1257 BC – 1248 BC	甲子 未濟 1257 BC 商祖甲 2 年	乙丑 解 1256 BC	丙寅 渙 1255 BC	丁卯 蒙 1254 BC	戊辰 師 1253 BC	己巳 遯 1252 BC	庚午 咸 1251 BC	辛未 旅 1250 BC	壬申 小過 1249 BC	癸酉 漸 1248 BC
晉 1247 BC - 1238 BC	甲戌 蹇 1247 BC 商祖甲 12 年	乙亥 艮 1246 BC	丙子 謙 1245 BC	丁丑 否 1244 BC	戊寅 萃 1243 BC	己卯 晉 1242 BC	庚辰 豫 1241 BC	辛巳 觀 1240 BC	壬午 比 1239 BC	癸未 剝 1238 BC
鼎 1237 BC - 1228 BC	甲申 復 1237 BC 商祖甲 22 年	乙酉 頤 1236 BC	丙戌 屯 1235 BC	丁亥 益 1234 BC	戊子 震 1233 BC	己丑 噬嗑 1232 BC	庚寅 隨 1231 BC	辛卯 无妄 1230 BC	壬辰 明夷 1229 BC	癸巳 賁 1228 BC 周文王生
蒙 1227 BC - 1218 BC	甲午 既濟 1227 BC 商祖甲 32 年	乙未 家人 1226 BC	丙申 豐 1225 BC 商稟辛 元年	丁酉 革 1224 BC	戊戌 同人 1223 BC	己亥 臨 1222 BC	庚子 損 1221 BC	辛丑 節 1220 BC	壬寅 中孚 1219 BC 商庚丁 元年	癸卯 歸妹 1218 BC
訟 1217 BC - 1208 BC	甲辰 睽 1217 BC 商庚丁 3 年	乙巳 兌 1216 BC	丙午 履 1215 BC	丁未 泰 1214 BC	戊申 大畜 1213 BC	己酉 需 1212 BC	庚戌 小畜 1211 BC	辛亥 大壯 1210 BC	壬子 大有 1209 BC	癸丑 夬 1208 BC
解 1207 BC - 1198 BC	甲寅 姤 1207 BC 商庚丁 13 年	乙卯 大過 1206 BC	丙辰 鼎 1205 BC	丁巳 恒 1204 BC	戊午 巽 1203 BC	己未 井 1202 BC	庚申 蠱 1201 BC	辛酉 升 1200 BC	壬戌 訟 1199 BC	癸亥 困 1198 BC 商武乙 元年

原書 351 頁

《皇極經世》以運經世表：午會 2195 世至 2196 世

元	甲一（67017 BC – 62583 AD）									
會	午七（2217 BC – 8583 AD）									
運正卦	姤　（2217 BC – 58 BC）									
運運卦	訟　（1857 BC – 1138 BC）									
世卦	困　（1197 BC – 1138 BC）									
旬卦	年卦									
兌 1197 BC – 1188 BC	甲子 困 1197 BC 商武乙 2 年	乙丑 未濟 1196 BC	丙寅 解 1195 BC	丁卯 渙 1194 BC 商太丁 元年	戊辰 蒙 1193 BC	己巳 師 1192 BC	庚午 遯 1191 BC 商帝乙 元年	辛未 咸 1190 BC	壬申 旅 1189 BC	癸酉 小過 1188 BC
萃 1187 BC - 1178 BC	甲戌 漸 1187 BC 商帝乙 5 年	乙亥 蹇 1186 BC	丙子 艮 1185 BC	丁丑 謙 1184 BC	戊寅 否 1183 BC	己卯 萃 1182 BC 周文王 即諸侯位	庚辰 晉 1181 BC	辛巳 豫 1180 BC	壬午 觀 1179 BC	癸未 比 1178 BC
大過 1177 BC - 1168 BC	甲申 剝 1177 BC 商帝乙 15 年	乙酉 復 1176 BC	丙戌 頤 1175 BC	丁亥 屯 1174 BC	戊子 益 1173 BC	己丑 震 1172 BC	庚寅 噬嗑 1171 BC	辛卯 隨 1170 BC	壬辰 无妄 1169 BC	癸巳 明夷 1168 BC
坎 1167 BC - 1158 BC	甲午 賁 1167 BC 商帝乙 25 年	乙未 既濟 1166 BC	丙申 家人 1165 BC	丁酉 豐 1164 BC	戊戌 革 1163 BC	己亥 同人 1162 BC	庚子 臨 1161 BC	辛丑 損 1160 BC	壬寅 節 1159 BC	癸卯 中孚 1158 BC
解 1157 BC - 1148 BC	甲辰 歸妹 1157 BC 商帝乙 35 年	乙巳 睽 1156 BC	丙午 兌 1155 BC	丁未 履 1154 BC 商受辛 元年	戊申 泰 1153 BC	己酉 大畜 1152 BC	庚戌 需 1151 BC	辛亥 小畜 1150 BC	壬子 大壯 1149 BC	癸丑 大有 1148 BC
訟 1147 BC - 1138 BC	甲寅 夬 1147 BC 商受辛 8 年	乙卯 姤 1146 BC	丙辰 大過 1145 BC	丁巳 鼎 1144 BC	戊午 恒 1143 BC	己未 巽 1142 BC	庚申 井 1141 BC	辛酉 蠱 1140 BC 商囚文王 於羑里	壬戌 升 1139 BC	癸亥 訟 1138 BC 賜周文王 為西伯

原書 352 頁

《皇極經世》以運經世表：午會2197世至2198世

元	甲一（67017 BC – 62583 A.D.）									
會	午七（2217 BC – 8583 DC）									
運正卦	姤 （2217 BC – 58 BC）									
運運卦	巽 （1137 BC – 788 BC）									
世卦	小畜（1137 BC – 1078 BC）									
旬卦	年卦									
巽 1137 BC - 1128 BC	甲子 小畜 1137 BC 商受辛 18年	乙丑 大壯 1136 BC	丙寅 大有 1135 BC	丁卯 夬 1134 BC	戊辰 姤 1133 BC	己巳 大過 1132 BC 周武王 即位	庚午 鼎 1131 BC	辛未 恆 1130 BC	壬申 巽 1129 BC	癸酉 井 1128 BC
家人 1127 BC - 1118 BC	甲戌 蠱 1127 BC 商受辛 28年	乙亥 升 1126 BC	丙子 訟 1125 BC	丁丑 困 1124 BC	戊寅 未濟 1123 BC	己卯 解 1122 BC 周武王 元年	庚辰 渙 1121 BC	辛巳 蒙 1120 BC	壬午 師 1119 BC	癸未 遯 1118 BC
中孚 1117 BC - 1108 BC-	甲申 咸 1117 BC 周武王 6年	乙酉 旅 1116 BC	丙戌 小過 1115 BC 周成王 元年	丁亥 漸 1114 BC	戊子 蹇 1113 BC	己丑 艮 1112 BC	庚寅 謙 1111 BC	辛卯 否 1110 BC	壬辰 萃 1109 BC	癸巳 晉 1108 BC
乾 1107 BC - 1098 BC	甲午 豫 1107 BC 周成王 9年	乙未 觀 1106 BC	丙申 比 1105 BC	丁酉 剝 1104 BC	戊戌 復 1103 BC	己亥 頤 1102 BC	庚子 屯 1101 BC	辛丑 益 1100 BC	壬寅 震 1099 BC	癸卯 噬嗑 1098 BC
大畜 1097 BC - 1088 BC	甲辰 隨 1097 BC 周成王 19年	乙巳 无妄 1096 BC	丙午 明夷 1095 BC	丁未 賁 1094 BC	戊申 既濟 1093 BC	己酉 家人 1092 BC	庚戌 豐 1091 BC	辛亥 革 1090 BC	壬子 同人 1089 BC	癸丑 臨 1088 BC
需 1087 BC - 1078 BC	甲寅 損 1087 BC 周成王 29年	乙卯 巽 1086 BC	丙辰 中孚 1085 BC	丁巳 歸妹 1084 BC	戊午 睽 1083 BC	己未 兌 1082 BC	庚申 履 1081 BC	辛酉 泰 1080 BC	壬戌 大畜 1079 BC	癸亥 需 1078 BC 周康王 元年

原書353頁

《皇極經世》以運經世表：午會 2199 世至 2200 世

元	甲一（67017 BC – 62583 BC）									
會	午七（2217 BC - 8583 AD）									
運正卦	姤 （2217 BC – 58 BC ）									
運運卦	巽 （1137 BC – 778 BC）									
世卦	漸 （1077 BC – 1018 BC）									
旬卦	年卦									
家人 1077 BC - 1068 BC	甲子 漸 1077 BC 周康王 2 年	乙丑 蹇 1076 BC	丙寅 艮 1075 BC	丁卯 謙 1074 BC	戊辰 否 1073 BC	己巳 萃 1072 BC	庚午 晉 1071 BC	辛未 豫 1070 BC	壬申 觀 1069 BC	癸酉 比 1068 BC
巽 1067 BC - 1058 BC	甲戌 剝 1067 BC 周康王 12 年	乙亥 復 1066 BC	丙子 頤 1065 BC	丁丑 屯 1064 BC	戊寅 益 1063 BC	己卯 震 1062 BC	庚辰 噬嗑 1061 BC	辛巳 隨 1060 BC	壬午 无妄 1059 BC	癸未 明夷 1058 BC
觀 1057 BC- 1048 BC	甲申 賁 1057 BC 周康王 22 年	乙酉 既濟 1056 BC	丙戌 家人 1055 BC	丁亥 豐 1054 BC	戊子 革 1053 BC	己丑 同人 1052 BC 周昭王 元年	庚寅 臨 1051 BC	辛卯 損 1050 BC	壬辰 節 1049 BC	癸巳 中孚 1048 BC
遯 1047 BC - 1038 BC	甲午 歸妹 1047 BC 周昭王 6 年	乙未 睽 1046 BC	丙申 兌 1045 BC	丁酉 履 1044 BC	戊戌 泰 1043 BC	己亥 大畜 1042 BC	庚子 需 1041 BC	辛丑 小畜 1040 BC	壬寅 大壯 1039 BC	癸卯 大有 1038 BC
艮 1037 BC - 1028 BC	甲辰 夬 1037 BC 周昭王 16 年	乙巳 姤 1036 BC	丙午 大過 1035 BC	丁未 鼎 1034 BC	戊申 恆 1033 BC	己酉 巽 1032 BC	庚戌 井 1031 BC	辛亥 蠱 1030 BC	壬子 升 1029 BC	癸丑 訟 1028 BC
蹇 1027 BC - 1018 BC	甲寅 困 1027 BC 周昭王 26 年	乙卯 未濟 1026 BC	丙辰 解 1025 BC	丁巳 渙 1024 BC	戊午 蒙 1023 BC	己未 師 1022 BC	庚申 遯 1021 BC	辛酉 咸 1020 BC	壬戌 旅 1019 BC	癸亥 小過 1018 BC

原書 354 頁

《皇極經世》以運經世表：午會2201世至2202世

元	甲一（67017 BC – 62583 AD）									
會	午七（2217 BC – 8583 AD）									
運正卦	姤　（2217 BC – 58 BC）									
運運卦	巽　（1137 BC – 778 BC）									
世卦	渙　（1017 BC – 958 BC）									
旬卦	年卦									
中孚 1017 BC – 1008 BC	甲子 渙 1017 BC 周昭王 36年	乙丑 蒙 1016 BC	丙寅 師 1015 BC	丁卯 遯 1014 BC	戊辰 咸 1013 BC	己巳 旅 1012 BC	庚午 小過 1011 BC	辛未 漸 1010 BC	壬申 蹇 1009 BC	癸酉 艮 1008 BC
觀 1007 BC - 998 BC	甲戌 謙 1007 BC 周昭王 46年	乙亥 否 1006 BC	丙子 萃 1005 BC	丁丑 晉 1004 BC	戊寅 豫 1003 BC	己卯 觀 1002 BC	庚辰 比 1001 BC 周穆王 元年	辛巳 剝 1000 BC	壬午 復 999 BC	癸未 頤 998 BC
巽 997 BC - 988 BC	甲申 屯 997 BC 周穆王 5年	乙酉 益 996 BC	丙戌 震 995 BC	丁亥 噬嗑 994 BC	戊子 隨 993 BC	己丑 无妄 992 BC	庚寅 明夷 991 BC	辛卯 賁 990 BC	壬辰 既濟 989 BC	癸巳 家人 988 BC
訟 987 BC - 978 BC	甲午 豐 987 BC 周穆王 15年	乙未 革 986 BC	丙申 同人 985 BC	丁酉 臨 984 BC	戊戌 損 983 BC	己亥 節 982 BC	庚子 中孚 981 BC	辛丑 歸妹 980 BC	壬寅 睽 979 BC	癸卯 兌 978 BC
蒙 977 BC - 968 BC	甲辰 履 977 BC 周穆王 25年	乙巳 泰 976 BC	丙午 大畜 975 BC	丁未 需 974 BC	戊申 小畜 973 BC	己酉 大壯 972 BC	庚戌 大有 971 BC	辛亥 夬 970 BC	壬子 姤 969 BC	癸丑 大過 968 BC
坎 967 BC - 958 BC	甲寅 鼎 967 BC 周穆王 35年	乙卯 恆 966 BC	丙辰 巽 965 BC	丁巳 井 964 BC	戊午 蠱 963 BC	己未 升 962 BC	庚申 訟 961 BC	辛酉 困 960 BC	壬戌 未濟 959 BC	癸亥 解 958 BC

原書355頁

《皇極經世》以運經世表：午會 2203 世至 2204 世

元	甲一 (67017 BC – 62583 BC)									
會	午七 (957 BC – 8583 AD)									
運正卦	姤 (2217 BC – 58 BC)									
運運卦	巽 (1137 BC – 778 BC)									
世卦	姤 (957 BC – 898 BC)									
旬卦	年卦									
乾 957 BC - 948 BC	甲子 姤 957 BC 周穆王 45 年	乙丑 大過 956 BC	丙寅 鼎 2115 BC	丁卯 恆 954 BC	戊辰 巽 953 BC	己巳 井 952 BC	庚午 蠱 951 BC	辛未 升 950 BC	壬申 訟 949 BC	癸酉 困 948 BC
遯 947 BC - 938 BC	甲戌 未濟 947 BC 周穆王 55 年	乙亥 解 946 BC 周共王 元年	丙子 渙 945 BC	丁丑 蒙 944 BC	戊寅 師 943 BC	己卯 遯 942 BC	庚辰 咸 941 BC	辛巳 旅 940 BC	壬午 小過 939 BC	癸未 漸 938 BC
訟 937 BC- 928 BC	甲申 蹇 937 BC 周共王 10 年	乙酉 艮 936 BC	丙戌 謙 935 BC	丁亥 否 934 BC 周懿王 元年	戊子 萃 933 BC	己丑 晉 932 BC	庚寅 豫 931 BC	辛卯 觀 930 BC	壬辰 比 929 BC	癸巳 剝 928 BC
巽 927 BC - 918 BC	甲午 復 927 BC 周懿王 8 年	乙未 頤 926 BC	丙申 屯 925 BC	丁酉 益 924 BC	戊戌 震 923 BC	己亥 噬嗑 922 BC	庚子 隨 921 BC	辛丑 无妄 920 BC	壬寅 明夷 919 BC	癸卯 賁 918 BC
鼎 917 BC - 908 BC	甲辰 既濟 917 BC 周懿王 18 年	乙巳 家人 916 BC	丙午 豐 915 BC	丁未 革 914 BC	戊申 同人 913 BC	己酉 臨 912 BC	庚戌 損 911 BC	辛亥 節 910 BC	壬子 中孚 909 BC 周孝王 元年	癸丑 歸妹 908 BC
大過 907 BC - 898 BC	甲寅 睽 907 BC 周孝王 3 年	乙卯 兌 906 BC	丙辰 履 905 BC	丁巳 泰 904 BC	戊午 大畜 903 BC	己未 需 902 BC	庚申 小畜 901 BC	辛酉 大壯 900 BC	壬戌 大有 899 BC	癸亥 夬 898 BC

原書 356 頁

《皇極經世》以運經世表：午會 2205 世至 2206 世

元	甲一（67017 BC－62583 AD）									
會	午七（2217 BC－8583 AD）									
運正卦	姤　（2217 BC－58 BC）									
運運卦	巽　（1137 BC－778 BC）									
世卦	蠱　（897 BC－838 BC）									
旬卦	年卦									
大畜 897 BC－ 888 BC	甲子 蠱 897 BC 周孝王 13 年	乙丑 升 896 BC	丙寅 訟 895 BC	丁卯 困 894 BC 周夷王 元年	戊辰 未濟 893 BC	己巳 解 892 BC	庚午 渙 891 BC	辛未 蒙 890 BC	壬申 師 889 BC	癸酉 遯 888 BC
艮 887 BC－ 878 BC	甲戌 咸 887 BC 周夷王 8 年	乙亥 旅 886 BC	丙子 小過 885 BC	丁丑 漸 884 BC	戊寅 蹇 883 BC	己卯 艮 882 BC	庚辰 謙 881 BC	辛巳 否 880 BC	壬午 萃 879 BC	癸未 晉 878 BC 周厲王 元年
蒙 877 BC－ 868 BC	甲申 豫 877 BC 周厲王 2 年	乙酉 觀 876 BC	丙戌 比 875 BC	丁亥 剝 874 BC	戊子 復 873 BC	己丑 頤 872 BC	庚寅 屯 871 BC	辛卯 益 870 BC	壬辰 震 869 BC	癸巳 噬嗑 868 BC
鼎 867 BC－ 858 BC	甲午 隨 867 BC 周厲王 12 年	乙未 无妄 866 BC	丙申 明夷 865 BC	丁酉 賁 864 BC	戊戌 既濟 863 BC	己亥 家人 862 BC	庚子 豐 861 BC	辛丑 革 860 BC	壬寅 同人 859 BC	癸卯 臨 858 BC
巽 857 BC－ 848 BC	甲辰 損 857 BC 周厲王 22 年	乙巳 節 856 BC	丙午 中孚 855 BC	丁未 歸妹 854 BC	戊申 睽 853 BC	己酉 兌 852 BC	庚戌 履 851 BC	辛亥 泰 850 BC	壬子 大畜 849 BC	癸丑 需 848 BC
升 847 BC－ 838 BC	甲寅 小畜 847 BC 周厲王 32 年	乙卯 大壯 846 BC	丙辰 大有 845 BC	丁巳 夬 844 BC	戊午 姤 843 BC	己未 大過 842 BC	庚申 鼎 841 BC 西周共和 元年	辛酉 恆 840 BC	壬戌 巽 839 BC	癸亥 井 838 BC

原書 357 頁

《皇極經世》以運經世表：午會 2207 世至 2208 世

元	甲一（67017 BC – 62583 AD）									
會	午七（2217 BC – 8583 AD）									
運正卦	姤　（2217 BC – 58 BC）									
運運卦	巽　（1137 BC – 778 BC）									
世卦	井　（837 BC – 778 BC）									
旬卦	年卦									
需 837 BC – 828 BC	甲子 井 837 BC 西周共和 5 年	乙丑 蠱 836 BC	丙寅 升 835 BC	丁卯 訟 834 BC	戊辰 困 833 BC	己巳 未濟 832 BC	庚午 解 831 BC	辛未 渙 830 BC	壬申 蒙 823 BC	癸酉 師 828 BC 西周共和 14 年
蹇 827 BC - 818 BC	甲戌 遯 827 BC 周宣王 元年	乙亥 咸 826 BC	丙子 旅 825 BC	丁丑 小過 824 BC	戊寅 漸 823 BC	己卯 蹇 822 BC	庚辰 艮 821 BC	辛巳 謙 820 BC	壬午 否 819 BC	癸未 萃 818 BC
坎 817 BC - 808 BC	甲申 晉 817 BC 周宣王 11 年	乙酉 豫 816 BC	丙戌 觀 815 BC	丁亥 比 814 BC	戊子 剝 813 BC	己丑 復 812 BC	庚寅 頤 811 BC	辛卯 屯 810 BC	壬辰 益 809 BC	癸巳 震 808 BC
大過 807 BC - 798 BC	甲午 噬嗑 807 BC 周宣王 21 年	乙未 隨 806 BC	丙申 无妄 805 BC	丁酉 明夷 804 BC	戊戌 賁 803 BC	己亥 既濟 802 BC	庚子 家人 801 BC	辛丑 豐 800 BC	壬寅 革 799 BC	癸卯 同人 798 BC
升 797 BC - 788 BC	甲辰 臨 797 BC 周宣王 31 年	乙巳 損 796 BC	丙午 節 795 BC	丁未 中孚 794 BC	戊申 歸妹 793 BC	己酉 睽 792 BC	庚戌 兌 791 BC	辛亥 履 790 BC	壬子 泰 789 BC	癸丑 大畜 788 BC
巽 787 BC - 778 BC	甲寅 需 787 BC 周宣王 41 年	乙卯 小畜 786 BC	丙辰 大壯 785 BC	丁巳 大有 784 BC	戊午 夬 783 BC	己未 姤 782 BC	庚申 大過 781 BC 周幽王 元年	辛酉 鼎 780 BC	壬戌 恆 779 BC	癸亥 巽 778 BC

原書 358 頁

《皇極經世》以運經世表：午會 2209 世至 2210 世

元	甲一（67017 BC – 62583 A.D.）									
會	午七（2217 BC – 8683 AD）									
運正卦	姤 （2217 BC – 58 BC）									
運運卦	鼎 （777 BC – 418 BC）									
世卦	大有（777 BC – 718 BC）									
旬卦	年卦									
鼎 777 BC - 768 BC	甲子 大有 777 BC 周幽王 5 年	乙丑 夬 776 BC	丙寅 姤 775 BC	丁卯 大過 774 BC	戊辰 鼎 773 BC	己巳 恆 772 BC	庚午 巽 771 BC	辛未 井 770 BC 周平王 元年	壬申 蠱 769 BC	癸酉 升 768 BC
離 767 BC - 758 BC	甲戌 訟 767 BC 周平王 4 年	乙亥 困 766 BC	丙子 未濟 765 BC	丁丑 解 764 BC	戊寅 渙 763 BC	己卯 蒙 762 BC	庚辰 師 761 BC	辛巳 遯 760 BC	壬午 咸 759 BC	癸未 旅 758 BC
睽 757 BC - 748 BC-	甲申 小過 757 BC 周平王 14 年	乙酉 漸 756 BC	丙戌 蹇 755 BC	丁亥 艮 754 BC	戊子 謙 753 BC	己丑 否 752 BC	庚寅 萃 751 BC	辛卯 晉 750 BC	壬辰 豫 749 BC	癸巳 觀 748 BC
大畜 747 BC - 738 BC	甲午 比 747 BC 周平王 24 年	乙未 剝 746 BC	丙申 復 745 BC	丁酉 頤 744 BC	戊戌 屯 743 BC	己亥 益 742 BC	庚子 震 741 BC	辛丑 噬嗑 740 BC	壬寅 隨 739 BC	癸卯 无妄 738 BC
乾 737 BC - 728 BC	甲辰 明夷 737 BC 周平王 34 年	乙巳 賁 736 BC	丙午 既濟 735 BC	丁未 家人 734 BC	戊申 豐 733 BC	己酉 革 732 BC	庚戌 同人 731 BC	辛亥 臨 730 BC	壬子 損 729 BC	癸丑 節 728 BC
大壯 727 BC - 718 BC	甲寅 中孚 727 BC 周平王 44 年	乙卯 歸妹 726 BC	丙辰 睽 725 BC	丁巳 兌 724 BC	戊午 履 723 BC	己未 泰 722 BC	庚申 大畜 721 BC	辛酉 需 720 BC	壬戌 小畜 719 BC 周桓王 元年	癸亥 大壯 718 BC

原書 359 頁

《皇極經世》以運經世表：午會 2211 世至 2212 世

元	甲一（67017 BC－62583 AD）									
會	午七（2217 BC－8583 AD）									
運正卦	姤　（2217 BC－58 BC）									
運運卦	鼎　（777 BC－418 BC）									
世卦	旅　（717 BC－658 BC）									
旬卦	年卦									
離 717 BC－ 708 BC	甲子 旅 717 BC 周桓王 3 年	乙丑 小過 716 BC	丙寅 漸 715 BC	丁卯 蹇 714 BC	戊辰 艮 713 BC	己巳 謙 712 BC	庚午 否 711 BC	辛未 萃 710 BC	壬申 晉 709 BC	癸酉 豫 708 BC
鼎 707 BC－ 698 BC	甲戌 觀 707 BC 周桓王 13 年	乙亥 比 706 BC	丙子 剝 705 BC	丁丑 復 704 BC	戊寅 頤 703 BC	己卯 屯 702 BC	庚辰 益 701 BC	辛巳 震 700 BC	壬午 噬嗑 699 BC	癸未 隨 698 BC
晉 697 BC－ 688 BC	甲申 无妄 697 BC 周桓王 23 年	乙酉 明夷 696 BC 周莊王 元年	丙戌 賁 695 BC	丁亥 既濟 694 BC	戊子 家人 693 BC	己丑 豐 692 BC	庚寅 革 691 BC	辛卯 同人 690 BC	壬辰 臨 689 BC	癸巳 損 688 BC
艮 687 BC－ 678 BC	甲午 節 687 BC 周莊王 10 年	乙未 中孚 686 BC	丙申 歸妹 685 BC	丁酉 睽 684 BC	戊戌 兌 683 BC	己亥 履 682 BC	庚子 泰 681 BC 周僖王 元年	辛丑 大畜 680 BC	壬寅 需 679 BC	癸卯 小畜 678 BC
遯 677 BC－ 668 BC	甲辰 大壯 677 BC 周僖王 5 年	乙巳 大有 676 BC 周惠王 元年	丙午 夬 675 BC	丁未 姤 674 BC	戊申 大過 673 BC	己酉 鼎 672 BC	庚戌 恆 671 BC	辛亥 巽 670 BC	壬子 井 669 BC	癸丑 蠱 668 BC
小過 667 BC－ 658 BC	甲寅 升 667 BC 周惠王 10 年	乙卯 訟 666 BC	丙辰 困 665 BC	丁巳 未濟 664 BC	戊午 解 663 BC	己未 渙 662 BC	庚申 蒙 661 BC	辛酉 師 660 BC	壬戌 遯 659 BC	癸亥 咸 658 BC

原書 360 頁

《皇極經世》以運經世表：午會 2213 世至 2214 世

元	甲一（67017 BC – 62583 AD）									
會	午七（2217 BC – 8583 AD）									
運正卦	姤　（2217 BC – 58 BC）									
運運卦	鼎　（777 BC – 418 BC）									
世卦	未濟（657 BC – 598 BC）									
旬卦	年卦									
睽 657 BC – 648 BC	甲子 未濟 657 BC 周惠王 20 年	乙丑 解 656 BC	丙寅 渙 655 BC	丁卯 蒙 654 BC	戊辰 師 653 BC	己巳 遯 652 BC	庚午 咸 651 BC 周襄王 元年	辛未 旅 650 BC	壬申 小過 649 BC	癸酉 漸 648 BC
晉 647 BC - 638 BC	甲戌 蹇 647 BC 周襄王 5 年	乙亥 艮 646 BC	丙子 謙 645 BC	丁丑 否 644 BC	戊寅 萃 643 BC	己卯 晉 642 BC	庚辰 豫 641 BC	辛巳 觀 640 BC	壬午 比 639 BC	癸未 剝 638 BC
鼎 637 BC - 628 BC	甲申 復 637 BC 周襄王 15 年	乙酉 頤 636 BC	丙戌 屯 635 BC	丁亥 益 634 BC	戊子 震 633 BC	己丑 噬嗑 632 BC	庚寅 隨 631 BC	辛卯 无妄 630 BC	壬辰 明夷 629 BC	癸巳 賁 628 BC
蒙 627 BC - 618 BC	甲午 既濟 627 BC 周襄王 25 年	乙未 家人 626 BC	丙申 豐 625 BC	丁酉 革 624 BC	戊戌 同人 623 BC	己亥 臨 622 BC	庚子 損 621 BC	辛丑 節 620 BC	壬寅 中孚 619 BC	癸卯 歸妹 618 BC 周頃王 元年
訟 617 BC - 608 BC	甲辰 睽 617 BC 周頃王 2 年	乙巳 兌 616 BC	丙午 履 615 BC	丁未 泰 614 BC	戊申 大畜 613 BC	己酉 需 612 BC 周匡王 元年	庚戌 小畜 611 BC	辛亥 大壯 610 BC	壬子 大有 609 BC	癸丑 夬 608 BC
解 607 BC - 598 BC	甲寅 姤 607 BC 周匡王 6 年	乙卯 大過 606 BC 周定王 元年	丙辰 鼎 605 BC	丁巳 恆 604 BC	戊午 巽 603 BC	己未 井 602 BC	庚申 蠱 601 BC	辛酉 升 600 BC	壬戌 訟 599 BC	癸亥 困 598 BC

原書 361 頁

《皇極經世》以運經世表：午會2215世至2216世

元	甲一（67017 BC – 62553 AD）									
會	午七（2217 BC – 5553 AD）									
運正卦	姤　（2217 BC – 58 BC）									
運運卦	鼎　（777 BC – 418 BC）									
世卦	蠱　（597 BC – 538 BC）									
旬卦	年卦									
大畜 597 BC – 588 BC	甲子 蠱 597 BC 周定王 10年	乙丑 升 596 BC	丙寅 訟 595 BC	丁卯 困 594 BC	戊辰 未濟 593 BC	己巳 解 592 BC	庚午 渙 591 BC	辛未 蒙 590 BC	壬申 師 589 BC	癸酉 遯 588 BC
艮 587 BC - 578 BC	甲戌 咸 587 BC 周定王 20年	乙亥 旅 586 BC	丙子 小過 585 BC 周簡王 元年	丁丑 漸 584 BC	戊寅 蹇 583 BC	己卯 艮 582 BC	庚辰 謙 581 BC	辛巳 否 580 BC	壬午 萃 579 BC	癸未 晉 578 BC
蒙 577 BC - 568 BC	甲申 豫 577 BC 周簡王 9年	乙酉 觀 576 BC	丙戌 比 575 BC	丁亥 剝 574 BC	戊子 復 573 BC	己丑 頤 572 BC	庚寅 屯 571 BC 周靈王 元年	辛卯 益 570 BC	壬辰 震 569 BC	癸巳 噬嗑 568 BC
鼎 567 BC - 558 BC	甲午 隨 567 BC 周靈王 5年	乙未 无妄 566 BC	丙申 明夷 565 BC	丁酉 賁 564 BC	戊戌 既濟 563 BC	己亥 家人 562 BC	庚子 豐 561 BC	辛丑 革 560 BC	壬寅 同人 559 BC	癸卯 臨 558 BC
巽 557 BC - 548 BC	甲辰 損 557 BC 周靈王 15年	乙巳 節 556 BC	丙午 中孚 555 BC	丁未 歸妹 554 BC	戊申 睽 553 BC	己酉 兌 552 BC	庚戌 履 551 BC	辛亥 泰 550 BC	壬子 大畜 549 BC	癸丑 需 548 BC
升 547 BC - 538 BC	甲寅 小畜 547 BC 周靈王 25年	乙卯 大壯 546 BC	丙辰 大有 545 BC	丁巳 夬 544 BC 周景王 元年	戊午 姤 543 BC	己未 大過 542 BC	庚申 鼎 541 BC	辛酉 恒 540 BC	壬戌 巽 539 BC	癸亥 井 538 BC

原書362頁

《皇極經世》以運經世表：午會 2217 世至 2218 世

元	甲一（67017 BC – 62583 BC）									
會	午七（537 BC – 8583 AD）									
運正卦	姤　（2217 BC – 58 BC）									
運運卦	鼎　（777 BC – 418 BC）									
世卦	姤　（537 BC – 478 BC）									
旬卦	年卦									
乾 537 BC - 528 BC	甲子 姤 537 BC 周景王 8 年	乙丑 大過 536 BC	丙寅 鼎 2115 BC	丁卯 恆 534 BC	戊辰 巽 533 BC	己巳 井 532 BC	庚午 蠱 531 BC	辛未 升 530 BC	壬申 訟 529 BC	癸酉 困 528 BC
遯 527 BC - 518 BC	甲戌 未濟 527 BC 周景王 18 年	乙亥 解 526 BC	丙子 渙 525 BC	丁丑 蒙 524 BC	戊寅 師 523 BC	己卯 遯 522 BC	庚辰 咸 521 BC	辛巳 旅 520 BC	壬午 小過 519 BC 周敬王 元年	癸未 漸 518 BC
訟 517 BC- 508 BC	甲申 蹇 517 BC 周敬王 3 年	乙酉 艮 516 BC	丙戌 謙 515 BC	丁亥 否 514 BC	戊子 萃 513 BC	己丑 晉 512 BC	庚寅 豫 511 BC	辛卯 觀 510 BC	壬辰 比 509 BC	癸巳 剝 508 BC
巽 507 BC - 498 BC	甲午 復 507 BC 周敬王 13 年	乙未 頤 506 BC	丙申 屯 505 BC	丁酉 益 504 BC	戊戌 震 503 BC	己亥 噬嗑 502 BC	庚子 隨 501 BC	辛丑 无妄 500 BC	壬寅 明夷 499 BC	癸卯 賁 498 BC
鼎 497 BC - 488 BC	甲辰 既濟 497 BC 周敬王 23 年	乙巳 家人 496 BC	丙午 豐 495 BC	丁未 革 494 BC	戊申 同人 493 BC	己酉 臨 492 BC	庚戌 損 491 BC	辛亥 節 490 BC	壬子 中孚 489 BC	癸丑 歸妹 488 BC
大過 487 BC - 478 BC	甲寅 睽 487 BC 周敬王 33 年	乙卯 兌 486 BC	丙辰 履 485 BC	丁巳 泰 484 BC	戊午 大畜 483 BC	己未 需 482 BC	庚申 小畜 481 BC	辛酉 大壯 480 BC	壬戌 大有 479 BC	癸亥 夬 478 BC

原書 363 頁

《皇極經世》以運經世表：午會 2219 世至 2220 世

元	甲一（67017 BC – 62583 AD）									
會	午七（2217 BC – 8583 A D）									
運正卦	姤　（2217 BC – 58 BC）									
運運卦	鼎　（777 BC – 418 BC）									
世卦	恆　（427 BC – 418 BC）									
旬卦	年卦									
大壯 477 BC - 468 BC	甲子 恆 477 BC 周敬王 43 年	乙丑 巽 476 BC	丙寅 井 475 BC 周元王 元年	丁卯 蠱 474 BC	戊辰 升 473 BC 越滅吳	己巳 訟 472 BC	庚午 困 471 BC	辛未 未濟 470 BC	壬申 解 469 BC 周貞定王 元年	癸酉 渙 468 BC
小過 467 BC - 458 BC	甲戌 蒙 467 BC 周貞定王 3 年	乙亥 師 466 BC	丙子 遯 465 BC	丁丑 咸 464 BC	戊寅 旅 463 BC	己卯 小過 462 BC	庚辰 漸 461 BC	辛巳 蹇 460 BC	壬午 艮 459 BC	癸未 謙 458 BC
解 457 BC - 448 BC-	甲申 否 457 BC 周貞定王 13 年	乙酉 萃 456 BC	丙戌 晉 455 BC	丁亥 豫 454 BC	戊子 觀 453 BC	己丑 比 452 BC	庚寅 剝 451 BC	辛卯 復 450 BC	壬辰 頤 449 BC	癸巳 屯 448 BC
升 447 BC - 438 BC	甲午 益 447 BC 周貞定王 23 年	乙未 震 446 BC	丙申 噬嗑 445 BC	丁酉 隨 444 BC	戊戌 无妄 443 BC	己亥 明夷 442 BC	庚子 賁 441 BC 周孝王 元年	辛丑 既濟 440 BC	壬寅 家人 439 BC	癸卯 豐 438 BC
大過 437 BC - 428 BC	甲辰 革 437 BC 周孝王 5 年	乙巳 同人 436 BC	丙午 臨 435 BC	丁未 損 434 BC	戊申 節 433 BC	己酉 中孚 432 BC	庚戌 歸妹 431 BC	辛亥 睽 430 BC	壬子 兌 429 BC	癸丑 履 428 BC
鼎 427 BC - 418 BC	甲寅 泰 427 BC 周孝王 15 年	乙卯 大畜 426 BC	丙辰 需 425 BC 周威烈王 元年	丁巳 小畜 424 BC	戊午 大壯 423 BC	己未 大有 422 BC	庚申 夬 421 BC	辛酉 姤 420 BC	壬戌 大過 419 BC	癸亥 鼎 418 BC

原書 364 頁

《皇極經世》以運經世表：午會2221世至2222世

元	甲一（67017 BC – 62583 AD）									
會	午七（2217 BC – 8583 AD）									
運正卦	姤　（2217 BC – 58 BC）									
運運卦	大過（417 BC –58 BC）									
世卦	夬　（417 BC –358 BC）									
旬卦	年卦									
大過 417 BC - 408 BC	甲子 夬 417 BC 周威烈王 9年	乙丑 姤 416 BC	丙寅 大過 415 BC	丁卯 鼎 414 BC	戊辰 恆 413 BC	己巳 巽 412 BC	庚午 井 411 BC	辛未 蠱 410 BC	壬申 升 409 BC	癸酉 訟 408 BC
革 407 BC - 398 BC	甲戌 困 407 BC 周威烈王 19年	乙亥 未濟 406 BC	丙子 解 405 BC	丁丑 渙 404 BC	戊寅 蒙 403 BC	己卯 師 402 BC	庚辰 遯 401 BC 周安王 元年	辛巳 咸 400 BC	壬午 旅 399 BC	癸未 小過 398 BC
兌 397 BC - 388 BC-	甲申 漸 397 BC 周安王 5年	乙酉 蹇 396 BC	丙戌 艮 395 BC	丁亥 謙 394 BC	戊子 否 393 BC	己丑 萃 392 BC	庚寅 晉 391 BC	辛卯 豫 390 BC	壬辰 觀 389 BC	癸巳 比 388 BC
需 387 BC - 378 BC	甲午 剝 387 BC 周安王 15年	乙未 復 386 BC	丙申 頤 385 BC	丁酉 屯 384 BC	戊戌 益 383 BC	己亥 震 382 BC	庚子 噬嗑 381 BC	辛丑 隨 380 BC	壬寅 无妄 379 BC	癸卯 明夷 378 BC
大壯 377 BC - 368 BC	甲辰 賁 377 BC 周安王 25年	乙巳 既濟 376 BC 韓趙魏 三家分晉	丙午 家人 375 BC 周烈王 元年	丁未 豐 374 BC	戊申 革 373 BC	己酉 同人 372 BC	庚戌 臨 371 BC	辛亥 損 370 BC	壬子 巽 369 BC	癸丑 中孚 368 BC 周顯王 元年
乾 367 BC - 358 BC	甲寅 歸妹 367. BC 周顯王 2年	乙卯 睽 366 BC	丙辰 兌 365 BC	丁巳 履 364 BC	戊午 泰 363 BC	己未 大畜 362 BC	庚申 需 361 BC	辛酉 小畜 360 BC	壬戌 大壯 359 BC	癸亥 大有 358 BC

原書365頁

《皇極經世》以運經世表：午會 2223 世至 2224 世

元	甲一（67017 BC – 62583 AD）									
會	午七（2217 BC – 8583 AD）									
運正卦	姤 （2217 BC – 58 BC）									
運運卦	大過（417 BC – 58 BC）									
世卦	咸 （357 BC – 298 BC）									
旬卦	年卦									
離 357 BC – 348 BC	甲子 咸 357 BC 周顯王 12 年	乙丑 旅 356 BC	丙寅 小過 355 BC	丁卯 漸 354 BC	戊辰 蹇 353 BC	己巳 艮 352 BC	庚午 謙 351 BC	辛未 否 350 BC	壬申 萃 349 BC	癸酉 晉 348 BC
鼎 347 BC 338 BC	甲戌 豫 347 BC 周顯王 22 年	乙亥 觀 346 BC	丙子 比 345 BC	丁丑 剝 344 BC	戊寅 復 343 BC	己卯 頤 342 BC	庚辰 屯 341 BC	辛巳 益 340 BC	壬午 震 339 BC	癸未 噬嗑 338 BC
晉 337 BC 328 BC	甲申 隨 337 BC 周顯王 32 年	乙酉 无妄 336 BC	丙戌 明夷 335 BC	丁亥 賁 334 BC	戊子 既濟 333 BC	己丑 家人 332 BC	庚寅 豐 331 BC	辛卯 革 330 BC	壬辰 同人 329 BC	癸巳 臨 328 BC
艮 327 BC - 318 BC	甲午 損 327 BC 周顯王 42 年	乙未 節 326 BC	丙申 中孚 325 BC	丁酉 歸妹 324 BC	戊戌 睽 323 BC	己亥 兌 322 BC	庚子 履 321 BC	辛丑 泰 320 BC 周慎靚王 元年	壬寅 大畜 319 BC	癸卯 需 318 BC
遯 317 BC - 308 BC	甲辰 小畜 317 BC 周慎靚王 4 年	乙巳 大壯 316 BC	丙午 大有 315 BC	丁未 夬 314 BC 周赧王 元年	戊申 姤 313 BC	己酉 大過 312 BC	庚戌 鼎 311 BC	辛亥 恆 310 BC	壬子 巽 309 BC	癸丑 井 308 BC
小過 307 BC - 298 BC	甲寅 蠱 307 BC 周赧王 8 年	乙卯 升 306 BC	丙辰 訟 305 BC	丁巳 困 304 BC	戊午 未濟 303 BC	己未 解 302 BC	庚申 渙 301 BC	辛酉 蒙 300 BC	壬戌 師 299 BC	癸亥 遯 298 BC

原書 366 頁

《皇極經世》以運經世表：午會2225世至2226世

元	甲一（67017 BC – 62583 AD）									
會	午七（2217 BC – 8583 AD）									
運正卦	姤　（2217 BC – 58 BC）									
運運卦	大過（417 BC – 58 BC）									
世卦	困　（297 BC – 238 BC）									
旬卦	年卦									
兌 297 BC – 288 BC	甲子 困 297 BC 周赧王 18年	乙丑 未濟 296 BC	丙寅 解 295 BC	丁卯 渙 294 BC	戊辰 蒙 293 BC	己巳 師 292 BC	庚午 遯 291 BC	辛未 咸 290 BC	壬申 旅 289 BC	癸酉 小過 288 BC
萃 287 BC - 278 BC	甲戌 漸 287 BC 周赧王 28年	乙亥 蹇 286 BC	丙子 艮 285 BC	丁丑 謙 284 BC	戊寅 否 283 BC	己卯 萃 282 BC	庚辰 晉 281 BC	辛巳 豫 280 BC	壬午 觀 279 BC	癸未 比 278 BC
大過 277 BC - 268 BC	甲申 剝 277 BC 周赧王 38年	乙酉 復 276 BC	丙戌 頤 275 BC	丁亥 屯 274 BC	戊子 益 273 BC	己丑 震 272 BC	庚寅 噬嗑 271 BC	辛卯 隨 270 BC	壬辰 无妄 269 BC	癸巳 明夷 268 BC
坎 267 BC - 258 BC	甲午 賁 267 BC 周赧王 48年	乙未 既濟 266 BC	丙申 家人 265 BC	丁酉 豐 264 BC	戊戌 革 263 BC	己亥 同人 262 BC	庚子 臨 261 BC	辛丑 損 260 BC	壬寅 節 259 BC	癸卯 中孚 258 BC
解 257 BC - 248 BC	甲辰 歸妹 257 BC 周赧王 58年	乙巳 睽 256 BC 秦昭王51 年周赧王 59年周滅	丙午 兌 255 BC 秦昭王 52年	丁未 履 254 BC	戊申 泰 253 BC	己酉 大畜 252 BC	庚戌 需 251 BC	辛亥 小畜 250 BC 秦莊襄王 元年	壬子 大壯 249 BC	癸丑 大有 248 BC
訟 247 BC - 238 BC	甲寅 夬 247 BC 秦莊襄王 4年	乙卯 姤 246 BC 秦王政 （始皇） 元年	丙辰 大過 245 BC	丁巳 鼎 244 BC	戊午 恒 243 BC	己未 巽 242 BC	庚申 井 241 BC	辛酉 蠱 240 BC	壬戌 升 239 BC	癸亥 訟 238 BC

原書367頁

《皇極經世》以運經世表：午會 2227 世至 2228 世

元	甲一（67017 BC – 62583 AD）									
會	午七（2217 BC – 8583 AD）									
運正卦	姤 （2217 BC – 58 BC）									
運運卦	大過（417 BC – 58 BC）									
世卦	井 （237 BC – 178 BC）									
旬卦	年卦									
需 237 BC – 228 BC	甲子 井 237 BC 秦王政 10 年	乙丑 蠱 236 BC	丙寅 升 235 BC	丁卯 訟 234 BC	戊辰 困 233 BC	己巳 未濟 232 BC	庚午 解 231 BC	辛未 渙 230 BC	壬申 蒙 223 BC	癸酉 師 228 BC 趙亡
蹇 227 BC - 218 BC	甲戌 遯 227 BC 秦王政 20 年燕亡	乙亥 咸 226 BC	丙子 旅 225 BC 魏亡	丁丑 小過 224 BC	戊寅 漸 223 BC 楚亡	己卯 蹇 222 BC	庚辰 艮 221 BC 齊亡 秦王政 稱始皇	辛巳 謙 220 BC	壬午 否 219 BC	癸未 萃 218 BC
坎 217 BC - 208 BC	甲申 晉 217 BC 秦王政 30 年	乙酉 豫 216 BC	丙戌 觀 215 BC	丁亥 比 214 BC	戊子 剝 213 BC	己丑 復 212 BC	庚寅 頤 211 BC	辛卯 屯 210 BC	壬辰 益 209 BC 秦二世 元年	癸巳 震 208 BC
大過 207 BC - 198 BC	甲午 噬嗑 207 BC 秦亡 劉邦 先入關	乙未 隨 206 BC 漢王元年	丙申 无妄 205 BC	丁酉 明夷 204 BC	戊戌 賁 203 BC	己亥 既濟 202 BC 項羽亡 漢王稱 高祖	庚子 家人 201 BC	辛丑 豐 200 BC	壬寅 革 199 BC	癸卯 同人 198 BC
升 197 BC - 188 BC	甲辰 臨 197 BC 漢高祖 10 年	乙巳 損 196 BC	丙午 節 195 BC 漢高祖崩	丁未 中孚 194 BC 漢惠帝 元年	戊申 歸妹 193 BC	己酉 睽 192 BC	庚戌 兌 191 BC	辛亥 履 190 BC	壬子 泰 189 BC	癸丑 大畜 188 BC 漢呂后 立無名子
巽 187 BC - 178 BC	甲寅 需 187 BC	乙卯 小畜 186 BC	丙辰 大壯 185 BC	丁巳 大有 184 BC 漢呂后 立恆山王 劉義	戊午 夬 183 BC	己未 姤 182 BC	庚申 大過 181 BC	辛酉 鼎 180 BC 呂后崩 漢文帝 元年	壬戌 恆 179 BC	癸亥 巽 178 BC

原書 368 頁

《皇極經世》以運經世表：午會 2229 世至 2230 世

元	甲一（67017 BC – 62583 AD）									
會	午七（2217 BC – 8583 A D）									
運正卦	姤　（2217 BC – 58 BC）									
運運卦	大過（417 BC – 58 BC）									
世卦	恆　（177 BC – 118 BC）									
旬卦	年卦									
大壯 177 BC - 168 BC	甲子 恆 177 BC 漢文帝 4 年	乙丑 巽 176 BC	丙寅 井 175 BC	丁卯 蠱 174 BC	戊辰 升 173 BC	己巳 訟 172 BC	庚午 困 171 BC	辛未 未濟 170 BC	壬申 解 169 BC	癸酉 渙 168 BC
小過 167 BC - 158 BC	甲戌 蒙 167 BC 漢文帝 14 年	乙亥 師 166 BC	丙子 遯 165 BC	丁丑 咸 164 BC	戊寅 旅 163 BC 後元元年	己卯 小過 162 BC	庚辰 漸 161 BC	辛巳 蹇 160 BC	壬午 艮 159 BC	癸未 謙 158 BC
解 157 BC - 148 BC-	甲申 否 157 BC 後元 7 年	乙酉 萃 156 BC 漢景帝 元年	丙戌 晉 155 BC	丁亥 豫 154 BC	戊子 觀 153 BC	己丑 比 152 BC	庚寅 剝 151 BC	辛卯 復 150 BC	壬辰 頤 149 BC	癸巳 屯 148 BC
升 147 BC - 138 BC	甲午 益 147 BC 漢景帝 10 年	乙未 震 146 BC	丙申 噬嗑 145 BC	丁酉 隨 144 BC	戊戌 无妄 143 BC	己亥 明夷 142 BC	庚子 賁 141 BC	辛丑 既濟 140 BC 漢武帝 建元元年	壬寅 家人 139 BC	癸卯 豐 138 BC
大過 137 BC - 128 BC	甲辰 革 137 BC 建元 4 年	乙巳 同人 136 BC	丙午 臨 135 BC	丁未 損 134 BC 元光元年	戊申 節 133 BC	己酉 中孚 132 BC	庚戌 歸妹 131 BC	辛亥 睽 130 BC	壬子 兌 129 BC	癸丑 履 128 BC 元朔元年
鼎 127 BC - 118 BC	甲寅 泰 127 BC 元朔 2 年	乙卯 大畜 126 BC	丙辰 需 125 BC	丁巳 小畜 124 BC	戊午 大壯 123 BC	己未 大有 122 BC 元狩元年	庚申 夬 121 BC	辛酉 姤 120 BC	壬戌 大過 119 BC	癸亥 鼎 118 BC

原書 369 頁

《皇極經世》以運經世表：午會 2231 世至 2232 世

元	甲一（67017 BC – 62583 BC）									
會	午七（2217 BC – 8583 AD）									
運正卦	姤　（2217 BC – 58 BC）									
運運卦	大過（417 BC – 58 BC）									
世卦	姤　（117 BC – 58 BC）									
旬卦	年卦									
乾 117 BC - 108 BC	甲子 姤 117 BC 元狩 6 年	乙丑 大過 116 BC 元鼎元年	丙寅 鼎 115 BC	丁卯 恆 114 BC	戊辰 巽 113 BC	己巳 井 112 BC	庚午 蠱 111 BC	辛未 升 110 BC 元封元年	壬申 訟 109 BC	癸酉 困 108 BC
遯 107 BC - 98 BC	甲戌 未濟 107 BC 元封 4 年	乙亥 解 106 BC	丙子 渙 105 BC	丁丑 蒙 104 BC 太初元年	戊寅 師 103 BC	己卯 遯 102 BC	庚辰 咸 101 BC	辛巳 旅 100 BC 元漢元年	壬午 小過 99 BC	癸未 漸 98 BC
訟 97 BC- 88 BC	甲申 蹇 97 BC 元漢 4 年	乙酉 艮 96 BC 太始元年	丙戌 謙 95 BC	丁亥 否 94 BC	戊子 萃 93 BC	己丑 晉 92 BC 征和元年	庚寅 豫 91 BC	辛卯 觀 90 BC	壬辰 比 89 BC	癸巳 剝 88 BC 後元元年
巽 87 BC - 78 BC	甲午 復 87 BC 後元 2 年	乙未 頤 86 BC 漢昭帝 始元元年	丙申 屯 85 BC	丁酉 益 84 BC	戊戌 震 83 BC	己亥 噬嗑 82 BC	庚子 隨 81 BC	辛丑 无妄 80 BC 元鳳元年	壬寅 明夷 79 BC	癸卯 賁 78 BC
鼎 77 BC - 68 BC	甲辰 既濟 77 BC 元鳳 4 年	乙巳 家人 76 BC	丙午 豐 75 BC	丁未 革 74 BC 元平元年	戊申 同人 73 BC 漢宣帝 本始元年	己酉 臨 72 BC	庚戌 損 71 BC	辛亥 節 70 BC	壬子 中孚 69 BC 地節元年	癸丑 歸妹 68 BC
大過 67 BC - 58 BC	甲寅 睽 67 BC 地節 3 年	乙卯 兌 66 BC	丙辰 履 65 BC 元康元年	丁巳 泰 64 BC	戊午 大畜 63 BC	己未 需 62 BC	庚申 小畜 61 BC 神爵元年	辛酉 大壯 60 BC	壬戌 大有 59 BC	癸亥 夬 58 BC

原書 370 頁

《皇極經世》以運經世表：午會 2233 世至 2234 世

元	甲一（67017 BC – 62583 AD）									
會	午七（2217 BC – 8583 AD）									
運正卦	鼎（57 BC –2103 AD ）									
運運卦	姤　（57 BC – 303 AD）									
世卦	大過　（57 BC – 3 AD）									
旬卦	年卦									
夬 57 BC - 48 BC	甲子 大過 57 BC 五鳳元年	乙丑 鼎 56 BC	丙寅 恆 55 BC	丁卯 巽 54 BC	戊辰 井 53 BC 甘露元年	己巳 蠱 52 BC	庚午 升 51 BC	辛未 訟 50 BC	壬申 困 49 BC	癸酉 未濟 48 BC 漢元帝 初元元年
咸 47 BC - 38 BC	甲戌 解 47 BC 初元 2 年	乙亥 師 46 BC	丙子 蒙 45 BC	丁丑 師 44 BC	戊寅 遯 43 BC 永光元年	己卯 咸 42 BC	庚辰 旅 41 BC	辛巳 小過 40 BC	壬午 漸 39 BC	癸未 蹇 38 BC 建昭元年
困 37 BC - 28 BC	甲申 艮 37 BC 建昭 2 年	乙酉 謙 36 BC	丙戌 否 35 BC	丁亥 萃 34 BC	戊子 晉 33 BC 竟寧元年	己丑 豫 32 BC 漢成帝 建始元年	庚寅 觀 31 BC	辛卯 比 30 BC	壬辰 剝 29 BC	癸巳 復 28 BC 河平元年
井 27 BC - 18 BC	甲午 頤 27 BC 河平元年	乙未 屯 26 BC	丙申 益 25 BC	丁酉 震 24 BC 陽朔元年	戊戌 噬嗑 23 BC	己亥 隨 22 BC	庚子 无妄 21 BC	辛丑 明夷 20 BC 鴻嘉元年	壬寅 賁 19 BC	癸卯 既濟 18 BC
恆 17 BC - 8 BC	甲辰 家人 17 BC 鴻嘉元年	乙巳 豐 16 BC 永始元年	丙午 革 15 BC	丁未 同人 14 BC	戊申 臨 13 BC	己酉 損 12 BC 元延元年	庚戌 節 11 BC	辛亥 中孚 10 BC	壬子 歸妹 9 BC	癸丑 睽 8 BC 綏和元年
姤 7 BC - 3	甲寅 兌 7 BC 綏和 2 年	乙卯 履 6 BC 漢哀帝 建平元年	丙辰 泰 5 BC	丁巳 大畜 4 BC	戊午 需 3 BC	己未 小畜 2 BC 元壽元年	庚申 大壯 1 BC	辛酉 大有 1 漢平帝 元始元年	壬戌 夬 2	癸亥 姤 3

原書 371 頁

《皇極經世》以運經世表：午會 2235 世至 2236 世

元	甲一（67017 BC – 62583 BC）									
會	午七（2217 BC – 8583 AD）									
運正卦	大過（57 BC – 2103 AD）									
運運卦	夬（57 BC – 303 AD）									
世卦	革（4 AD – 63 AD）									
旬卦	年卦									
咸 4 – 13	甲子 革 4 元始 4 年	乙丑 同人 5 王莽 毒殺平帝	丙寅 臨 6 漢孺子 居攝元年	丁卯 損 7	戊辰 節 8 初始元年	己巳 中孚 9 王莽稱新 室改建國 元年	庚午 歸妹 10	辛未 睽 11	壬申 兌 12	癸酉 履 13
夬 14 -23	甲戌 泰 14 新天鳳 元年	乙亥 大畜 15	丙子 需 16	丁丑 小畜 17	戊寅 大壯 18	己卯 大有 19	庚辰 夬 20 新地皇 元年	辛巳 姤 21	壬午 大過 22	癸未 鼎 23 劉玄 稱更始
隨 24 – 33	甲申 恆 24 漢光武 封蕭王	乙酉 巽 25 漢光武 建武元年	丙戌 井 26	丁亥 蠱 27	戊子 升 28	己丑 訟 29	庚寅 困 30	辛卯 未濟 31	壬辰 解 32	癸巳 渙 33
既濟 34 – 43	甲午 蒙 34 建武 10 年	乙未 師 35	丙申 遯 36	丁酉 咸 37	戊戌 旅 38	己亥 小過 39	庚子 漸 40	辛丑 蹇 41	壬寅 艮 42	癸卯 謙 43
豐 44 – 53	甲辰 否 44 建武 20 年	乙巳 萃 45	丙午 晉 46	丁未 豫 47	戊申 觀 48	己酉 比 49	庚戌 剝 50	辛亥 復 51	壬子 頤 52	癸丑 屯 53
同人 54 - 63	甲寅 益 54 建武 30 年	乙卯 震 55	丙辰 噬嗑 56 中元元年	丁巳 隨 57	戊午 无妄 58 漢明帝 永平元年	己未 明夷 59	庚申 賁 60	辛酉 既濟 61	壬戌 家人 62	癸亥 豐 63

原書 372 頁

《皇極經世》以運經世表：午會 2237 世至 2238 世

元	甲一（67017 BC – 62583 BC）									
會	午七（2217 BC - 8583 AD）									
運正卦	大過（57 BC – 2103 AD）									
運運卦	夬　（57 BC – 303 AD）									
世卦	兌　（64 AD – 123 AD）									
旬卦	年卦									
困 64 – 73	甲子 兌 64 永平7年	乙丑 履 65	丙寅 泰 66	丁卯 大畜 67	戊辰 需 68	己巳 小畜 69	庚午 大壯 70	辛未 大有 71	壬申 夬 72	癸酉 姤 73
隨 74 – 83	甲戌 大過 74 永平 17年	乙亥 鼎 75	丙子 恆 76 漢章帝 建初元年	丁丑 巽 77	戊寅 井 78	己卯 蠱 79	庚辰 升 80	辛巳 訟 81	壬午 困 82	癸未 未濟 83
夬 84 -93	甲申 解 84 元和元年	乙酉 渙 85	丙戌 蒙 86	丁亥 師 87 章和元年	戊子 遯 88	己丑 咸 89 漢和帝 永元元年	庚寅 旅 90	辛卯 小過 91	壬辰 漸 92	癸巳 蹇 93
節 94 -103	甲午 艮 94 永元6年	乙未 謙 95	丙申 否 96	丁酉 萃 97	戊戌 晉 98	己亥 豫 99	庚子 觀 100	辛丑 比 101	壬寅 剝 102	癸卯 復 103
歸妹 104 - 113	甲辰 頤 104 永元 16年	乙巳 屯 105 元興元年	丙午 益 106 漢殤帝 延平元年	丁未 震 107 漢安帝 永初元年	戊申 噬嗑 108	己酉 隨 109	庚戌 无妄 110	辛亥 明夷 111	壬子 賁 112	癸丑 既濟 113
履 114 – 123	甲寅 家人 114 元初元年	乙卯 豐 115	丙辰 革 116	丁巳 同人 117	戊午 臨 118	己未 損 119	庚申 節 120 永寧元年	辛酉 中孚 121 建元元年	壬戌 歸妹 122 延光元年	癸亥 睽 123

原書 373 頁

《皇極經世》以運經世表：午會2239世至2240世

元	甲一（67017 BC – 62583 A.D.）									
會	午七（2217 BC – 8583 DC）									
運正卦	大過（57 BC – 2103 AD）									
運運卦	夬　（57 BC – 303 AD）									
世卦	需　（124 AD – 183 AD）									
旬卦	年卦									
巽 124 – 133	甲子 需 124 延光3年	乙丑 小畜 125	丙寅 大壯 126 漢順帝 永建元年	丁卯 大有 127	戊辰 夬 128	己巳 姤 129	庚午 大過 130	辛未 鼎 131	壬申 恆 132 陽嘉元年	癸酉 巽 133
家人 134 - 143	甲戌 井 134 陽嘉3年	乙亥 蠱 135	丙子 升 136 永和元年	丁丑 訟 137	戊寅 困 138	己卯 未濟 139	庚辰 解 140	辛巳 渙 141	壬午 蒙 142 漢安元年	癸未 師 143
中孚 144 - 153	甲申 遯 144 建康元年	乙酉 咸 145 漢沖帝 永嘉元年	丙戌 旅 146 漢質帝 本初元年	丁亥 小過 147 漢桓帝 建和元年	戊子 漸 148	己丑 蹇 149	庚寅 艮 150 和平元年	辛卯 謙 151 元嘉元年	壬辰 否 152	癸巳 萃 153 永興元年
乾 154 - 163	甲午 晉 154 永興2年	乙未 豫 155 永壽元年	丙申 觀 156	丁酉 比 157	戊戌 剝 158 延熹元年	己亥 復 159	庚子 頤 160	辛丑 屯 161	壬寅 益 162	癸卯 震 163
大畜 164 – 173	甲辰 噬嗑 164 延熹7年	乙巳 隨 165	丙午 无妄 166	丁未 明夷 167 永康元年	戊申 賁 168 漢靈帝 建寧元年	己酉 既濟 169	庚戌 家人 170	辛亥 豐 171	壬子 革 172 熹平元年	癸丑 同人 173
需 174 - 183	甲寅 臨 174 熹平3年	乙卯 損 175	丙辰 巽 176	丁巳 中孚 177	戊午 歸妹 178 光和元年	己未 睽 179	庚申 兌 180	辛酉 履 181	壬戌 泰 182	癸亥 大畜 183

原書374頁

《皇極經世》以運經世表：午會 2241 世至 2242 世

元	甲一（67017 BC – 62583 AD）									
會	午七（2217 BC – 8583 AD）									
運正卦	大過（57 BC – 2103 AD）									
運運卦	夬　（57 BC – 303 AD）									
世卦	大壯（184 AD – 243 AD）									
旬卦	年卦									
恆 184 - 193	甲子 大壯 184 中平元年	乙丑 大有 185	丙寅 夬 186	丁卯 姤 187	戊辰 大過 188	己巳 鼎 189 光熹元年 昭寧元年 永漢元年	庚午 恆 190 漢獻帝 初平元年	辛未 巽 191	壬申 井 192	癸酉 蠱 193
豐 194 - 203	甲戌 升 194 光平元年	乙亥 訟 195	丙子 困 196 建安元年	丁丑 未濟 197	戊寅 解 198	己卯 渙 199	庚辰 蒙 200	辛巳 師 201	壬午 遯 202	癸未 咸 203
歸妹 204 - 213	甲申 旅 204 建安 9 年	乙酉 小過 205	丙戌 漸 206	丁亥 蹇 207	戊子 艮 208	己丑 謙 209	庚寅 否 210.	辛卯 萃 211	壬辰 晉 212	癸巳 豫 213
泰 214 - 223	甲午 觀 214 建安 19 年	乙未 比 215	丙申 剝 216	丁酉 復 217	戊戌 頤 218	己亥 屯 219	庚子 益 220 魏文帝 黃初元年	辛丑 震 221 蜀先帝 章武元年	壬寅 噬嗑 222 吳大帝 黃武元年	癸卯 隨 223 蜀後主 建興元年
夬 224 - 233	甲辰 无妄 224 黃初 5 年 建興 2 年 黃武 3 年	乙巳 明夷 225	丙午 賁 226 魏黃初 7 年 曹丕崩	丁未 既濟 227 魏明帝 太和元年	戊申 家人 228	己酉 豐 229 吳大帝 黃龍元年	庚戌 革 230	辛亥 同人 231	壬子 臨 232 吳嘉禾 元年	癸丑 損 233 魏青龍元年 蜀後主 建興元年
大有 234 - 243	甲寅 節 234 魏青龍 5 年 蜀建興 12 年 吳嘉禾 3 年	乙卯 中孚 235.	丙辰 歸妹 236	丁巳 睽 237 魏景初 元年	戊午 兌 238 蜀延熙元年 吳赤烏元年	己未 履 239	庚申 泰 240 魏主芳 正始元年	辛酉 大畜 241	壬戌 需 242	癸亥 小畜 243

原書 375 頁

《皇極經世》以運經世表：午會 2243 世至 2244 世

元	甲一（67017 BC – 62583 BC）									
會	午七（2217 BC – 8583 AD）									
運正卦	大過（57 BC – 2103 58 AD）									
運運卦	夬　（57 BC – 303 AD）									
世卦	乾　（244 AD – 303 AD）									
旬卦	年卦									
姤 244 – 253	甲子 姤 244 魏正始5年 蜀延熙7年 吳赤烏7年	乙丑 大過 245	丙寅 鼎 246	丁卯 恆 247	戊辰 巽 248	己巳 井 249 魏嘉平 元年	庚午 蠱 250	辛未 升 251 吳大元 元年	壬申 訟 252 吳 神鳳元年 建興元年	癸酉 困 253
同人 254 – 263	甲戌 未濟 254 魏主髦正元元年吳主亮五鳳元年	乙亥 解 255	丙子 渙 256 魏甘露元年 吳太平元年	丁丑 蒙 257	戊寅 師 258 蜀景耀元年 吳永安元年	己卯 遯 259	庚辰 咸 260 魏景元 元年	辛巳 旅 261	壬午 小過 262	癸未 漸 263 蜀炎興 元年
履 264 – 273	甲申 蹇 264 魏咸熙 元年	乙酉 艮 265 魏亡 晉武帝 泰始元年	丙戌 謙 266	丁亥 否 267	戊子 萃 268	己丑 晉 269	庚寅 豫 270	辛卯 觀 271	壬辰 比 272	癸巳 剝 273
小畜 274 – 283	甲午 復 274 晉泰始 10年	乙未 頤 275	丙申 屯 276	丁酉 益 277	戊戌 震 278	己亥 噬嗑 279	庚子 隨 280 吳亡 晉太康 元年	辛丑 无妄 281	壬寅 明夷 282	癸卯 賁 283
大有 284 – 293	甲辰 既濟 284 晉太康 5年	乙巳 家人 285	丙午 豐 286	丁未 革 287	戊申 同人 288	己酉 臨 289 晉永熙 元年	庚戌 損 290 晉太熙 元年	辛亥 節 291 晉惠帝 元康元年	壬子 中孚 292	癸丑 歸妹 293
夬 294 - 303	甲寅 睽 294 晉元康 4年	乙卯 兌 295	丙辰 履 296	丁巳 泰 297	戊午 大畜 298	己未 需 299	庚申 小畜 300 晉永康 元年	辛酉 大壯 301 晉永寧 元年	壬戌 大有 302 晉太安 元年	癸亥 夬 303

原書 376 頁

《皇極經世》以運經世表：午會 2245 世至 2246 世

元	甲一（67017 BC– 62583 AD）									
會	午七（2217 BC – 8583 AD）									
運正卦	大過（57 BC – 2103 AD）									
運運卦	咸（304 AD – 663 AD）									
世卦	革（304 AD – 363 AD）									
咸 304 - 313	甲子 革 304 晉永興 元年	乙丑 同人 305	丙寅 臨 306 晉懷帝 永嘉元年	丁卯 損 307	戊辰 節 308	己巳 中孚 309	庚午 歸妹 310	辛未 睽 311 懷帝 蒙塵平陽	壬申 兌 312	癸酉 履 313 晉愍帝 光興元年
夬 314 - 323	甲戌 泰 314 晉光興 2 年	乙亥 大畜 315	丙子 需 316 愍帝 蒙塵平陽	丁丑 小畜 317 東晉元帝 建武元年	戊寅 大壯 318 東晉大興 元年	己卯 大有 319	庚辰 夬 320	辛巳 姤 321	壬午 大過 322	癸未 鼎 323 東晉明帝 太寧元年
隨 324 – 333	甲申 恆 324 東晉太寧 2 年	乙酉 巽 325	丙戌 井 326 東晉盛帝 咸和 2 年	丁亥 蠱 327	戊子 升 328	己丑 訟 329	庚寅 困 330	辛卯 未濟 331	壬辰 解 332	癸巳 渙 333
既濟 334 –3 43	甲午 蒙 334 東晉咸和 9 年	乙未 師 335 咸康元年	丙申 遯 336	丁酉 咸 337	戊戌 旅 338	己亥 小過 339	庚子 漸 340	辛丑 蹇 341	壬寅 艮 342	癸卯 謙 343 東晉康帝 建元元年
豐 344 – 353	甲辰 否 344 東晉建元 2 年	乙巳 萃 345 東晉穆帝 永和元年	丙午 晉 346	丁未 豫 347	戊申 觀 348	己酉 比 349	庚戌 剝 350	辛亥 復 351	壬子 頤 352	癸丑 屯 353
同人 354 -3 63	甲寅 益 354 東晉永和 1 年	乙卯 震 355	丙辰 噬嗑 356 東晉升平 元年	丁巳 隨 357	戊午 无妄 358	己未 明夷 359	庚申 賁 360	辛酉 既濟 361	壬戌 家人 362 東晉哀帝 隆和元年	癸亥 豐 363 東晉興寧 元年

原書 377 頁

《皇極經世》以運經世表：午會 2247 世至 2248 世

元	甲一（67017 BC- 62583 AD）									
會	午七（2217 BC – 8583 AD）									
運正卦	大過（57 BC – 2103 AD）									
運運卦	咸　（304 AD – 663 AD）									
世卦	大過（364 AD – 423 AD）									
夬 364 - 373	甲子 大過 364 東晉興寧 2 年	乙丑 鼎 365	丙寅 恆 366 東晉廢帝 太和元年	丁卯 巽 367	戊辰 井 368	己巳 蠱 379.	庚午 升 370	辛未 訟 371 東晉文帝 咸安元年	壬申 困 372	癸酉 未濟 373 東晉武帝 寧康元年
咸 374 - 383	甲戌 解 374 東晉寧康 2 年	乙亥 師 375 王猛卒	丙子 蒙 376 東晉太元 元年	丁丑 師 377	戊寅 遯 378	己卯 咸 379	庚辰 旅 380	辛巳 小過 381	壬午 漸 382	癸未 蹇 383 淝水之戰
困 384 - 393	甲申 艮 384 東晉太元 9 年	乙酉 謙 385 苻堅死 後秦	丙戌 否 386	丁亥 萃 387	戊子 晉 388	己丑 豫 389	庚寅 觀 390.	辛卯 比 391	壬辰 剝 392	癸巳 復 393
井 394 - 403	甲午 頤 394 東晉太元 19 年	乙未 屯 395	丙申 益 396	丁酉 震 397 東晉安帝 隆安元年	戊戌 噬嗑 398 北魏建都 平城	己亥 隨 399	庚子 无妄 400	辛丑 明夷 401	壬寅 賁 402 東晉 元興元年	癸卯 既濟 403
恆 404 - 413	甲辰 家人 404 東晉 元興 3 年	乙巳 豐 405 東晉義熙 元年	丙午 革 406	丁未 同人 407	戊申 臨 408	己酉 損 409	庚戌 節 410	辛亥 中孚 411	壬子 歸妹 412	癸丑 睽 413
姤 414 - 423	甲寅 兌 414 東晉義熙 10 年	乙卯 履 415.	丙辰 泰 416	丁巳 大畜 417	戊午 需 418	己未 小畜 419 東晉恭帝 元熙元年	庚申 大壯 420 南北朝 宋武帝 永初元年	辛酉 大有 421	壬戌 夬 422	癸亥 姤 423 宋景平 元年

原書 378 頁

《皇極經世》以運經世表：午會 2249 世至 2250 世

元	甲一（67017 BC – 62583 AD）									
會	午七（2217 BC – 8583 AD）									
運正卦	大過（57 BC – 2103 AD）									
運運卦	咸 （304 AD – 663 AD）									
世卦	萃 （424 AD – 483 AD）									
旬卦	年卦									
隨 424 - 433	甲子 萃 424 宋文帝 元嘉元年 魏太武帝 始光元年	乙丑 晉 425	丙寅 豫 426	丁卯 觀 427	戊辰 比 428	己巳 剝 429	庚午 復 430	辛未 頤 431	壬申 屯 432	癸酉 益 433
困 434 – 443	甲戌 震 434 宋元嘉 11 年	乙亥 噬嗑 435	丙子 隨 436 滅北燕	丁丑 无妄 437	戊寅 明夷 438	己卯 賁 439 滅北涼 統一北方	庚辰 既濟 440 魏太平真 興元年宋 稱南北朝	辛巳 家人 441	壬午 豐 442	癸未 革 443
咸 444 – 453	甲申 同人 444 宋元嘉 21 年	乙酉 臨 445	丙戌 損 446	丁亥 節 447	戊子 中孚 448	己丑 歸妹 449	庚寅 睽 450	辛卯 兌 451	壬辰 履 452	癸巳 泰 453
比 454 – 463	甲午 大畜 454 宋武帝 孝建元年	乙未 需 455	丙申 小畜 456	丁酉 大壯 457 宋大明 元年	戊戌 大有 458	己亥 夬 459	庚子 姤 460	辛丑 大過 461	壬寅 鼎 462	癸卯 恆 463
豫 464 - 473	甲辰 巽 464 宋大明 8 年	乙巳 井 465 宋明帝 泰始元年	丙午 蠱 466	丁未 升 467	戊申 訟 468	己酉 困 469	庚戌 未濟 470	辛亥 解 471 魏孝文帝 延興元年	壬子 渙 472 宋泰豫 元年	癸丑 蒙 473 宋元徽 元年
否 474 - 483	甲寅 師 474 宋元徽 2 年	乙卯 遯 475	丙辰 咸 476	丁巳 旅 477 宋順帝 升明元年	戊午 小過 478	己未 漸 479 南齊高帝 建元元年	庚申 蹇 480	辛酉 艮 481	壬戌 謙 482	癸亥 否 483 齊武帝 永明元年

原書 379 頁

《皇極經世》以運經世表：午會 2251 世至 2252 世

元	甲一（67017 BC – 62583 AD）									
會	午七（2217 BC – 8583 AD）									
運正卦	大過（57 BC – 2103 AD）									
運運卦	咸（304 AD – 663 AD）									
世卦	蹇（484 AD – 543 AD）									
旬卦	年卦									
既濟 484 - 493	甲子 蹇 484 南齊永明 2年	乙丑 艮 485	丙寅 謙 486	丁卯 否 487	戊辰 萃 488	己巳 晉 489	庚午 豫 490	辛未 觀 491	壬申 比 492	癸酉 剝 493 北魏 遷都洛陽
井 494 – 503	甲戌 復 494 南齊建武 元年	乙亥 頤 495	丙子 屯 496	丁丑 益 497	戊寅 震 498	己卯 噬嗑 499 南齊永元 元年	庚辰 隨 500	辛巳 无妄 501 南齊中興 元年	壬午 明夷 502 梁武帝 天監元年	癸未 賁 503
比 504 – 513	甲申 既濟 504 梁武帝 天監3年	乙酉 家人 505	丙戌 豐 506	丁亥 革 507	戊子 同人 508	己丑 臨 509	庚寅 損 510	辛卯 節 511	壬辰 中孚 512	癸巳 歸妹 513
咸 514 – 523	甲午 睽 514 梁武帝天 監13年	乙未 兌 515	丙申 履 516	丁酉 泰 517	戊戌 大畜 518	己亥 需 519	庚子 小畜 520 梁普通 元年	辛丑 大壯 521	壬寅 大有 522	癸卯 夬 523
謙 524 - 533	甲辰 姤 524 梁普通 5年	乙巳 大過 525	丙午 鼎 526	丁未 恆 527	戊申 巽 528	己酉 井 529 梁中大通 元年	庚戌 蠱 530	辛亥 升 531	壬子 訟 532	癸丑 困 533
漸 534 - 543	甲寅 未濟 534 梁中大通 6年 北魏分裂 為東西魏	乙卯 解 535 梁大同 元年	丙辰 渙 536	丁巳 蒙 537	戊午 師 538	己未 遯 539	庚申 咸 540	辛酉 旅 541	壬戌 小過 542	癸亥 漸 543

原書 380 頁

《皇極經世》以運經世表：午會 2253 世至 2254 世

元	甲一（67017 BC – 62583 AD）									
會	午七（2217 BC – 8583 AD）									
運正卦	大過（57 BC – 2103 AD）									
運運卦	咸　（304 AD – 663 AD）									
世卦	小過（544 AD – 603 AD）									
旬卦	年卦									
既濟 544 - 553	甲子 小過 544 梁大同 10 年	乙丑 漸 545	丙寅 蹇 546	丁卯 艮 547	戊辰 謙 548	己巳 否 549	庚午 萃 550 東魏禪於 北齊，梁 大寶元年	辛未 晉 551 梁天正 元年	壬申 豫 552 梁元帝 承聖元年	癸酉 觀 553
井 554 – 563	甲戌 比 554 梁承聖 2 年	乙亥 剝 555 梁天成 元年	丙子 復 556 西魏禪於 北周，梁 天平元年	丁丑 頤 557 陳武帝 永定元年	戊寅 屯 558	己卯 益 559	庚辰 震 560 陳文帝 天嘉元年	辛巳 噬嗑 561	壬午 隨 562	癸未 无妄 563
比 564 – 573	甲申 明夷 564 陳文帝 天嘉 5 年	乙酉 賁 565	丙戌 既濟 566	丁亥 家人 567 陳廢帝 光大元年	戊子 豐 568	己丑 革 569 陳宣帝 太建元年	庚寅 同人 570	辛卯 臨 571	壬辰 損 572	癸巳 節 573
咸 574 – 583	甲午 中孚 574 陳太建 6 年	乙未 歸妹 575	丙申 睽 576	丁酉 兌 577 北周滅北 齊，北方 復歸統一	戊戌 履 578	己亥 泰 579	庚子 大畜 580	辛丑 需 581 北周亡 隋文帝 開皇元年	壬寅 小畜 582	癸卯 大壯 583 陳後主 至德元年
謙 584 - 593	甲辰 大有 584 隋文帝 開皇 4 年 陳後主 至德 2 年	乙巳 夬 585	丙午 姤 586	丁未 大過 587 陳後主 禎明元年	戊申 鼎 588	己酉 恆 589 陳亡通 隋文帝 開皇 9 年	庚戌 巽 590	辛亥 井 591	壬子 蠱 592	癸丑 升 593
漸 594 - 603	甲寅 訟 594 隋文帝 開皇 14 年	乙卯 困 595	丙辰 未濟 596	丁巳 解 597	戊午 渙 598	己未 蒙 599	庚申 師 600	辛酉 遯 601 隋仁壽 元年	壬戌 咸 602	癸亥 旅 603

原書 381 頁

《皇極經世》以運經世表：午會 2255 世至 2256 世

元	甲一（67017 BC – 62583 AD）									
會	午七（2217 BC – 8583 AD）									
運正卦	大過（57 BC – 2103 AD）									
運運卦	咸　（304 AD – 663 AD）									
世卦	遯　（604 AD – 663 AD）									
旬卦	年卦									
同人 604 - 613	甲子 遯 604 仁壽 4 年	乙丑 咸 605	丙寅 旅 606	丁卯 小過 607	戊辰 漸 608	己巳 蹇 609	庚午 艮 610	辛未 謙 611	壬申 否 612	癸酉 萃 613
姤 614 - 623	甲戌 晉 614 隋大業 10 年	乙亥 豫 615	丙子 觀 616	丁丑 比 617	戊寅 剝 618 唐高祖 武德元年	己卯 復 619	庚辰 頤 620	辛巳 屯 621	壬午 益 622	癸未 震 623
否 624 - 633	甲申 噬嗑 624 武則天生 唐高祖 武德 7 年	乙酉 隨 625	丙戌 无妄 626	丁亥 明夷 627 唐太宗 貞觀元年	戊子 賁 628	己丑 既濟 629	庚寅 家人 630	辛卯 豐 631	壬辰 革 632	癸巳 同人 633
漸 634 - 643	甲午 臨 634 唐太宗 貞觀 8 年	乙未 損 635	丙申 節 636	丁酉 中孚 637 武則天 入宮	戊戌 歸妹 638	己亥 睽 639	庚子 兌 640	辛丑 履 641	壬寅 泰 642	癸卯 大畜 643
旅 644 - 653	甲辰 需 644 唐貞觀 18 年	乙巳 小畜 645	丙午 大壯 646	丁未 大有 647	戊申 夬 648	己酉 姤 649 武則天 入感業寺	庚戌 大過 650 武則天回宮 唐高宗 永徽元年	辛亥 鼎 651	壬子 恆 652	癸丑 巽 653
咸 654 - 663	甲寅 井 654 唐永徽 5 年	乙卯 蠱 655 立則天 為皇后	丙辰 升 656 唐顯慶 元年	丁巳 訟 657	戊午 困 658	己未 未濟 659	庚申 解 660	辛酉 渙 661 唐龍朔 元年	壬戌 蒙 662	癸亥 師 663 乾封元年

原書 382 頁

《皇極經世》以運經世表：午會 2257 世至 2258 世

元	甲一（67017 BC – 62583 AD）
會	午七（2217 BC – 8583 AD）
運正卦	大過（57 BD – 2103 AD）
運運卦	困　（664 AD – 1023 AD）
世卦	兌　（664 AD – 723 AD）
旬卦	年卦

困 664 - 673	甲子 兌 664 唐高宗 麟德元年	乙丑 履 665	丙寅 泰 666 乾封元年	丁卯 大畜 667	戊辰 需 668 總章元年	己巳 小畜 669	庚午 大壯 670 咸亨元年	辛未 大有 671	壬申 夬 672	癸酉 姤 673
隨 674 - 683	甲戌 大過 674 唐高宗 上元元年	乙亥 鼎 675	丙子 恆 676 儀鳳元年	丁丑 巽 677	戊寅 井 678	己卯 蠱 679 調露元年	庚辰 升 680 永隆元年	辛巳 訟 681 開耀元年	壬午 困 682 永淳元年	癸未 未濟 683 弘道元年
夬 684 - 693	甲申 解 684 唐中宗 嗣聖元年 武后廢帝 為廬陵王	乙酉 渙 685 武后改元 垂拱	丙戌 蒙 686	丁亥 師 687	戊子 遯 688	己丑 咸 689 武后稱皇 改元永昌	庚寅 旅 690 武后改 國號為周 稱周皇帝 降旦為皇嗣	辛卯 小過 691	壬辰 漸 692 武后 改元如意 再改長壽	癸巳 蹇 693
節 694 - 703	甲午 艮 694 武后改元 延載	乙未 謙 695 武后改元證 聖，再改天冊 萬歲，再改萬 歲登封	丙申 否 696 武后改元 萬歲通天	丁酉 萃 697 武后改元 神功	戊戌 晉 698 武后改元 聖曆，召帝 房陵復政	己亥 豫 699	庚子 觀 700 武后改元 久視	辛丑 比 701 武后改元 大足再改 長安元年	壬寅 剝 702	癸卯 復 703
歸妹 704 - 713	甲辰 頤 704 長安 4 年	乙巳 屯 705 武后改元 神龍	丙午 益 706 唐中宗 神龍 2 年	丁未 震 707 唐中宗 景龍元年	戊申 噬嗑 708	己酉 隨 709	庚戌 无妄 710 韋后弒帝 隆基誅后 尊旦為帝	辛亥 明夷 711	壬子 賁 712 唐玄宗 先天元年	癸丑 既濟 713 唐玄宗 開元元年
履 714 - 723	甲寅 家人 714 唐玄宗 開元 2 年	乙卯 豐 715.	丙辰 革 716	丁巳 同人 717	戊午 臨 718	己未 損 719	庚申 節 720	辛酉 中孚 721	壬戌 歸妹 722	癸亥 睽 723

原書 383 頁

《皇極經世》以運經世表：午會 2259 世至 2260 世

元	甲一（67017 BC – 62583 AD）									
會	午七（273 BC – 8583 AD）									
運正卦	大過（57 AD – 2103 AD）									
運運卦	困（664 AD – 1023 AD）									
世卦	兌（724 AD – 783 AD）									
旬卦	年卦									
隨 724 - 733	甲子 萃 724 唐玄宗開 元 12 年	乙丑 晉 725	丙寅 豫 726	丁卯 觀 727	戊辰 比 728	己巳 剝 729	庚午 復 730	辛未 頤 731	壬申 屯 732	癸酉 益 733
困 734 - 743	甲戌 震 734 開元 22 年	乙亥 噬嗑 735	丙子 隨 736 楊妃入宮 開元 24 年	丁丑 无妄 737	戊寅 明夷 738	己卯 賁 739	庚辰 既濟 740	辛巳 家人 741	壬午 豐 742 天寶元年	癸未 革 743
咸 744 - 753	甲申 同人 744 天寶 3 年	乙酉 臨 745	丙戌 損 746	丁亥 節 747	戊子 中孚 748	己丑 歸妹 749	庚寅 睽 750.	辛卯 兌 751	壬辰 履 752	癸巳 泰 753
比 754 - 763	甲午 大畜 754 天寶 13 年	乙未 需 755	丙申 小畜 756 唐肅宗 至德元年	丁酉 大壯 757	戊戌 大有 758 乾元元年	己亥 夬 759	庚子 姤 760 上元元年	辛丑 大過 761	壬寅 鼎 762 寶應元年	癸卯 恆 763 唐代宗 廣德元年
豫 764 - 773	甲辰 巽 764 廣德 2 年	乙巳 井 765 永泰元年	丙午 蠱 766 大曆元年	丁未 升 767	戊申 訟 768	己酉 困 769	庚戌 未濟 770	辛亥 解 771	壬子 渙 772	癸丑 蒙 773
否 774 - 783	甲寅 師 774 大曆 9 年	乙卯 遯 775.	丙辰 咸 776	丁巳 旅 777	戊午 小過 778	己未 漸 779	庚申 蹇 780 唐德宗 建中元年	辛酉 艮 781	壬戌 謙 782	癸亥 否 783

原書 384 頁

《皇極經世》以運經世表：午會 2261 世至 2262 世

元	甲一（67017 BC – 62583 AD）									
會	午七（2217 BC – 8583 AD）									
運正卦	大過（57 BC – 2103 AD）									
運運卦	困　（664 AD – 1023 AD）									
世卦	大過（784 AD – 843 AD）									
旬卦	年卦									
夬 784 - 793	甲子 大過 784 興元元年	乙丑 鼎 785 貞元元年	丙寅 恆 786	丁卯 巽 787	戊辰 井 788	己巳 蠱 799	庚午 升 790	辛未 訟 791	壬申 困 792	癸酉 未濟 793
咸 794 - 803	甲戌 解 794 貞元 10 年	乙亥 師 795	丙子 蒙 796	丁丑 師 797	戊寅 遯 798	己卯 咸 799	庚辰 旅 800	辛巳 小過 801	壬午 漸 802	癸未 蹇 803
困 804 - 813	甲申 艮 804 貞元 20 年	乙酉 謙 805 唐順宗 永貞元年	丙戌 否 806 唐憲宗 元和元年	丁亥 萃 807	戊子 晉 808	己丑 豫 809	庚寅 觀 810.	辛卯 比 811	壬辰 剝 812	癸巳 復 813
井 814 - 823	甲午 頤 814 元和九年	乙未 屯 815	丙申 益 816	丁酉 震 817	戊戌 噬嗑 818	己亥 隨 819	庚子 无妄 820	辛丑 明夷 821 唐穆宗 長慶元年	壬寅 賁 822	癸卯 既濟 823
恆 824 - 833	甲辰 家人 824 長慶 4 年	乙巳 豐 825 唐敬宗 寶曆元年	丙午 革 826	丁未 同人 827 唐文宗 太和元年	戊申 臨 828	己酉 損 829	庚戌 節 830	辛亥 中孚 831	壬子 歸妹 832	癸丑 睽 833
姤 834 - 843	甲寅 兌 834 太和 8 年	乙卯 履 835.	丙辰 泰 836	丁巳 大畜 837	戊午 需 838	己未 小畜 839	庚申 大壯 840	辛酉 大有 841 唐武宗 會昌元年	壬戌 夬 842	癸亥 姤 843

原書 385 頁

《皇極經世》以運經世表：午會 2263 世至 2264 世

元	甲一（67017 BC – 86583 AD）									
會	午七（2217 BC – 8583 AD）									
運正卦	大過（57 BC – 2103 AD）									
運運卦	困（664 AD –1023 AD）									
世卦	坎（844 AD – 903 AD）									
旬卦	年卦									
節 844 - 853	甲子 蒙 844 會昌 4 年	乙丑 師 845	丙寅 遯 846	丁卯 咸 847 唐宣宗 大中元年	戊辰 旅 848	己巳 小過 849	庚午 漸 850	辛未 蹇 851	壬申 艮 852	癸酉 謙 853
比 854 - 863	甲戌 否 854 大中 5 年	乙亥 萃 855	丙子 晉 856	丁丑 豫 857	戊寅 觀 858	己卯 比 859	庚辰 剝 860 唐懿宗 咸通元年	辛巳 復 861	壬午 頤 862	癸未 屯 863
井 864 - 873	甲申 益 864 咸通 5 年	乙酉 震 865	丙戌 噬嗑 866	丁亥 隨 867	戊子 无妄 868	己丑 明夷 869	庚寅 賁 870	辛卯 既濟 871	壬辰 家人 872	癸巳 豐 873
困 874 - 883	甲午 革 874 唐僖宗 乾符元年	乙未 同人 875	丙申 臨 876 王仙芝 陷淮南	丁酉 損 877 黃巢 陷沂鄆	戊戌 節 878	己亥 中孚 879	庚子 歸妹 880 黃巢陷兩 京稱齊唐 廣明元年	辛丑 睽 881 唐中和 元年	壬寅 兌 882	癸卯 履 883 黃巢 走藍關
師 884 - 893	甲辰 泰 884 中和 4 年	乙巳 大畜 885 唐光啟 元年	丙午 需 886 王潮 據福州	丁未 小畜 887	戊申 大壯 888	己酉 大有 889 錢鏐據杭州 王建據成都 唐昭宗 龍紀元年	庚戌 夬 890 唐昭宗 大順元年	辛亥 姤 891 楊行密 據揚州	壬子 大過 892 唐景福 元年	癸丑 鼎 893
渙 894 - 903	甲寅 恆 894 李茂貞據 鳳翔，唐 乾寧元年	乙卯 巽 895	丙辰 井 896	丁巳 蠱 897	戊午 升 898 唐光化 元年	己未 訟 899	庚申 困 900	辛酉 未濟 901 唐天復 元年	壬戌 解 902	癸亥 渙 903

原書 386 頁

《皇極經世》以運經世表：午會 2265 世至 2266 世

元	甲一（67017 BC－62583 AD）									
會	午七（2217 BC－8583 AD）									
運正卦	大過（57 BC－2103 AD）									
運運卦	困　（664 AD－1023 AD）									
世卦	解　（904 AD－963 AD）									
旬卦	年卦									
歸妹 904－913	甲子 解 904 唐哀帝 天佑元年	乙丑 渙 905	丙寅 蒙 906	丁卯 師 907 五代十國 後梁太祖 開平元年	戊辰 遯 908	己巳 咸 909	庚午 旅 910	辛未 小過 911 後梁 乾化元年	壬申 漸 912	癸酉 蹇 913
豫 914－923	甲戌 艮 914 後梁 乾化 4 年	乙亥 謙 915	丙子 否 916	丁丑 萃 917	戊寅 晉 918	己卯 豫 919	庚辰 觀 920	辛巳 比 921 後梁 龍德元年	壬午 剝 922	癸未 復 923 後唐 同光元年
恆 924－933	甲申 頤 924 後唐 同光 2 年	乙酉 屯 925 滅蜀	丙戌 益 926 後唐 天成元年	丁亥 震 927	戊子 噬嗑 928	己丑 隨 929	庚寅 无妄 930 後唐 長興元年	辛卯 明夷 931	壬辰 賁 932	癸巳 既濟 933
師 934－943	甲午 家人 934 後唐 清泰元年	乙未 豐 935	丙申 革 936 後晉 天福元年	丁酉 同人 937	戊戌 節 938	己亥 臨 939	庚子 損 940	辛丑 中孚 941	壬寅 歸妹 942	癸卯 睽 943
困 944－953	甲辰 兌 944 後晉 開運元年	乙巳 履 945	丙午 泰 946	丁未 大畜 947 後漢 乾祐元年	戊申 需 948	己酉 小畜 949	庚戌 大壯 950	辛亥 大有 951 後周 廣順元年	壬子 夬 952	癸丑 姤 953
未濟 954－963	甲寅 大過 954 後周 顯德元年	乙卯 鼎 955	丙辰 恆 956	丁巳 巽 957	戊午 井 958	己未 蠱 959	庚申 升 960	辛酉 訟 961 北宋太祖 建隆元年	壬戌 困 962	癸亥 未濟 963 北宋 乾德元年

原書 387 頁

《皇極經世》以運經世表：午會 2267 世至 2268 世

元	甲一（67017 BC – 62583 AD）									
會	午七（2217 BC – 8583 AD）									
運正卦	大過（57 BC – 2103 AD）									
運運卦	困　（664 AD – 1023 AD）									
世卦	訟　（964 AD – 1023 AD）									
旬卦	年卦									
履 964 - 973	甲子 訟 964 北宋 乾德 2 年	乙丑 困 965 滅蜀	丙寅 未濟 966	丁卯 解 967	戊辰 渙 968 北宋 開寶元年	己巳 蒙 969.	庚午 師 970	辛未 遯 971	壬申 咸 972	癸酉 旅 973
否 974 - 983	甲戌 小過 974 北宋 開寶 7 年	乙亥 漸 975	丙子 蹇 976 北宋大平 興國元年	丁丑 艮 977	戊寅 謙 978	己卯 否 979 滅北漢	庚辰 萃 980	辛巳 晉 981	壬午 豫 982.	癸未 觀 983
姤 984 - 993	甲申 比 984 北宋 雍熙元年	乙酉 剝 985	丙戌 復 986	丁亥 頤 987	戊子 屯 988 北宋 端拱元年	己丑 益 989.	庚寅 震 990 北宋 淳化北伐	辛卯 噬嗑 991	壬辰 隨 992	癸巳 无妄 993
渙 994 - 1003	甲午 明夷 994 北宋 淳化 5 年	乙未 賁 995 北宋 至道元年	丙申 既濟 996	丁酉 家人 997	戊戌 豐 998 北宋真宗 咸平元年	己亥 革 999	庚子 同人 1000	辛丑 臨 1001	壬寅 損 1002	癸卯 節 1003
未濟 1004 - 1013	甲辰 中孚 1004 北宋 景德元年	乙巳 歸妹 1005	丙午 睽 1006	丁未 兌 1007	戊申 履 1008 北宋大中 祥符元年	己酉 泰 1009	庚戌 大畜 1010	辛亥 需 1011.	壬子 小畜 1012	癸丑 大壯 1013
困 1014 - 1023	甲寅 大有 1014 北宋大中 祥符 7 年	乙卯 夬 1015.	丙辰 姤 1016	丁巳 大過 1017 北宋 天禧元年	戊午 鼎 1018	己未 恒 1019	庚申 巽 1020	辛酉 井 1021	壬戌 蠱 1022 北宋 乾興元年	癸亥 升 1023 北宋仁宗 天聖元年

原書 388 頁

《皇極經世》以運經世表：午會 2269 世至 2270 世

元	甲一（67017 BC – 62583 A.D.）									
會	午七（2217 BC – 8583 DC）									
運正卦	大過（57 BC – 2103 AD）									
運運卦	井 （1024 AD – 1383 AD）									
世卦	需 （1024 AD – 1083 AD）									
旬卦	年卦									
井 1024 – 1033	甲子 需 1024 北宋 天聖 2 年	乙丑 小畜 1025	丙寅 大壯 1026	丁卯 大有 1027	戊辰 夬 1028	己巳 姤 1029	庚午 大過 1030	辛未 鼎 1031	壬申 恆 1032 北宋 明道元年	癸酉 巽 1033
既濟 1034 - 1043	甲戌 井 1034 北宋 景祐元年	乙亥 蠱 1035	丙子 升 1036	丁丑 訟 1037	戊寅 困 1038 北宋 康定元年	己卯 未濟 1039	庚辰 解 1040	辛巳 渙 1041 北宋 慶曆元年	壬午 蒙 1042	癸未 師 1043
節 1044 - 1053	甲申 遯 1044 北宋 慶曆 4 年	乙酉 咸 1045	丙戌 旅 1046	丁亥 小過 1047	戊子 漸 1048	己丑 蹇 1049 北宋 皇祐元年	庚寅 艮 1050	辛卯 謙 1051	壬辰 否 1052	癸巳 萃 1053
夬 1054 - 1063	甲午 晉 1054 北宋 至和元年	乙未 豫 1055	丙申 觀 1056 北宋 嘉祐元年	丁酉 比 1057	戊戌 剝 1058	己亥 復 1059	庚子 頤 1060	辛丑 屯 1061	壬寅 益 1062	癸卯 震 1063
泰 1064 – 1073	甲辰 噬嗑 1064 北宋英宗 治平元年	乙巳 隨 1065	丙午 无妄 1066	丁未 明夷 1067	戊申 賁 1068 北宋神宗 熙寧元年	己酉 既濟 1069	庚戌 家人 1070	辛亥 豐 1071	壬子 革 1072	癸丑 同人 1073
小畜需 1074 - 1083	甲寅 臨 1074 北宋熙寧 7 年	乙卯 損 1075	丙辰 巽 1076	丁巳 中孚 1077	戊午 歸妹 1078 北宋 元豐元年	己未 睽 1079	庚申 兌 1080	辛酉 履 1081	壬戌 泰 1082	癸亥 大畜 1083

原書 389 頁

《皇極經世》以運經世表：午會 2271 世至 2272 世

元	甲一（67017 BC – 62583 A.D.）									
會	午七（2217 BC – 8583 DC）									
運正卦	大過（57 BC – 2103 AD）									
運運卦	井 （1024 AD – 1383 AD）									
世卦	蹇 （1084 AD – 1143 AD）									
旬卦	年卦									
既濟 1084 - 1093	甲子 蹇 1084 北宋 元豐 7 年	乙丑 艮 1085	丙寅 謙 1086	丁卯 否 1087	戊辰 萃 1088	己巳 晉 1089	庚午 豫 1090	辛未 觀 1091	壬申 比 1092	癸酉 剝 1093
井 1094 – 1103	甲戌 復 1094 北宋 紹聖元年	乙亥 頤 1095	丙子 屯 1096	丁丑 益 1097	戊寅 震 1098 北宋 元符元年	己卯 噬嗑 1099	庚辰 隨 1100	辛巳 无妄 1101 北宋徽宗 建中靖國 元年	壬午 明夷 1102 崇寧元年	癸未 賁 1103
比 1104 – 1113	甲申 既濟 1104 北宋 崇寧 3 年	乙酉 家人 1105	丙戌 豐 1106	丁亥 革 1107 大觀元年	戊子 同人 1108	己丑 臨 1109	庚寅 損 1110	辛卯 節 1111 政和元年	壬辰 中孚 1112	癸巳 歸妹 1113
咸 1114 – 1123	甲午 睽 1114 北宋 政和 4 年	乙未 兌 1115	丙申 履 1116	丁酉 泰 1117	戊戌 大畜 1118 重和元年	己亥 需 1119 宣和元年	庚子 小畜 1120	辛丑 大壯 1121	壬寅 大有 1122	癸卯 夬 1123
謙 1124 - 1133	甲辰 姤 1124 北宋 宣和 6 年	乙巳 大過 1125	丙午 鼎 1126 北宋欽宗 靖康元年	丁未 恆 1127 南宋高宗 建炎元年	戊申 巽 1128	己酉 井 1129	庚戌 蠱 1130	辛亥 升 1131 南宋 紹興元年	壬子 訟 1132	癸丑 困 1133
漸 1134 - 1143	甲寅 未濟 1134 南宋 紹興 4 年	乙卯 解 1135	丙辰 渙 1136	丁巳 蒙 1137	戊午 師 1138	己未 遯 1139	庚申 咸 1140	辛酉 旅 1141	壬戌 小過 1142	癸亥 漸 1143

原書 390 頁

《皇極經世》以運經世表：午會 2273 世至 2274 世

元	甲一 (67017 BC – 62583 A.D.)									
會	午七 (2217 BC – 8583 DC)									
運正卦	大過 (57 BC – 2103 AD)									
運運卦	井 (1024 AD – 1383 AD)									
世卦	蒙 (1144 AD – 1203 AD)									
旬卦	年卦									
節 1144 - 1153	甲子 蒙 1144 南宋紹興 14 年	乙丑 師 1145	丙寅 遯 1146	丁卯 咸 1147	戊辰 旅 1148	己巳 小過 1149	庚午 漸 1150	辛未 蹇 1151	壬申 艮 1152	癸酉 謙 1153
比 1154 - 1163	甲戌 否 1154 南宋紹興 24 年	乙亥 萃 1155	丙子 晉 1156	丁丑 豫 1157	戊寅 觀 1158	己卯 比 1159	庚辰 剝 1160	辛巳 復 1161	壬午 頤 1162	癸未 屯 1163 南宋孝宗 隆興元年
井 1164 - 1173	甲申 益 1164 南宋 隆興 2 年	乙酉 震 1165 乾道元年	丙戌 噬嗑 1166	丁亥 隨 1167	戊子 无妄 1168	己丑 明夷 1169	庚寅 賁 1170	辛卯 既濟 1171	壬辰 家人 1172	癸巳 豐 1173
困 1174 - 1183	甲午 革 1174 南宋 淳熙元年	乙未 同人 1175	丙申 臨 1176	丁酉 損 1177	戊戌 節 1178	己亥 中孚 1179	庚子 歸妹 1180	辛丑 睽 1181	壬寅 兌 1182	癸卯 履 1183
師 1184 - 1193	甲辰 泰 1184 南宋淳熙 11 年	乙巳 大畜 1185	丙午 需 1186	丁未 小畜 1187	戊申 大壯 1188	己酉 大有 1189	庚戌 夬 1190 南宋 紹熙元年	辛亥 姤 1191	壬子 大過 1192	癸丑 鼎 1193
渙 1194 - 1203	甲寅 恆 1194 南宋 紹熙 5 年	乙卯 巽 1195	丙辰 井 1196	丁巳 蠱 1197	戊午 升 1198	己未 訟 1199	庚申 困 1200	辛酉 未濟 1201 南宋 嘉泰元年	壬戌 解 1202	癸亥 渙 1203

原書 391 頁

《皇極經世》以運經世表：午會 2275 世至 2276 世

元	甲一（67017 BC – 62583 A.D.）									
會	午七（2217 BC – 8583 DC）									
運正卦	大過（57 BC – 2103 AD）									
運運卦	井　（1024 AD – 1383 AD）									
世卦	大過（1204 AD – 1263 AD）									
旬卦	年卦									
夬 1204 - 1213	甲子 大過 1204 南宋 嘉泰 4 年	乙丑 鼎 1205 開禧元年	丙寅 恆 1206	丁卯 巽 1207 嘉定元年	戊辰 井 1208	己巳 蠱 1209.	庚午 升 1210	辛未 訟 1211	壬申 困 1212	癸酉 未濟 1213
咸 1214 - 1223	甲戌 解 1214 南宋 嘉定 7 年	乙亥 師 1215	丙子 蒙 1216	丁丑 師 1217	戊寅 遯 1218	己卯 咸 1219	庚辰 旅 1220	辛巳 小過 1221	壬午 漸 1222	癸未 蹇 1223
困 1224 - 1233	甲申 艮 1224 南宋嘉定 17 年	乙酉 謙 1225 南宋理宗 寶慶元年	丙戌 否 1226	丁亥 萃 1227	戊子 晉 1228 紹定元年	己丑 豫 1229	庚寅 觀 1230.	辛卯 比 1231	壬辰 剝 1232	癸巳 復 1233
井 1234 - 1243	甲午 頤 1234 南宋 端平元年	乙未 屯 1235	丙申 益 1236	丁酉 震 1237 嘉熙元年	戊戌 噬嗑 1238	己亥 隨 1239	庚子 无妄 1240	辛丑 明夷 1241 淳祐元年	壬寅 賁 1242	癸卯 既濟 1243
恆 1244 - 1253	甲辰 家人 1244 南宋 淳祐 4 年	乙巳 豐 1245	丙午 革 1246	丁未 同人 1247	戊申 臨 1248	己酉 損 1249	庚戌 節 1250	辛亥 中孚 1251	壬子 歸妹 1252	癸丑 睽 1253
姤 1254 - 1203	甲寅 兌 1254 南宋 寶祐 2 年	乙卯 履 1255.	丙辰 泰 1256	丁巳 大畜 1257	戊午 需 1258	己未 小畜 1259 開慶元年	庚申 大壯 1260 景定元年	辛酉 大有 1261	壬戌 夬 1262	癸亥 姤 1263

原書 392 頁

《皇極經世》以運經世表：午會 2277 世至 2278 世

元	甲一（67017 BC – 62583 A.D.）									
會	午七（2217 BC – 8583 DC）									
運正卦	大過（57 BC – 2103 AD）									
運運卦	井　（1024 AD – 1383 AD）									
世卦	升　（1264 AD – 1323 AD）									
旬卦	年卦									
履 1264 - 1273	甲子 升 1264 南宋 景定 5 年 元世祖 至元元年	乙丑 訟 1265 南宋度宗 咸淳元年	丙寅 困 1266	丁卯 未濟 1267	戊辰 解 1268	己巳 渙 1269.	庚午 蒙 1270	辛未 師 1271	壬申 遯 1272	癸酉 咸 1273
否 1274 - 1283	甲戌 旅 1274 南宋咸淳 10 年	乙亥 小過 1275 南宋恭宗 德祐元年	丙子 漸 1276 南宋端宗 景炎元年	丁丑 蹇 1277	戊寅 艮 1278 南宋帝昺 祥興元年	己卯 謙 1279 元世祖至 元 16 年 南宋亡	庚辰 否 1280	辛巳 萃 1281	壬午 晉 1282.	癸未 豫 1283
姤 1284 - 1293	甲申 觀 1284 元至元 21 年	乙酉 比 1285	丙戌 剝 1286	丁亥 復 1287	戊子 頤 1288	己丑 屯 1289.	庚寅 益 1290.	辛卯 震 1291	壬辰 噬嗑 1292	癸巳 隨 1293
渙 1294 - 1303	甲午 无妄 1294 元至元 31 年	乙未 明夷 1295 元成宗 元貞元年	丙申 賁 1296	丁酉 既濟 1297 大德元年	戊戌 家人 1298	己亥 豐 1299	庚子 革 1300	辛丑 同人 1301	壬寅 臨 1302	癸卯 損 1303
未濟 1304 - 1313	甲辰 節 1304 元大德 8 年	乙巳 中孚 1305	丙午 歸妹 1306	丁未 睽 1307	戊申 兌 1308 元武宗 至大元年	己酉 履 1309	庚戌 泰 1310	辛亥 大畜 1311.	壬子 需 1312 元仁宗 皇慶元年	癸丑 小畜 1313
困 1314 - 1323	甲寅 大壯 1314 元延祐 元年	乙卯 大有 1315.	丙辰 夬 1316	丁巳 姤 1317	戊午 大過 1318	己未 鼎 1319	庚申 恆 1320	辛酉 巽 1321 元英宗 至治元年	壬戌 井 1322	癸亥 蠱 1323

原書 393 頁

《皇極經世》以運經世表：午會 2279 世至 2280 世

元	甲一（67017 BC – 62583 A.D.）									
會	午七（2217 BC – 8583 DC）									
運正卦	大過（57 BC – 2103 AD）									
運運卦	井　（1024 AD – 1383 AD）									
世卦	巽　（1324 AD – 1383 AD）									
旬卦	年卦									
小畜 1324 - 1333	甲子 巽 1324 元泰定帝 元年	乙丑 井 1325	丙寅 蠱 1326	丁卯 升 1327	戊辰 訟 1328 元文宗 天曆元年	己巳 困 1329.	庚午 未濟 1330 元寧宗 至順元年	辛未 解 1331	壬申 渙 1332	癸酉 蒙 1333 元順帝 元統元年
漸 1334 - 1343	甲戌 師 1334 元元統 2 年	乙亥 遯 1335	丙子 咸 1336	丁丑 旅 1337	戊寅 小過 1338	己卯 漸 1339	庚辰 蹇 1340	辛巳 艮 1341 元至正 元年	壬午 謙 1342.	癸未 否 1343
渙 1344 - 1353	甲申 萃 1344 元至正 4 年	乙酉 晉 1345	丙戌 豫 1346	丁亥 觀 1347	戊子 比 1348	己丑 剝 1349 中共立國	庚寅 復 1350.	辛卯 頤 1351	壬辰 屯 1352	癸巳 益 1353
姤 1354 - 1363	甲午 震 1354 元至正 14 年	乙未 噬嗑 1355	丙申 隨 1356	丁酉 无妄 1357	戊戌 明夷 1358	己亥 賁 1359	庚子 既濟 1360	辛丑 家人 1361	壬寅 豐 1362	癸卯 革 1363
蠱 1364 - 1373	甲辰 同人 1364 元至正 24 年	乙巳 臨 1365	丙午 損 1366	丁未 節 1367	戊申 中孚 1368 明太祖 洪武元年	己酉 歸妹 1369	庚戌 睽 1370	辛亥 兌 1371	壬子 履 1372	癸丑 泰 1373
井 1374 - 1383	甲寅 大畜 1374 明洪武 7 年	乙卯 需 1375.	丙辰 小畜 1376	丁巳 大壯 1377	戊午 大有 1378	己未 夬 1379	庚申 姤 1380	辛酉 大過 1381	壬戌 鼎 1382	癸亥 恆 1383

原書 394 頁

《皇極經世》以運經世表：午會 2281 世至 2282 世

元	甲一（67017 BC – 62583 A.D.）									
會	午七（2217 BC – 8583 DC）									
運正卦	大過（57 BC – 2103 AD）									
運運卦	恆　（1384 AD – 1743 AD）									
世卦	大壯（1384 AD – 1443AD）									
旬卦	年卦									
恆 1384 - 1393	甲子 大壯 1384 明洪武 17 年	乙丑 大有 1385	丙寅 夬 1386	丁卯 姤 1387	戊辰 大過 1388	己巳 鼎 1389	庚午 恆 1390	辛未 巽 1391	壬申 井 1392	癸酉 蠱 1393
豐 1394 - 1403	甲戌 升 1394 明洪武 27 年	乙亥 訟 1395	丙子 困 1396	丁丑 未濟 1397	戊寅 解 1398	己卯 渙 1399 明惠帝 建文元年	庚辰 蒙 1400	辛巳 師 1401	壬午 遯 1402 燕王攻滅 建文帝	癸未 咸 1403 明成祖 永樂元年
歸妹 1404 - 1413	甲申 旅 1404 明永樂 2 年	乙酉 小過 1405	丙戌 漸 1406	丁亥 蹇 1407	戊子 艮 1408	己丑 謙 1409	庚寅 否 1410.	辛卯 萃 1411	壬辰 晉 1412	癸巳 豫 1413
泰 1414 - 1423	甲午 觀 1414 明永樂 12 年	乙未 比 1415	丙申 剝 1416	丁酉 復 1417	戊戌 頤 1418	己亥 屯 1419	庚子 益 1420	辛丑 震 1421	壬寅 噬嗑 1422	癸卯 隨 1423
夬 1424 - 1433	甲辰 无妄 1424 明永樂 22 年	乙巳 明夷 1425 明仁宗 洪熙元年	丙午 賁 1426 明宣宗 宣德元年	丁未 既濟 1427	戊申 家人 1428	己酉 豐 1429	庚戌 革 1430	辛亥 同人 1431	壬子 臨 1432	癸丑 損 1433
大有 1434 - 1443	甲寅 節 1434 明宣宗 宣德 10 年	乙卯 中孚 1435.	丙辰 歸妹 1436 明英宗 正統元年	丁巳 睽 1437	戊午 兌 1438	己未 履 1439	庚申 泰 1440	辛酉 大畜 1441	壬戌 需 1442	癸亥 小畜 1443

原書 395 頁

《皇極經世》以運經世表：午會 2283 世至 2284 世

元	甲一（67017 BC – 62583 A.D.）									
會	午七（2217 BC – 8583 DC）									
運正卦	大過（57 BC – 2103 AD）									
運運卦	恆　（1384 AD – 1743 AD）									
世卦	小過（1444 AD – 1503 AD）									
旬卦	年卦									
豐 1444 - 1453	甲子 小過 1444 明正統 9年	乙丑 漸 1445	丙寅 蹇 1446	丁卯 艮 1447	戊辰 謙 1448	己巳 否 1449	庚午 萃 1450 明景帝 景泰元年	辛未 晉 1451	壬申 豫 1452	癸酉 觀 1453
恆 1454 – 1463	甲戌 比 1454 明景泰 5年	乙亥 剝 1455	丙子 復 1456	丁丑 頤 1457 明英宗 天順元年	戊寅 屯 1458	己卯 益 1459	庚辰 震 1460	辛巳 噬嗑 1461	壬午 隨 1462	癸未 无妄 1463
豫 1464 – 1473	甲申 明夷 1464 明天順 8年	乙酉 賁 1465 明憲宗 成化元年	丙戌 既濟 1466	丁亥 家人 1467	戊子 豐 1468	己丑 革 1469	庚寅 同人 1470	辛卯 臨 1471	壬辰 損 1472	癸巳 節 1473
謙 1474 – 1483	甲午 中孚 1474 明成化 10年	乙未 歸妹 1475	丙申 睽 1476	丁酉 兌 1477	戊戌 履 1478	己亥 泰 1479	庚子 大畜 1480 梁普通 元年	辛丑 需 1481	壬寅 小畜 1482	癸卯 大壯 1483
咸 1484 - 1493	甲辰 大有 1484 明成化 20年	乙巳 夬 1485	丙午 姤 1486	丁未 大過 1487	戊申 鼎 1488 明孝宗 弘治元年	己酉 恆 1489	庚戌 巽 1490	辛亥 井 1491	壬子 蠱 1492	癸丑 升 1493
旅 1494 - 1503	甲寅 訟 1494 明弘治 7年	乙卯 困 1495	丙辰 未濟 1496	丁巳 解 1497	戊午 渙 1498	己未 蒙 1499	庚申 師 1500	辛酉 遯 1501	壬戌 咸 1502	癸亥 旅 1503

原書 396 頁

《皇極經世》以運經世表：午會 2285 世至 2286 世

元	甲一（67017 BC – 62583 A.D.）									
會	午七（2217 BC – 8583 DC）									
運正卦	大過（57 BC – 2103 AD）									
運運卦	恆 （1384 AD – 1743 AD）									
世卦	解 （1504 AD – 1563 AD）									
旬卦	年卦									
歸妹 1504 - 1513	甲子 解 1504 明弘治 17 年	乙丑 渙 1505	丙寅 蒙 1506 明武宗 正德元年	丁卯 師 1507	戊辰 遯 1508	己巳 咸 1509	庚午 旅 1510	辛未 小過 1511	壬申 漸 1512	癸酉 蹇 1513
豫 1514 - 1523	甲戌 艮 1514 明正德 9 年	乙亥 謙 1515	丙子 否 1516	丁丑 萃 1517	戊寅 晉 1518	己卯 豫 1519	庚辰 觀 1520	辛巳 比 1521	壬午 剝 1522 明世宗 嘉靖元年	癸未 復 1523
恆 1524 - 1533	甲申 頤 1524 明嘉靖 3 年	乙酉 屯 1525	丙戌 益 1526	丁亥 震 1527	戊子 噬嗑 1528	己丑 隨 1529	庚寅 无妄 1530	辛卯 明夷 1531	壬辰 賁 1532	癸巳 既濟 1533
師 1534 - 1543	甲午 家人 1534 明嘉靖 13 年	乙未 豐 1535	丙申 革 1536	丁酉 同人 1537	戊戌 節 1538	己亥 臨 1539	庚子 損 1540	辛丑 中孚 1541	壬寅 歸妹 1542	癸卯 睽 1543
困 1544 - 1553	甲辰 兌 1544 明嘉靖 23 年	乙巳 履 1545	丙午 泰 1546	丁未 大畜 1547	戊申 需 1548	己酉 小畜 1549	庚戌 大壯 1550	辛亥 大有 1551	壬子 夬 1552	癸丑 姤 1553
未濟 1554 - 1563	甲寅 大過 1554 明嘉靖 33 年	乙卯 鼎 1555	丙辰 恆 1556	丁巳 巽 1557	戊午 井 1558	己未 蠱 1559	庚申 升 1560	辛酉 訟 1561	壬戌 困 1562	癸亥 未濟 1563

原書 397 頁

《皇極經世》以運經世表：午會 2287 世至 2288 世

元	甲一（67017 BC – 62583 A.D.）									
會	午七（2217 BC – 8583 DC）									
運正卦	大過（57 BC – 2103 AD）									
運運卦	恆 （1384 AD – 1743 AD）									
世卦	升 （1564 AD – 1623 AD）									
旬卦	年卦									
泰 1564 - 1573	甲子 升 1564 明嘉靖 43 年	乙丑 訟 1565	丙寅 困 1566	丁卯 未濟 1567 明穆宗 隆慶元年	戊辰 解 1568	己巳 渙 1569.	庚午 蒙 1570	辛未 師 1571	壬申 遯 1572	癸酉 咸 1573 明神宗 萬曆元年
謙 1574 - 1583	甲戌 旅 1574 明萬曆 2 年	乙亥 小過 1575	丙子 漸 1576	丁丑 蹇 1577	戊寅 艮 1578	己卯 謙 1579	庚辰 否 1580	辛巳 萃 1581	壬午 晉 1582 張居正卒	癸未 豫 1583
師 1584 - 1593	甲申 觀 1584 明萬曆 12 年	乙酉 比 1585	丙戌 剝 1586	丁亥 復 1587	戊子 頤 1588	己丑 屯 1589.	庚寅 益 1590	辛卯 震 1591	壬辰 噬嗑 1592	癸巳 隨 1593
恆 1594 - 1603	甲午 无妄 1594 明萬曆 22 年	乙未 明夷 1595	丙申 賁 1596	丁酉 既濟 1597	戊戌 家人 1598	己亥 豐 1599	庚子 革 1600	辛丑 同人 1601	壬寅 臨 1602	癸卯 損 1603
井 1604 - 1613	甲辰 節 1604 明萬曆 32 年.	乙巳 中孚 1605	丙午 歸妹 1606	丁未 睽 1607	戊申 兌 1608	己酉 履 1609	庚戌 泰 1610	辛亥 大畜 1611.	壬子 需 1612	癸丑 小畜 1613
蠱 1614 - 1623	甲寅 大壯 1614 明萬曆 42 年	乙卯 大有 1615.	丙辰 夬 1616 後金（清） 太祖天命 元年	丁巳 姤 1617	戊午 大過 1618	己未 鼎 1619	庚申 恆 1620 後金（清） 天命 5 年 明泰昌元 年	辛酉 巽 1621 後金（清） 天命 6 年 明熹宗天 啟元年	壬戌 井 1622	癸亥 蠱 1623

原書 398 頁

《皇極經世》以運經世表：午會 2289 世至 2290 世

元	甲一（67017 BC – 62583 A.D.）									
會	午七（2217 BC – 8583 DC）									
運正卦	大過（57 BC – 2103 AD）									
運運卦	恆　（1384 AD – 1743 AD）									
世卦	大過（1624 AD – 1683 AD）									
旬卦	年卦									
夬 1624 - 1633	甲子 大過 1624 明天啟 4 年	乙丑 鼎 1625	丙寅 恆 1626	丁卯 巽 1627	戊辰 井 1628 明崇禎 元年	己巳 蠱 1639	庚午 升 1630	辛未 訟 1631	壬申 困 1632	癸酉 未濟 1633
咸 1634 - 1643	甲戌 解 1634 明崇禎 7 年	乙亥 師 1635	丙子 蒙 1636	丁丑 師 1637	戊寅 遯 1638	己卯 咸 1639	庚辰 旅 1640	辛巳 小過 1641	壬午 漸 1642	癸未 蹇 1643
困 1644 - 1653	甲申 艮 1644 明崇禎 17 年 清順治元年 李自成永昌 元年	乙酉 謙 1645	丙戌 否 1646	丁亥 萃 1647	戊子 晉 1648	己丑 豫 1649	庚寅 觀 1650.	辛卯 比 1651	壬辰 剝 1652	癸巳 復 1653
井 1654 - 1663	甲午 頤 1654 清順治 11 年	乙未 屯 1655	丙申 益 1656	丁酉 震 1657	戊戌 噬嗑 1658	己亥 隨 1659	庚子 无妄 1660	辛丑 明夷 1661 南明 永曆帝亡	壬寅 賁 1662 清康熙 元年	癸卯 既濟 1663 南明 定武帝亡
恆 1664 - 1673	甲辰 家人 1664 清康熙 3 年	乙巳 豐 1665	丙午 革 1666	丁未 同人 1667	戊申 臨 1668	己酉 損 1669	庚戌 節 1670	辛亥 中孚 1671	壬子 歸妹 1672	癸丑 睽 1673
姤 1674 - 1623	甲寅 兌 1674 清康熙 13 年	乙卯 履 1675.	丙辰 泰 1676	丁巳 大畜 1677	戊午 需 1678	己未 小畜 1679	庚申 大壯 1680	辛酉 大有 1681	壬戌 夬 1682	癸亥 姤 1683

原書 399 頁

《皇極經世》以運經世表：午會 2291 世至 2292 世

元	甲一 (67017 BC – 62583 A.D.)									
會	午七 (2217 BC – 8583 DC)									
運正卦	大過 (57 BC – 1683 AD)									
運運卦	恆 (1384 AD – 1743 AD)									
世卦	鼎 (1684 AD – 1743 AD)									
旬卦	年卦									
大有 1684 - 1693	甲子 鼎 1683 清康熙 23年	乙丑 恆 1685	丙寅 巽 1686	丁卯 井 1687	戊辰 蠱 1688	己巳 升 1689	庚午 訟 1690	辛未 困 1691	壬申 未濟 1692	癸酉 解 1693
離 1694 - 1703	甲戌 渙 1694 清康熙 33年	乙亥 蒙 1695	丙子 師 1696	丁丑 遯 1697	戊寅 咸 1698	己卯 旅 1699	庚辰 小過 1700	辛巳 漸 1701	壬午 蹇 1702	癸未 艮 1703
未濟 1704 - 1713	甲申 謙 1704 清康熙 43年	乙酉 否 1705	丙戌 萃 1706	丁亥 晉 1707	戊子 豫 1708	己丑 觀 1709	庚寅 比 1710.	辛卯 剝 1711	壬辰 復 1712	癸巳 頤 1713
蠱 1714 - 1723	甲午 屯 1714 清康熙 53年	乙未 益 1715	丙申 震 1716	丁酉 噬嗑 1717	戊戌 隨 1718	己亥 无妄 1719	庚子 明夷 1720	辛丑 賁 1721	壬寅 既濟 1722	癸卯 家人 1723 清雍正 元年
姤 1724 - 1733	甲辰 豐 1724 清雍正 2年	乙巳 革 1725	丙午 同人 1726	丁未 臨 1727	戊申 損 1728	己酉 節 1729	庚戌 中孚 1730	辛亥 歸妹 1731	壬子 睽 1732	癸丑 兌 1733
恆 1734 - 1743	甲寅 履 1734 清雍正 12年	乙卯 泰 1735.	丙辰 大畜 1736 清乾隆 元年	丁巳 需 1737	戊午 小畜 1738	己未 大壯 1739	庚申 大有 1740	辛酉 夬 1741	壬戌 姤 1742	癸亥 大過 1743

原書 400 頁

《皇極經世》以運經世表：午會 2293 世至 2294 世

元	甲一（67017 BC – 62583 A.D.）									
會	午七（2217 BC – 8583 DC）									
運正卦	大過（57 BC – 1683 AD）									
運運卦	姤　（1744 AD – 2103 AD）									
世卦	乾　（1744 AD – 1803 AD）									
旬卦	年卦									
姤 1744 - 1753	甲子 姤 1744 清乾隆 9 年	乙丑 大過 1745	丙寅 鼎 1746	丁卯 恆 1747	戊辰 巽 1748	己巳 井 1749	庚午 蠱 1750 英國 工業革命	辛未 升 1751	壬申 訟 1752	癸酉 困 1753
同人 1754 - 1763	甲戌 未濟 1754 清乾隆 19 年	乙亥 解 1755	丙子 渙 1756	丁丑 蒙 1757	戊寅 師 1758	己卯 遯 1759	庚辰 咸 1760	辛巳 旅 1761	壬午 小過 1762	癸未 漸 1763
履 1764 - 1773	甲申 蹇 1764 清乾隆 29 年	乙酉 艮 1765	丙戌 謙 1766	丁亥 否 1767	戊子 萃 1768	己丑 晉 1769	庚寅 豫 1770.	辛卯 觀 1771	壬辰 比 1772	癸巳 剝 1773
小畜 1774 - 1783	甲午 復 1774 清乾隆 39 年	乙未 頤 1775	丙申 屯 1776 美國 獨立宣言	丁酉 益 1777	戊戌 震 1778	己亥 噬嗑 1779	庚子 隨 1780	辛丑 无妄 1781	壬寅 明夷 1782	癸卯 賁 1783 美國建國
大有 1784 - 1793	甲辰 既濟 1784 清乾隆 49 年	乙巳 家人 1785	丙午 豐 1786	丁未 革 1787	戊申 同人 1788	己酉 臨 1789	庚戌 損 1790	辛亥 節 1791	壬子 中孚 1792	癸丑 歸妹 1793
夬 1794 - 1803	甲寅 睽 1794 清乾隆 59 年	乙卯 兌 1795.	丙辰 履 1796 嘉慶元年	丁巳 泰 1797	戊午 大畜 1798	己未 需 1799	庚申 小畜 1800	辛酉 大壯 1801	壬戌 大有 1802	癸亥 夬 1803

原書 401 頁

《皇極經世》以運經世表：午會 2295 世至 2296 世

元	甲一（67017 BC – 182583 A.D.）									
會	午七（2217 BC – 8583 DC）									
運正卦	大過（57 BC – 1683 AD）									
運運卦	姤（1744 AD – 2103 AD）									
世卦	遯（1804 AD – 1863 AD）									
旬卦	年卦									
同人 1804 - 1813	甲子 遯 1804 清嘉慶 9 年	乙丑 咸 1805	丙寅 旅 1806	丁卯 小過 1807	戊辰 漸 1808	己巳 蹇 1809	庚午 艮 1810	辛未 謙 1811	壬申 否 1812	癸酉 萃 1813
姤 1814 - 1823	甲戌 晉 1814 清嘉慶 19 年	乙亥 豫 1815	丙子 觀 1816	丁丑 比 1817	戊寅 剝 1818	己卯 復 1819	庚辰 頤 1820	辛巳 屯 1821 道光元年	壬午 益 1822	癸未 震 1823
否 1824 - 1833	甲申 噬嗑 1824 清道光 4 年	乙酉 隨 1825	丙戌 无妄 1826	丁亥 明夷 1827	戊子 賁 1828	己丑 既濟 1829	庚寅 家人 1830	辛卯 豐 1831	壬辰 革 1832	癸巳 同人 1833
漸 1834 - 1843	甲午 臨 1834 清道光 14 年	乙未 損 1835	丙申 節 1836	丁酉 中孚 1837	戊戌 歸妹 1838	己亥 睽 1839	庚子 兌 1840 鴉片戰爭	辛丑 履 1841	壬寅 泰 1842	癸卯 大畜 1843
旅 1844 - 1853	甲辰 需 1844 清道光 24 年	乙巳 小畜 1845	丙午 大壯 1846	丁未 大有 1847	戊申 夬 1848	己酉 姤 1849	庚戌 大過 1850	辛亥 鼎 1851 清咸豐 元年	壬子 恒 1852	癸丑 巽 1853
咸 1854 - 1863	甲寅 井 1854 清咸豐 4 年	乙卯 蠱 1855	丙辰 升 1856	丁巳 訟 1857	戊午 困 1858	己未 未濟 1859	庚申 解 1860 火燒 圓明園	辛酉 渙 1861	壬戌 蒙 1862 同治元年	癸亥 師 1863

原書 402 頁

《皇極經世》以運經世表：午會 2297 世至 2298 世

元	甲一（67017 BC – 62583 AD）									
會	午七（2217 BC – 8583 AD）									
運正卦	大過（57 BC –2103 AD）									
運運卦	姤（1774 AD –2103 AD）									
世卦	訟（1864 AD –1923 AD）									
旬卦	年卦									
履 1864 - 1873	甲子 訟 1864 清同治 3 年	乙丑 困 1865	丙寅 未濟 1866	丁卯 解 1867	戊辰 渙 1868	己巳 蒙 1869.	庚午 師 1870	辛未 遯 1871	壬申 咸 1872	癸酉 旅 1873
否 1874 - 1883	甲戌 小過 1874 同治 13 年	乙亥 漸 1875 清光緒 元年	丙子 蹇 1876	丁丑 艮 1877	戊寅 謙 1878	己卯 否 1879	庚辰 萃 1880	辛巳 晉 1881	壬午 豫 1882.	癸未 觀 1883
姤 1884 - 1893	甲申 比 1884 光緒 10 年	乙酉 剝 1885	丙戌 復 1886	丁亥 頤 1887	戊子 屯 1888	己丑 益 1889.	庚寅 震 1890.	辛卯 噬嗑 1891	壬辰 隨 1892	癸巳 无妄 1893
渙 1894 - 1903	甲午 明夷 1894 光緒 20 年 中日海戰	乙未 賁 1895	丙申 既濟 1896	丁酉 家人 1897	戊戌 豐 1898	己亥 革 1899	庚子 同人 1900 八國聯軍 入侵北京	辛丑 臨 1901	壬寅 損 1902	癸卯 節 1903
未濟 1904 - 1913	甲辰 中孚 1904 光緒 30 年.	乙巳 歸妹 1905	丙午 睽 1906	丁未 兌 1907	戊申 履 1908	己酉 泰 1909. 宣統元年	庚戌 大畜 1910	辛亥 需 1911.	壬子 小畜 1912 民國元年	癸丑 大壯 1913
困 1914 - 1923	甲寅 大有 1914 民國 3 年	乙卯 夬 1915.	丙辰 姤 1916	丁巳 大過 1917	戊午 鼎 1918	己未 恆 1919	庚申 巽 1920	辛酉 井 1921 中共一大 召開	壬戌 蠱 1922	癸亥 升 1923

原書 403 頁

《皇極經世》以運經世表：午會 2299 至 2300 世

元	甲一（67017 BC – 62583 AD）									
會	午七（2217 BC – 8583 AD）									
運正卦	大過（57 BC –2103 AD）									
運運卦	姤　（1774 AD –2103 AD）									
世卦	巽　（1924 AD – 1983 AD）									
旬卦	年卦									
小畜 1924 - 1933	甲子 巽 1924	乙丑 井 1925	丙寅 蠱 1926	丁卯 升 1927	戊辰 訟 1928 東北易幟	己巳 困 1929.	庚午 未濟 1930 中共第一次反「圍剿」中原大戰	辛未 解 1931 中共第二次和第三次「反圍剿」九一八變	壬申 渙 1932 中共第四次反「圍剿」偽滿洲國成立	癸酉 蒙 1933 中共第五次反「圍剿」日又佔山海關
漸 1934 - 1943	甲戌 師 1934 紅軍長征	乙亥 遯 1935	丙子 咸 1936 西安事變	丁丑 旅 1937 七七蘆溝橋事變，蔣介石宣佈對日作戰	戊寅 小過 1938 徐州會戰和武漢會戰抗日戰爭進入柦持階段	己卯 漸 1939 侵華日軍開展「大掃蕩」	庚辰 蹇 1940 汪精衛在南京就任偽國民政府主席	辛巳 艮 1941 日軍襲擊珍珠港，太平洋戰爭爆發	壬午 謙 1942 中共開展大生產運動，中國遠征軍入緬作戰	癸未 否 1943 法西斯軸心國意大利投降
渙 1944 - 1953	甲申 萃 1944	乙酉 晉 1945 日本戰敗投降	丙戌 豫 1946 解放戰爭	丁亥 觀 1947	戊子 比 1948	己丑 剝 1949 中華人民共和國成立	庚寅 復 1950.	辛卯 頤 1951	壬辰 屯 1952	癸巳 益 1953
姤 1954 - 1963	甲午 震 1954	乙未 噬嗑 1955	丙申 隨 1956	丁酉 无妄 1957	戊戌 明夷 1958	己亥 賁 1959	庚子 既濟 1960	辛丑 家人 1961	壬寅 豐 1962	癸卯 革 1963
蠱 1964 - 1973	甲辰 同人 1964	乙巳 臨 1965	丙午 損 1966 「文化大革命」	丁未 節 1967	戊申 中孚 1968	己酉 歸妹 1969	庚戌 睽 1970	辛亥 兌 1971	壬子 履 1972	癸丑 泰 1973
井 1974 - 1983	甲寅 大畜 1974	乙卯 需 1975.	丙辰 小畜 1976	丁巳 大壯 1977	戊午 大有 1978 改革開放	己未 夬 1979	庚申 姤 1980	辛酉 大過 1981	壬戌 鼎 1982	癸亥 恆 1983

原書 404 頁

心一堂術數古籍珍本叢刊　第一輯書目

占筮類			
1	擲地金聲搜精秘訣	心一堂編	沈氏研易樓藏稀見易占秘鈔本
2	卜易拆字秘傳百日通	心一堂編	
3	易占陽宅六十四卦秘斷	心一堂編	火珠林占陽宅風水秘鈔本
星命類			
4	斗數宣微	【民國】王裁珊	民初最重要斗數著述之一；未刪改本
5	斗數觀測錄	【民國】王裁珊	失傳民初斗數重要著作
6	《地星會源》《斗數綱要》合刊	心一堂編	失傳的第三種飛星斗數
7	《斗數秘鈔》《紫微斗數之捷徑》合刊	心一堂編	珍稀「紫微斗數」舊鈔秘本
8	斗數演例	心一堂編	
9	紫微斗數全書（清初刻原本）	題【宋】陳希夷	斗數全書本來面目；有別於錯誤極多的坊本
10－12	鐵板神數（清刻足本）──附秘鈔密碼表	題【宋】邵雍	無錯漏原版 秘鈔密碼表 首次公開！
13－15	蠢子數纏度	題【宋】邵雍	蠢子數連密碼表 打破數百年秘傳 首次公開！
16－19	皇極數	題【宋】邵雍	清鈔孤本附起例及完整密碼表 研究神數必讀！
20－21	邵夫子先天神數	題【宋】邵雍	附手鈔密碼表 研究神數必讀！
22	八刻分經定數（密碼表）	題【宋】邵雍	皇極數另一版本；附手鈔密碼表
23	新命理探原	【民國】袁樹珊	子平命理必讀教科書！
24－25	袁氏命譜	【民國】袁樹珊	
26	韋氏命學講義	【民國】韋千里	民初二大命理家南袁北韋
27	千里命稿	【民國】韋千里	
28	精選命理約言	【民國】韋千里	北韋之命理經典
29	滴天髓闡微──附李雨田命理初學捷徑	【民國】袁樹珊、李雨田	命理經典未刪改足本
30	段氏白話命學綱要	【民國】段方	民初命理經典最淺白易懂
31	命理用神精華	【民國】王心田	學命理者之寶鏡

32	命學探驪集	【民國】張巢雲	發前人所未發 稀見民初子平命理著作
33	澹園命談	【民國】高澹園	
34	算命一讀通──鴻福齊天	【民國】不空居士、覺先居士合纂	
35	子平玄理	【民國】施惕君	
36	星命風水秘傳百日通	心一堂編	
37	命理大四字金前定	題【晉】鬼谷子王詡	源自元代算命術
38	命理斷語義理源深	心一堂編	稀見清代批命斷語及活套
39-40	文武星案	【明】陸位	失傳四百年《張果星宗》姊妹篇 千多星盤命例　研究命學必備
相術類			
41	新相人學講義	【民國】楊叔和	失傳民初白話文相術書
42	手相學淺說	【民國】黃龍	民初中西結合手相學經典
43	大清相法	心一堂編	重現失傳經典相書
44	相法易知	心一堂編	
45	相法秘傳百日通	心一堂編	
堪輿類			
46	靈城精義箋	【清】沈竹礽	沈氏玄空遺珍 玄空風水必讀
47	地理辨正抉要	【清】沈竹礽	
48	《玄空古義四種通釋》《地理疑義答問》合刊	沈瓞民	
49	《沈氏玄空吹虀室雜存》《玄空捷訣》合刊	【民國】申聽禪	
50	漢鏡齋堪輿小識	【民國】查國珍、沈瓞民	
51	堪輿一覽	【清】孫竹田	失傳已久的無常派玄空經典
52	章仲山挨星秘訣（修定版）	【清】章仲山	章仲山無常派玄空珍秘 門內秘本首次公開
53	臨穴指南	【清】章仲山	沈竹礽等大師尋覓一生末得之珍本！
54	章仲山宅案附無常派玄空秘要	心一堂編	
55	地理辨正補	【清】朱小鶴	玄空六派蘇州派代表作
56	陽宅覺元氏新書	【清】元祝垚	簡易・有效・神驗之玄空陽宅法
57	地學鐵骨秘　附 吳師青藏命理大易數	【民國】吳師青	釋玄空廣東派地學之秘
58-61	四秘全書十二種（清刻原本）	【清】尹一勺	玄空湘楚派經典本來面目 有別於錯誤極多的坊本

62	地理辨正補註 附 元空秘旨 天元五歌 玄空精髓 心法秘訣等數種合刊	【民國】胡仲言	貫通易理、巒頭、三元、三合、天星、中醫
63	地理辨正自解	【清】李思白	公開玄空家「分率尺、工部尺、量天尺」之秘
64	許氏地理辨正釋義	【民國】許錦灝	民國易學名家黃元炳力薦
65	地理辨正天玉經內傳要訣圖解	【清】程懷榮	秘訣一語道破，圖文并茂
66	謝氏地理書	【民國】謝復	玄空體用兼備、深入淺出
67	論山水元運易理斷驗、三元氣運說附紫白訣等五種合刊	【宋】吳景鸞等	失傳古本《玄空秘旨》《紫白訣》
68	星卦奧義圖訣	【清】施安仁	三元玄空門內秘笈 清鈔孤本 過去均為必須守秘不能公開秘密 與今天流行飛星法不同
69	三元地學秘傳	【清】何文源	
70	三元玄空挨星四十八局圖說	心一堂編	
71	三元挨星秘訣仙傳	心一堂編	
72	三元地理正傳	心一堂編	
73	三元天心正運	心一堂編	
74	元空紫白陽宅秘旨	心一堂編	
75	玄空挨星秘圖 附 堪輿指迷	心一堂編	
76	姚氏地理辨正圖說 附 地理九星并挨星真訣全圖 秘傳河圖精義等數種合刊	【清】姚文田等	蓮池心法 玄空六法 門內秘鈔本首次公開
77	元空法鑑批點本——附 法鑑口授訣要、秘傳玄空三鑑奧義匯鈔 合刊	【清】曾懷玉等	
78	元空法鑑心法	【清】曾懷玉等	
79	蔣徒傳天玉經補註	【清】項木林、曾懷玉	
80	地理學新義	【民國】俞仁宇撰	揭開連城派風水之秘
81	地理辨正揭隱（足本） 附連城派秘鈔口訣	【民國】王邈達	
82	趙連城傳地理秘訣附雪庵和尚字字金	【明】趙連城	
83	趙連城秘傳楊公地理真訣	【明】趙連城	
84	地理法門全書	仗溪子、芝罘子	巒頭風水，內容簡核、深入淺出
85	地理方外別傳	【清】熙齋上人	巒頭形勢、「望氣」「鑑神」
86	地理輯要	【清】余鵬	集地理經典之精要
87	地理秘珍	【清】錫九氏	巒頭、三合天星，圖文並茂
88	《羅經舉要》附《附三合天機秘訣》	【清】賈長吉	清鈔孤本羅經、三合訣法圖解
89-90	嚴陵張九儀增釋地理琢玉斧巒	【清】張九儀	清初三合風水名家張九儀經典清刻原本！

91	地學形勢摘要	心一堂編	形家秘鈔珍本
92	《平洋地理入門》《巒頭圖解》合刊	【清】盧崇台	平洋水法、形家秘本
93	《鑒水極玄經》《秘授水法》合刊	【唐】司馬頭陀、【清】鮑湘襟	千古之秘，不可妄傳匪人
94	平洋地理闡秘	心一堂編	雲間三元平洋形法秘鈔珍本
95	地經圖說	【清】余九皋	形勢理氣、精繪圖文
96	司馬頭陀地鉗	【唐】司馬頭陀	流傳極稀《地鉗》
97	欽天監地理醒世切要辨論	【清】欽天監	公開清代皇室御用風水真本
三式類			
98-99	大六壬尋源二種	【清】張純照	六壬入門、占課指南
100	六壬教科六壬鑰	【民國】蔣問天	由淺入深，首尾悉備
101	壬課總訣	心一堂編	過去術家不外傳的珍稀六壬術秘鈔本
102	六壬秘斷	心一堂編	
103	大六壬類闡	心一堂編	
104	六壬秘笈——韋千里占卜講義	【民國】韋千里	六壬入門必備
105	壬學述古	【民國】曹仁麟	依法占之，「無不神驗」
106	奇門揭要	心一堂編	集「法奇門」、「術奇門」精要
107	奇門行軍要略	【清】劉文瀾	條理清晰、簡明易用
108	奇門大宗直旨	劉毗	天下孤本 首次公開
109	奇門三奇干支神應	馮繼明	虛白廬藏本《秘藏遁甲天機》
110	奇門仙機	題【漢】張子房	奇門不傳之秘 應驗如神
111	奇門心法秘纂	題【漢】韓信（淮陰侯）	
112	奇門廬中闡秘	題【三國】諸葛武侯註	
選擇類			
113-114	儀度六壬選日要訣	【清】張九儀	清初三合風水名家張九儀擇日秘傳
115	天元選擇辨正	【清】一園主人	釋蔣大鴻天元選擇法
其他類			
116	述卜筮星相學	【民國】袁樹珊	民初二大命理家南袁北韋
117-120	中國歷代卜人傳	【民國】袁樹珊	南袁之術數經典

心一堂術數古籍整理叢刊

全本校註增刪卜易	【清】野鶴老人	李凡丁（鼎升）校註
紫微斗數捷覽（明刊孤本）附點校本	傳【宋】陳希夷	馮一、心一堂術數古籍整理小組點校
紫微斗數全書古訣辨正	傳【宋】陳希夷	潘國森辨正
應天歌（修訂版）附格物至言	【宋】郭程撰　傳	莊圓整理
壬竅	【清】無無野人小蘇郎逸	劉浩君校訂
奇門祕覈（臺藏本）	【元】佚名	李鏘濤、鄭同校訂
臨穴指南選註	【清】章仲山　原著	梁國誠選註
皇極經世真詮—國運與世運	【宋】邵雍　原著	李光浦

心一堂當代術數文庫

增刪卜易之六爻古今分析	愚人
命理學教材（第一級）	段子昱
斗數詳批蔣介石	潘國森
潘國森斗數教程（一）：入門篇	潘國森
紫微斗數不再玄	犂民
玄空風水心得（增訂版）（附流年催旺化煞秘訣）	李泗達
玄空風水心得（二）——沈氏玄空學研究心得（修訂版）附流年飛星佈局	李泗達
廖氏家傳玄命風水學（一）——基礎篇及玄關地命篇	廖民生
廖氏家傳玄命風水學（二）——玄空斗秘篇	廖民生
廖氏家傳玄命風水學（三）——楊公鎮山訣篇 附 斷驗及調風水	廖民生
廖氏家傳玄命風水學（四）——秘訣篇：些子訣、兩元挨星、擇吉等	廖民生